문화 간 의사소통과 언어

문화 간 의사소통과 언어

1

김은일 지음

세상 살다보면 그럴 수도 있지. vs. A rule is a rule.

역경을 이길 수 있어. vs. How can you win the adversity?

It's a nonsense.

이 저서는 2017년 정부(교육부)의 재원으로 한국연구재단 대학인문역량
강화사업(CORE)의 지원을 받아 수행된 저서임.

머리말

　우리는 글로벌 시대에 살고 있습니다. 우리는 다른 문화권에서 온 사람들을 주변이나 방송에서 자주 접하기도 하고, 해외로 여행을 나가 외국인들을 접하기도 합니다. 시간이 흐를수록 외국인들과의 교류는 더욱더 늘어날 것입니다. 외국인들과의 만남에서 의사소통이 원활히 이루어지기 위해서는 우리의 사고방식과 그들의 사고방식이 서로 어떻게 다른지 잘 이해할 필요가 있습니다. 우리 사회도 선진국의 문물을 받아들이면서 많이 서구화되었습니다. 하지만 여전히 동양과 서양의 문화와 사고방식은 차이가 있습니다. 문화나 사고방식의 차이를 인지하지 못하여 발생할 수 있는 의사소통의 문제를 극복하기 위해서 이 책에서는 동양과 서양의 문화와 사고방식을 체계적으로 비교하고자 합니다.

　이 책의 구성은 다음과 같습니다. 1장에서는 동양과 서양의 문화 및 사고방식의 차이는 우리가 사는 생태학적 환경의 차이에서 비롯된다는 것을 살펴볼 것입니다. 2장에서는 동양과 서양은 전체 맥락과 특성 개체의 관계를 바라볼 때 어떤 차이점이 있는지를 살펴볼 것입니다. 3장에서는 맥락의 종류를 자연, 상황, 이웃들 그리고 관찰자로 나누어 동양과 서양의 사고방식의 차이를 살펴보겠습니다. 4장에서는 우리의 생각을 담는 그릇이자 의사소통의 도구인 언어의 특성을 살펴볼 것입니다. 언어의 특성으로는 의사소통의 문제를 발생시킬 수 있는 다의성(polysemy)과 범주화(categorization)의 문제를 집중적으로 살펴보겠습니다. 5장에서는 문화와 사고방식의 차이가 언어에 어떻게 나타나는지 한국어와 영어를 비교해볼 것입니다. 6장에서는 서로 다른 문화 간의 의사소통에서 문제가 발생했을 경우, 이를 어떻게 극복할지에 대해 살펴볼 것입니다.

이 책에서 살펴볼 동양과 서양의 문화나 사고방식의 차이는 경향성(tendency)을 의미합니다. 즉, 같은 문화권에 속한 사람들이 모두 완벽하게 같은 사고방식을 가진 것은 아닙니다. 같은 문화에 소속이 되어있더라도 개인에 따라 차이가 날 수가 있습니다. 한국인들 중에도 동양식 사고를 하는 사람들도 있고 서양식 사고를 하는 사람들도 있습니다. 따라서 여기서 살펴본 사고방식의 차이가 동서양의 차이이기도 하지만 남녀, 세대, 지역 또는 개인 성향의 차이일 수 있습니다. 의사소통의 문제를 해결하는 첫 단계는 나의 생각과 다른 사람의 생각을 이해하는데서 출발한다는 점에서 이 책에서 다룰 동서양의 문화와 사고방식의 차이가 이웃들과의 원활한 의사소통에 도움이 되기를 바랍니다.

목 차

제4장 생각, 의사소통 그리고 언어

제5장 한국어와 영어의 차이

제6장 다른 문화 간의 의사소통

제1장
생태학적 환경과 사고방식

문화심리학자인 Nisbett(2003)에 의하면, 동양과 서양의 서로 다른 인식론과 사고 과정은 근본적으로 서로 다른 생태학적 환경에서 시작됩니다. 서로 다른 생태학적인 환경이 서로 다른 경제적, 정치적, 사회적 체계를 초래하고, 이는 다시 서로 다른 민속 형이상학을 만드는데 영향을 미치고, 이는 또 다시 인식론과 사고 과정에 영향을 미칩니다. 아래에서는 동양과 서양의 뿌리라고 할 수 있는 고대 중국과 고대 그리스의 생태학적 환경이 인식론과 사고 과정에 어떻게 영향을 미쳤는지를 순서대로 살펴보도록 하겠습니다.

1.1. 고대 중국: 동양문화의 뿌리

중국은 평탄한 농지와 낮은 산으로 구성되고 황허강이나 창장강과 같이 물을 공급할 수 있는 강이 흘러 농사를 짓기에 매우 적합하여 농경문화가 일찍부터 발달하였습니다. 농사에는 기후나 날씨와 같은 여러 가지 조건이 맞아야 하지만 그 중에서도 물의 관리가 가장 중요한 요소인데 관개(irrigation)공사는 개인의 힘으로는 할 수 없는 작업으로 공동 작업이 필수적입니다. 그리고 한번 형성한 농지를 버리고 떠나서는 살아가기가 힘이 들기 때문에 토지를 중심으로 자손대대로 이웃과 더불어 살아가는 촌락생활을 하게 됩니다. 이주가 없는 상태로 자손대대로 이웃과 더불어 살아야하는 농경문화에서는 개인의 작은 이익이나 손해보다는 우애롭게 살아가는 화목(harmony)이 가장 중요한 덕목입니다. 어떤 분쟁이 생기더라도 잘잘못을 따지기보다는 화목하게 넘어가는 것이 필요합니다. 왜냐하면 오랜 시간을 함께 지내다 보면 내가 상대방의 입장이 될 경우가 반드시 생기기 마련이기 때문이지요.

이웃과 더불어 밀착되어 살아가야하는 농경문화에서는 사람들은 서로에게 도움과 영향을 주고 또 받기 때문에 자신보다는 이웃들의 생각과 행동에 관심을 가지게 되고, 촌락 전체의 정서에 관심을 갖는 습관을 형성하게 됩니다. 개인은 자신을 독립적이기보다는 전체 사회 속에서 주어진 역할과 의무 및 다양한 인간관계로 이루어진 네트워크 속에서 자신을 파악하는 습관을 갖게 됩니다. 농경문화에서 사람들이 사회적 상황에 주의를 기울이는 습관은 곧 전체 맥락(context)에 주의를 기울이는 습관으로 이어지게 됩니다. 우주도 서로 영향을 미치지 않는 독립적인 요소(원자)로 구성된 것이 아니라 요소들끼리 서로 영향을 주고받는 하나의 유기체로 인식을 하게 됩니다. 어떤 현상에 원인을 찾고자 할 때도 개체들의 내부 속성이 아닌 개체가 속한 전체 맥락과의 관계 속에서 설명하려고 합니다. 즉, 원인을 사물들 간의 관계로 생각하기 때문에 부분과 전체의 관계를 파악하는 것이 매우 중요합니다. 그리고 전체 맥락을 고려하다보면,

세상이 복잡하다는 것과 가변적(changeable)이라는 것을 인식하게 되고 세상에 존재하는 다양한 모습들을 인정하게 됩니다.

☞ 필자가 어릴 때 듣던 진주 출신의 친구들이 종종 하는 말: "니가 굴카니까 내가 굴카지, 니가 안굴카는데 내가 굴카는가?" 번역(?)을 하자면, "네가 그렇게 하니까 내가 그렇게 하지, 네가 그렇게 안하는데 내가 그렇게 하는가?" 즉, "나의 이런 말 또는 행동은 네가 한 말과 행동 때문이야."란 의미겠지요? 여기서 필자가 왜 이런 얘기를 하지?! 너의 말과 행동이 나의 말과 행동의 원인이 된다는 뜻이겠지요. 여러분과 필자의 만남도 그 원인을 끊임없는 공간과 시간이라는 맥락 속에서 찾을 수 있을까요?

☞ "세상 살다 보면, 그럴 수도 있지?"란 표현이 동양인들이 바라본 세상의 복잡성과 가변성을 가장 잘 대변하는 말이 아닐까요? (이 말에 대해서는 아래 3.2에서 살펴볼 기회가 있습니다.)

1.2. 고대 그리스: 서양문화의 뿌리

그리스는 해안까지 이어지는 산으로 구성되어 농사보다는 사냥, 수렵, 목축, 그리고 무역이 발달하였습니다. 수렵, 목축, 무역과 같은 경우는 농경문화와는 달리 협력해서 해야 할 일들이 많지 않고, 무역을 제외하고는 안정적인 공동체도 필요하지 않습니다. 이런 사회에서는 굳이 개인의 희생을 감수하면서까지 이웃과의 화목을 유지할 필요가 없기 때문에 보다 많은 영역에서 개인의 자율권을 행사할 수 있었습니다. 해안가에 위치하여 무역의 발달로 경제적인 여유를 갖춘 상인계층이 형성됨과 더불어 도시국가 형태의 정치구조와 공회정치로 이동이 자유롭고 개인의 자유로운 지적탐구가 가능하였습니다. 이들은 개인의 자유, 개성, 객관적인 사고를 강조하였습니다. 이동이 자유로워 다른 사람, 다른 관습, 다른 사고를 자연스럽게 접할 수 있게 되고, 다른 문화에 호기심을 갖고 또 다른 사람들과 자유롭게 논쟁하는 습관을 가지게 됩니다. 다른 문화와의 차이와 모순을 해결할 방법을 모색하고 형식논리를 개발하게 됩니다.

다른 사람들과의 협력을 필요로 하지 않고, 개인 스스로가 목축할 곳과 상품을 사고 팔 장소를 결정하는 문화에서는 전체 맥락을 고려하는 농경문화와는 달리 개인이나 개별적인 사물에 관심을 기울입니다. 전체 맥락을 고려하지 않는 서양문화에 속한 사람들에게 세상은 비교적 안정적이고 고정된 곳이기 때문에 어떤 개별적인 사물이 어떤 특이한 현상을 보인다면 그것은 맥락에서 원인을 찾기보다는 사물 자체에서 원인을 찾는 습관을 가지게 됩니다. 그리고 또 다른 사물들이 유사한 현상을 보이면 사물과 사물 사이에 존재하는 공통의 특성으로 범주화(categorization)하는 습관을 가지게 됩니다. 어떤 현상의 원인도 맥락이 아닌 사물 자체의 내부적인 속성에서 찾으려고 합니다. 우주의 여러 다양한 현상들도 사물 자체의 규칙(rule)과 범주(category)로 이해할 수 있다고 믿고, 전체 맥락에서 특정 사물을 분리해내고 그 사물이 어떤 범주에 속하는지 밝혀 그 범주에 해당하는 규칙을 적용합니다.

☞ 일상생활에서 가장 친숙한 범주화는 혈액형(blood type)이라고 할 수 있을 것 같아요. 사람들을 네 가지 혈액형으로 분류(classify)하고 사람들의 성격이나 행동을 범주화하여 설명하는 것을 주변에서 흔히 목격하게 됩니다. 그런데 원래는 이런 혈액형 분류는 게르만 민족의 우월성을 증명하기 위해 독일인들이 개발한 것이지만, 서양보다는 한국과 일본에서 네 가지 혈액형 범주로 개인의 성격을 설명하려는 풍습이 있는 것 같아요. 여러분들은 혈액형이 개인의 성격을 잘 진단한다고 믿나요?

☞ 전통적으로 서양에서 과학이란 곧 우주의 사물을 범주로 분류하는 분류학(taxonomy)이라고 할 수 있을 정도로 범주화가 중요한 역할을 합니다. 예를 들어, 우주의 물체를 생물과 무생물로 나누고, 생물은 다시 동물과 식물로 분류하는 것 등이 전통적인 서양 과학에서 매우 중요한 부분을 차지하였습니다. 그런데 전통적으로 동양에서는 복잡한 세상에서 범주화는 부질없는 짓으로 보고 범주화하는 것에 큰 의미를 두지 않았습니다.

제 2 장

전체 맥락과 특정 개체: 무엇을 보는가?

동양인들과 서양인들이 세상을 다른 시각으로 바라보는 점을 흥미롭게 보여주는 "동과 서 (1부): 동사로 세상을 보는 동양, 명사로 세상을 보는 서양"을 EBS에서 다큐프라임 시리즈로 방송한 적이 있습니다. 독자 여러분들에게도 꼭 시청해보라고 권하고 싶습니다. 앞서 1장에서 살펴본 것과 같이 동양과 서양이 삶의 환경에서 달랐기 때문에 세상을 바라보는 방식도 서로 다르게 발전하였습니다. 우주를 바라볼 때도 서양과 동양은 서로 다른 시각으로 바라봅니다. 서양에서는 우주의 공간은 텅 비어있는 것으로 보고, 물체는 주변과 상관이 없고 떨어진 물체는 서로 영향을 주지 못하는 것으로 생각합니다. 반면 동양에서는 우주의 공간은 기(氣, energy)로 가득 차 있는 상태로 사물들끼리 연관된 상태로 존재하고 떨어진 물체에도 영향이 미친다고 생각합니다. 예를 들어, 지구와 달이 서로 떨어져 있지만 영향을 미친다고 생각합니다. 달의 움직임에 따라 지구에서는 썰물과 밀물의 현상이 생기죠. 동양에서는 이처럼 특정 개체와 주변의 개체가 서로 영향을 미칠 수 있음을 깨닫고 있었지만 서양에서는 중력(gravity)이라는 개념이 소개되기 전까지는 썰물과 밀물 현상도 제대로 이해하지 못하였습니다. 아래에서는 특정 개체를 전체 맥락에서 보는 동양인들의 특성과 특정 개체에만 초점을 맞추어 보는 서양인들의 특성을 보여주는 흥미로운 심리학 연구를 소개하고자 합니다.

☞ 믿기 어려울지 모르겠지만, 아리스토텔레스(Aristotle)가 돌멩이가 땅으로 떨어지는 현상이 미처 중력 때문이라고 생각하지 못하고 돌멩이에 떨어지는 특성이 있어서 땅으로 떨어지는 것으로 생각했답니다. 개체와 그 주변에 있는 다른 개체와의 연관성을 전혀 생각하지 않은 그 당시 최고의 서양 지성인의 생각이었습니다.

A. 실험연구 1: 주변 인물들 속에 있는 특정 인물의 감정 읽기

Masuda와 Ellsworth 외(2008)는 아래 <그림 1>과 같은 그림을 이용하여 동양인들과 서양인들이 서로 다른 시각으로 특정 인물의 감정을 파악한다는 흥미로운 실험 결과를 발표하였습니다. 실험 결과를 살펴보기 전에 여러분의 생각은 어떤지 다음 질문에 대답해보세요. 아래 그림에서 가운데 있는 사람은 어떤 감정일까요? 행복한가요? 슬픈가요? 아니면 화가 났나요?

<그림 1> 실험에 사용된 만화그림의 예

실험에 참여한 서양인들—정확히는, 미국인들—의 다수가 가운데 있
는 사람은 행복하다고 판단한 반면 동양인들—정확히는, 일본인들—
의 다수는 가운데 있는 사람은 행복하지 않다고 판단하였답니다. 이
런 차이점은 어디에서 오는 것일까요? 동양인들은 관심의 대상이 되
는 중심인물만 보는 것이 아니라 주변의 인물들까지 함께 보고 주변
사람들이 행복하지 않으니까 가운데에 있는 인물도 행복하지 않다
고 판단한 것입니다. 반면 서양인들은 주변 사람들의 표정에는 관심
을 두지 않고 오직 가운데에 있는 인물의 표정만 보고 행복하다고
판단한 것입니다. 서양인들은 결정에 중요한 하나의 단서만으로 판
단하는 반면 동양인들은 맥락을 고려하여 판단하는 것이지요. 실제
눈의 움직임(eye movement)을 관찰한 실험에서 동양인들은 중심인
물을 1초정도 본 후 주변에 있는 사람들을 본 반면 서양인들은 중심
인물과 주변인물에 각각 95%와 5%의 비율로 관심을 보였답니다.
일반적으로 동양인들은 전체 맥락 속에서 특정 개체를 바라보는 반
면 서양인들은 특정 개체를 맥락에서 분리하여 바라보는 것이지요.

B. 실험연구 2: 초상화 사진 찍기

여기서는 Masuda와 Gonzalez 외(2008b)가 행한 여러 실험들 중에서 한 모델의 초상화 사진을 찍는 과업에서 나타난 동서양의 차이점을 살펴보도록 하겠습니다. 여러분에게 초상화 사진을 찍어달라고 부탁한다면 어떤 사진을 찍겠습니까?

<그림 2> 서양인이 찍은 사진(왼쪽)과 동양인이 찍은 사진(오른쪽)

동양인들—정확히는, 일본인들—은 오른쪽의 사진처럼 배경을 포함하여 넓은 구도로 사진을 찍는 반면 서양인들—정확히는, 미국인들—은 모델의 얼굴에 초점을 맞추어 사진을 찍었습니다. 동양인들은 인물을 맥락에 포함시켜 찍는 반면 서양인들은 맥락 없이 모델을 중심으로 사진을 찍는 경향이 있습니다. 여행을 할 때 찍은 여러분들이 들어가 있는 사진을 한번 보세요. 왼쪽과 같은 사진이 많습니까?

아니면 오른쪽과 같은 사진이 많습니까?

 전통적인 초상화에서도 이런 차이점을 쉽게 찾아 볼 수 있습니다. EBS 제작팀과 김명진(2012)의『동과 서』에 게재된 아래 <그림 3>을 보세요.

<그림 3> 동양의 초상화(위)와 서양의 초상화(아래)

동양의 초상화는 구도를 넓게 잡아 전신상을 그리는 반면 서양의 초상화는 구도를 좁게 잡아 반신상 또는 인물을 중심으로 그립니다.

C. 실험 연구 3: 개체 분류하기

Ji 외(2004)는 범주화와 관련된 흥미로운 실험을 하였습니다. 여러분은 아래 그림에 제시된 세 가지 사물들 중에서 가장 관련이 있는 두 개를 고르라면 어떤 것을 고르겠습니까?

<그림 4> 범주에 의한 분류와 관계에 의한 분류[1]

서양인들—정확히는, 미국인들—은 동물이라는 동일한 범주에 속하는 팬다와 원숭이를 선택한 반면, 동양인들—정확히는, 중국인들—은 원숭이는 바나나를 좋아한다와 같은 서로의 관련성에 근거해 원숭이와 바나나를 선택하는 경향이 높았습니다. 여러분은 어떤 선택을

---

1) 그림은 http://pandamonkeybanana.blogspot.kr/p/about_15.html에서 인용

하였나요? 서양인들은 사물의 특성을 고려하여 분류를 한 반면 동양인들은 사물과 사물과의 관련성으로 분류를 한 것이지요. (나 자신뿐만 아니라 이웃을 함께 생각하는 동양의 습성이 반영된 결과이겠지요.) 이와 유사하게 '소(cow), 닭(chicken), 풀(grass)' 중에서 서로 더 가까운 두 개를 선택하라면 여러분들은 어떤 것을 고르겠습니까? 소와 닭? 아니면 소와 풀? 아니면 닭과 풀? (닭 풀 뜯어먹는 소리한다고요?!)

동양은 하나로 연결된 거대한 장(場, field) 속에서 개체들이 서로 상호 작용을 한다고 생각하는 반면 서양에서는 개체들은 서로 독립적이라고 생각합니다. 따라서 동양인들은 개체들끼리의 연관성으로 사물들을 분류하는 반면, 서양인들은 개체들이 갖는 특성을 분석(analysis)하고 같은 특성을 지닌 유형끼리 분류합니다. 이런 서양의 분석적인 사고(analytic thinking)는 지식의 축적과 과학발전에 커다란 도움이 되었습니다.

D. 관찰 연구 1: 어머니와 유아의 대화

유아(infant, 6개월-19개월)들과 장난감으로 놀이를 하는 서양─정확히는, 미국─의 어머니들과 동양─정확히는, 일본─의 어머니들을 관찰한 Fernald와 Morikawa(1993)의 연구결과를 소개하도록 하겠습니다. 그들의 관찰에 의하면 문화적인 차이로 서양 어머니와 동양 어머니는 다른 측면에 초점을 맞춥니다. 서양 어머니들은 사물에 초점을 맞추어, "That's a car. See the car? You like it? It's got nice wheels."와 같은 표현을 사용합니다. 반면 동양의 어머니는 사물 자체보다는 예의를 갖추어 사물을 주고받는 것에 초점을 두어, 물체의 이름을 생략한 채 "자, 부릉부릉. 여기 있어요. 이것 주세요. 주세요. 네. 고마워."와 같은 표현을 사용합니다. 서양인들은 사물 자체에 관심을 두는 반면 동양인들은 사물을 통해 사람들 간의 관계에 관심을 둔다고 할 수 있겠지요. 문화의 차이로 동양과 서양의 어머니들은 다른 측면에 관심을 갖게 되고, 또 동서양의 아이들은 어머니를 통해 다른 측면에 관심을 갖는 습관을 가지게 됩니다.

Nisbett(2003: 1장)에 지적되어 있듯이, 서양인들은 사물을 문맥과는 독립된 것으로 보고 사물의 속성 자체에 관심을 기울입니다. 그리고 그 속성에 근거하여 범주화하고, 그 범주들을 사용하여 규칙을 만들어 사물의 움직임을 그 규칙으로 설명하고자 합니다. 서양인들은 변화를 인정하지 않는 직선적(linear) 사고와 이것 아니면 저것(either-or)의 이분법적(dichotomous) 사고방식을 갖습니다. 이런 서양인의 분석적 사고는 앞서 언급하였듯이 과학의 발전에 많은 도움이 되었습니다. 하지만 세상을 지나치게 단순화하거나 어떤 사물의 추상적인 속성으로 사물의 모든 행동을 설명하려는 잘못된 점 또한 있답니다.

이에 반해 동양인들은 사물 자체 보다는 사물과의 관계에 관심을 기울입니다. 음양(陰陽, feminie, dark, passive vs. masculine, light, active)의 원리, 조화, 부분보다는 전체, 사물들의 상호 관련성에 관심을 기울입니다. 세상은 변하기 때문에 정확하게 범주화하여 이해하는 것이 불가능하다고 생각합니다. 이런 동양인들의 사고는 전체 맥락을 중요시하기 때문에 가변적인 상황을 잘 이해할 수 있는 장점도 있지만, 범주에 존재하는 규칙을 무시하거나 사물의 행동을 효과적으로 설명을 하지 못하는 단점도 있습니다.

제 3 장

맥락의 종류

개체를 맥락에서 분리하여 바라보는 서양인들과는 달리 동양인들은 개체를 맥락 속에서 바라봅니다. 그런데 맥락에는 어떤 것들이 있을까요? 다양한 의견이 있을 수 있겠습니다만, 여기서는 맥락을 크게 네 가지―즉, i) 자연 (속의 인간), ii) 상황 (속의 사건과 행위), iii) 이웃들 (속의 나), iv) 경험자(또는 관찰자)―로 나누어 생각해 보겠습니다. 이 장(chapter)에서 살펴보고자 하는 것은 맥락 자체만은 아니고 맥락을 고려하는 동양인들의 사고와 행동의 특성을 살펴보고자 합니다. 물론 논의가 진행됨에 따라 서양인의 사고와 행동도 함께 비교를 할 것입니다.

3.1. 자연 (속의 인간)

앞서 동양문화는 농경문화에서 비롯되었다는 것을 살펴보았습니다. 여러분은 농사를 지어본 적이 있나요? 농사는 정말 힘이 듭니다. 농부가 열심히 땀을 흘려 농사를 지어도 하늘이 돕지 않으면 농사를 망치게 되지요. 열심히 거름을 주고 잡초를 뽑는 등 정성을 기울여도 가뭄이 오래 지속된다거나 폭우가 쏟아져 홍수가 난다거나 태풍이 불면 한 해 동안 열심히 노력한 농부의 땀은 결실을 맺을 수가 없습니다. 그야말로 거대한 자연의 힘 앞에서 인간은 아주 미약한 존재일 수밖에 없습니다. 그러므로 사람들은 자연이 위대하다고 느끼고, 자연을 신성시(sacred)하게 됩니다. 위대한 자연 앞에서 느껴지는 보잘 것 없는 인간의 모습으로 인해 인간도 거대한 자연의 일부분일 뿐이라고 느끼게 됩니다. 자연을 정복의 대상으로 생각하는 서양과는 달리 동양에서 자연은 인간들이 순응하며 더불어 살아가야 할 위대한 공간으로 생각을 합니다. 박종호(1989)의 지적대로 동양에서 자연은 도처에 신령이나 혼령이 깃들어 있는 것으로 생각하여 숭배의 대상이 되기도 합니다.

서양문화가 목축, 수렵, 무역과 같은 문화에서 비롯되었다는 사실을 기억하지요? 목축, 수렵, 무역은 물론 날씨의 영향을 받기도 하겠지만 농경문화에 비해서는 날씨의 영향이 제한적이라고 할 수 있습니다. 인간의 의지와 노력 여하에 따라 다른 결과를 얼마든지 가져올 수 있는 환경이지요. 자연을 극복하고 자기 의존도를 높이는 문화를 형성할 수 있었습니다. 인간의 능력이 더 위대하다고 느낄수록 자연은 극복의 대상으로 생각하고, 더 나아가 정복의 대상으로 생각하기에까지 이르렀습니다.

☞ 한국어로는 "나는 자동차가 한 대 있다."라고 하지만 영어로는 "I have a car."라고 합니다. 마찬가지로 한국어로는 "나는 딸이 두 명 있다."라고 하지만, 영어로는 "I have two daughters."라고 합니다.

우리는 '있다'라는 동사를 즐겨 사용하는데, 영어에서는 'have'라는 동사를 즐겨 사용합니다. 왜 일까요? 영어에서 'have'를 사용하는 것은 인간을 중심으로 표현한 것입니다. 사람이 자동차를 소유하니까 'have'라는 표현을 사용하는 것은 매우 자연스러워 보입니다. 이런 인간 중심의 표현을 사물에도 적용하여 "This room has two doors." 와 같은 표현을 사용합니다. 그런데 한국어에서는 왜 소유의 개념을 지닌 '가지다'라는 동사를 잘 사용하지 않을까요? 한국의 문화에서는 인간도 자연의 일부이기 때문에 자연에 대한 표현을 먼저 생각합니다. 예를 들어, "언덕에 나무가 두 그루 있다."를 생각해보세요. 자연 속에 나무가 자연의 모습 그대로 있는 것입니다. 이런 자연을 묘사하는 표현이 사람에게도 그대로 적용되어 "나(에게)는 자동차가 한 대 있다." 또는 "나(에게)는 딸이 두 명 있다."와 같은 표현을 하게 된 것입니다. 일상생활에서 자주 사용하는 한국어와 영어 표현 속에서도 자연과 인간에 대한 생각이 담겨있습니다.

자연을 바라보는 생각이 다르기 때문에 동양과 서양은 서로 다른 길을 걷게 됩니다. 동양에서는 인간도 자연의 한 부분이라고 생각하기 때문에 인간이 속한 전체 맥락, 즉 자연의 이치에 순응하는 것이 건강하고 행복에 이르는 길이라고 생각을 하게 됩니다. 친환경적인 (eco-friendly) 요소를 반영하는 민간요법(folk remedy)이라든지, 인간의 욕구를 줄이는데서 진정한 행복을 찾는 불교(佛敎, Buddhism)의 전통, 그리고 자연의 이치를 거스르지 않고 순응하라는 도교(道敎, Taoism)의 '무위자연(無爲自然, Leaving nature as it is)' 사상에서 동양의 이런 생각들을 엿볼 수 있습니다.

인간의 정신이 자연의 이치보다 우위를 차지한다고 믿는 서양문화에서는 개인의 창의성을 존중하게 되고, 새로운 기술을 적극 수용하는 기업문화로, 우주를 정복하려는 과학의 발달로 이어지게 됩니다. 요즘도 유전자나 무인자동차와 같은 첨단 분야에서 우리는 많이 뒤쳐져 있습니다. 이런 첨단 분야에서 인간의 창의성을 발휘할 수 있는 문화가 부럽다는 생각은 필자만의 생각일까요?

☞ 우리나라는 새로운 일에 도전하기가 정말 힘이 듭니다. 온갖 종류의 규제들이 있어서.... 가까운 지인에게 들은 얘기입니다. 연구에 필요한 새로 개발된 첨단 기자재를 사려고 계획서를 제출하니까, 공무원 신분인 직원이 그 기자재를 살 수가 없다고 제동을 걸더랍니다. 이유인즉, 이때까지 그 기자재를 산 적이 없기 때문에 안 된답니다. 이런 사고방식이라면 첨단 기자재는 결코 구입할 수 없게 되겠지요. 이런 정신 자세로 어떻게 세계화 시대를 선도해 나갈 수가 있을까요?

인간의 정신을 중요하게 생각하는 서양문화에서는 관찰(observation)로 사물의 본성을 찾으려고 합니다. 예를 들어, 코끼리의 본성을 파악하기 위해 관찰자들이 다양한 위치에서 코끼리를 관찰하는 상황을 생각해봅시다. 코끼리의 본성을 정확하게 파악하기 위해서는 각자의 위치에서 관찰한 내용을 가지고 서로 발표하고 토론하겠지요. 그래서 서양에서는 말을 잘하는 것이 중요하고, 또 수사학과 웅변이 발달하게 됩니다. 반면 (아래 3.4에서 더 자세히 살펴보겠지만) 동양에서는 마음과 생각을 비움으로써 대상을 더 잘 관찰할 수 있다고 생각하기 때문에 말이 필요 없고, 말에 부정적인 시각을 갖습니다.

우리 속담에 "빈 수레가 요란하다."란 말이 있지요. 이 속담이 말에 대해 부정적인 동양인의 시각을 잘 드러낸다고 할 수 있습니다. 노자의 "아는 자는 말하지 않고, 말하는 자는 알지 못한다."라는 말에도 말에 대한 부정적인 시각이 담겨져 있습니다.

여러분은 공부를 하거나 어떤 과업이 주어졌을 때 말을 입 밖으로 내뱉거나 중얼거리면서 하나요? 아니면 말없이 조용히 공부나 과업에 집중하나요? 흥미로운 심리학 연구가 있습니다. Kim(2002)에 의하면, 서양인들—정확히는, 유럽계 미국인들—과 동양인들—정확히는, 아시아계 미국인들—사이에는 말을 하면서 과업을 할 때 차이를 보입니다. 추론이 필요한 과업을 주고, 생각하는 과정을 말로 표현하면서 과업을 진행하라고 했을 때 동양인들은 서양인들과는 달리 좋지 못한 결과를 얻었습니다. 동양인들은 말을 하면서 과업을 할 때 좋지 못 한 결과를 얻었는데, 이는 말이 생각을 방해하기 때문입니다. 반면 서양인들에게는 말하는 것이 생각에 영향을 미치지 않았습니다. 말과 사고가 동시에 일어난다는 '동일성의 원리(Principle of Identity)'가 서양인들에게는 맞는 것으로 보입니다.

☞ 그런데 여러분은 여러분의 생각을 말로 다 표현할 수 있다고 믿습니까? 동양의 불교에 '불립문자(不立文字)'란 말이 있습니다. 깨달음은 마음에서 마음으로 전하는 것이지 말이나 글에 의지할 수 없다는 뜻입니다. 언어학적으로 말하자면 모든 생각을 말로 다 표현하는 불가능하다는 말이 옳습니다. 나중에 4장을 읽고 나면 이 사실을 이해하게 될 것입니다. 그러나 일상생활이나 과학에서 말로 표현하지 않고 마음으로만 전달한다면 지식의 축적이나 과학의 발전은 매

우 더디거나 힘이 들겠지요.

☞ 우리말에 '눈썰미'란 말이 있지요. ('눈썰미'에 해당하는 표현이 중국어와 일본어에도 있죠. 각각 '眼力' '見まね'라고 합니다.) 우리는 '눈썰미가 있다' '눈썰미가 없다'와 같은 표현을 종종 사용합니다. '눈썰미가 있다'란 표현은 눈으로 한두 번 관찰하여 쉽게 배우는 것을 의미합니다. 우리는 일반적으로 정확한 말로 지시하지 않지만 눈썰미가 있어 주어진 과업을 제대로 해내는 사람을 '눈썰미가 있다'고 하고 좋아합니다. 우리는 일반적으로 지시를 하거나 정보를 제공할 때 정확한 말로 표현하는데 익숙하지 않습니다. 비록 정확한 지시는 없어도 '눈치껏' 일을 수행해야 할 때가 많습니다. ('눈치' 등과 관련된 논의는 3.3에서 더 자세하게 살펴볼 예정입니다.)

3.2. 상황 (속의 사건과 행위)

농경문화에서 농사의 성공 여부는 날씨의 영향이 매우 크다는 것을 앞서 살펴보았습니다. 농사를 짓기에 적당한 비와 온도가 맞는 해에는 풍년을 맞이할 것이고, 태풍이 불거나 홍수가 나는 등 날씨가 좋지 않으면 농사를 망칠 수밖에 없습니다. 인간의 노력보다는 날씨와 같은 상황에 따라 한 해 농사의 성공여부가 결정이 납니다. 이런 농경문화에서는 자연스럽게 주변 '여건'이나 '상황'이 사건이나 인간의 행위에도 영향을 미친다고 생각하게 됩니다. 그런데 이런 상황이 우리가 조절하거나 극복할 수 있는 상황일 수도 있고, 조절할 수 없거나 극복할 수 없는 것일 수도 있습니다. 조절여부에 따라 우리는 전혀 다른—어쩌면, 매우 상반된—생각을 갖게 됩니다. '상황론(situational determinism)'과 '운명론(fatalism)'이 그것입니다. 어려운 용어입니까? 이 용어는 아래에서 곧 쉽게 설명을 할 테니 걱정 마세요.

서양문화에서는 날씨와 같은 환경보다는 인간의 의지와 노력이 중요하다고 믿습니다. 어떤 일의 성공여부는 나—즉, 나의 지식, 의지, 노력 등—에게 달려있다고 믿습니다. 따라서 계획한 일이 뜻대로 되지 않을 때 그 일에 대해 면밀하게 분석하고 새로운 방법을 찾아 재도전하게 됩니다. 사물이나 과업을 면밀하게 분석하고 이성적이고 논리적인 사고(thinking)를 하는 것을 합리주의(rationalism)라고 합니다. 하지만 동양문화에서는 마음먹은 일이 뜻대로 되지 않을 때, 그 일을 면밀하게 분석하거나 이성적으로 해결책을 찾는 대신 '조상 탓' '팔자소관'으로 치부해버리는 경우가 많습니다(cf. 박종호 1989). 이런 생각을 운명론(fatalism)이라고 합니다. 여러분은 합리주의자(rationalist)입니까? 운명론자(fatalist)입니까?

☞ 일전에 뉴스에서 전국에서 활동하는 역술인(fortune teller)의 수가 50만 명을 넘었다는 소식을 접한 적이 있습니다. 어마어마한 숫자이지요! 우리나라에 운명론을 믿는 사람이 그만큼 많다는 의미겠지요. 해가 바뀌면 TV에서도 역술인이 나와 한해의 운세를 말해주는 것을 흔히 보게 됩니다. 여러분들도 잡지에서 오늘의 운세를 한두 번쯤은 보았겠지요? 생태학적인 환경이 우리의 사고와 행동에 이렇게 많은 영향을 미쳤답니다.

여러분이 극복하기 힘든 어려운 상황에 놓이게 되었을 때, 여러분의 미래를 운명의 탓으로 돌리는 것은 분명 합리적인 생각은 아니겠지요. 어려운 상황을 타개하기 위해 분석하고 논리적으로 해결책을 찾도록 해야겠지요. 그런데 상황이 인간의 행위에 영향을 미칠 수 있다는 생각이 반드시 나쁜 영향을 미치는 것만은 아닙니다. 이제 이런 생각이 긍정적인 영향을 미치는 측면을 살펴보도록 하겠습니다. '교육'의 문제를 살펴보도록 합시다. 공부할 수 있는 여건과 환경만 잘 갖추어주면 자녀가 공부를 잘 할 수 있다고 생각해보세요. 부모의 입장에서는 어떤 희생을 치르더라도 자녀가 공부를 잘 할 수 있는 여건과 환경을 꼭 만들어주고 싶겠지요. 공부를 잘 할 수 있는 여건을 만들어주기 위해 학원도 보내고 과외도 시키고…. 이런 교육열 덕분에 우리나라도 이렇게 잘 살게 된 것이 아닐까요?

☞ "우리 애는 머리는 좋은데 공부를 안 해요."란 표현을 직접적으로나 간접적으로 들어본 적이 있을 겁니다. 만약 자녀가 공부를 잘 하지 못하더라도 부모의 입장에서는 그 원인을 자녀에게서 찾기보다는 환경에서 찾기 때문입니다. 환경만 갖추어주면 자녀가 공부를 잘 할 수 있다는 믿음 때문에 자녀가 싫어하는 과외를 억지로라도 시키려고 하는 것이겠지요. 그런데 우리는 잘 선택을 해야 합니다. 교육(敎育)을 할 것인지? 아니면 education을 할 것인지? '교육'은 '가르치고 기르다'는 뜻입니다. 동양에서의 교육은 기존의 사회질서 속에서 잘 순응하도록 가르치고 기르는 것을 '교육'이라고 생각합니다. 'education'은 'ex(=out)+ ducere(=lead)'에서 파생된 단어로 '이끌어내다'의 의미입니다. 서양에서는 창의적이고 개성이 있는 사람이 되도록 개인의 타고난 재능을 이끌어 내어 것을 'education'이라고

생각합니다.

환경 또는 상황을 바라보는 동양과 서양의 차이를 알아보기 위해 여기서는 비극적인 사건을 하나 소개하겠습니다. 2007년 어느 봄, 미국의 버지니아 공과대학교에서 우리 사회에 큰 충격을 안겨준 사건이 발생합니다. 한국 교포 조승희란 학생이 총기를 난사하여 수십 명의 학생들의 목숨을 앗아간 사건입니다. 이 안타까운 사건을 보도하는 기사에서도 서양인의 생각과 동양인의 생각에 차이가 있음을 알 수 있습니다. 외신 기자는 범죄자의 성격을 자주 언급하는 반면 한국 기자는 범죄자가 처했던 환경을 자주 언급합니다. 첫 번째는 외신이 전하는 기사이고 두 번째는 한국인 기자가 쓴 글입니다. (두 번째 기사의 후반부는 외신보도에 실린 수사당국과 학교당국이 발표한 내용을 전달하고 있습니다. 즉, 두 번째 기사의 후반부는 외신 기자의 시각입니다.)

〰〰〰〰〰〰〰〰〰〰

〈첫 번째 기사〉

제목: 외신이 묘사한 조승희는 어떤 인물?[2] [이데일리 정영효기자]
부제: 내성적 성격에 공격성 내비치지는 않아...급우들에겐 '물음표 소년'
　　　정신병력에 과속운전 경력...조씨 아버지 '자살' 보도

버지니아 공대(버지니아텍) 총기난사 사건의 범인이 밝혀지면서 파장이 확산되고 있는 가운데 32명을 무자비하게 살해한 한국 교포학생 조승희씨

---

2) http://www.edaily.co.kr/news/NewsRead.edy?SCD=JH31&newsid=01758086583097432&DCD=A00803&OutLnkChk=Y

에 대한 윤곽이 서서히 모습을 드러내고 있다. 조씨가 그동안 활발한 학내 활동이나 교우관계 없이 소심한 생활을 해왔다는 점에서 외신들은 조씨와 가족의 주변인물을 통해 그가 과연 어떤 성격의 사람이었는지를 캐내 이번 사건의 동기와 연관 지으려는 시도를 보이고 있다.

AP통신 등에 따르면 버지니아텍 4학년에 재학 중인 세인 무어는 3년 전 조승희와 점심 식사를 함께 했던 것을 기억하고 있다. 당시 조승희의 고교 동창생과 룸메이트였던 무어는 혼자서 점심식사를 하고 있던 조씨에게 다가가 "같이 앉아도 되겠느냐"고 물었다. 조씨는 그러라고 했지만 점심시간 내내 한마디의 말도 꺼내지 않았다고 한다. 조씨의 고교 동창생이 농담을 하며 어색한 분위기를 깨려하자 조씨도 웃음을 보였을 뿐이었다. 무어는 그러나 조씨에게서 어떤 공격성도 느낄 수 없었다고 회상했다. "그는 단지 굉장히 수줍음이 많아 보였습니다. 조용했지만 특별할 것도 없었지요." 통신은 조씨가 같은 반 급우들에게 '물음표 소년'으로 불렸다고 전했다. 수업 관련 작성 서류의 성명 기입란에 '?'라고 쓴 이후 붙은 별명이다.

범행에 사용된 권총을 지난달 조승희에게 판매한 총기상 존 마켈도 조씨를 단정한 차림새에 낮은 목소리를 가진 청년으로 기억하고 있었다. 한 주 정부 관리는 조씨가 정신병력이 있음을 확인했고, 지방 법원은 4월7일 조씨가 과속 운전 단속에 적발돼 버지니아텍 경찰로부터 벌금 통지서를 발급받았다고 밝혔다.

조씨의 부모들에 대한 평가는 우호적이었다. 조씨의 부모인 조성태(61)씨와 조향애(51)씨가 처음 이사 왔을 때부터 우편물을 배달했다는 로드 웰스는 그들을 '정말 좋은 사람(super nice)'으로 묘사했다. 미국의 한인 라디오방송에서는 아들의 범행소식이 알려진 후 조씨의 아버지가 흉기를 이용해 동맥을 절단, 자살했으며 어머니도 자살을 시도해 중태에 빠졌다는 보도가 나오고 있다.

한편 이번 사건의 희생자 가운데는 조씨의 고교 동창생도 2명이 포함돼 있는 것으로 알려졌다. 조씨와 희생자 2명이 졸업한 버지니아 챈틀리 소재 웨스트필드 고등학교는 웹 사이트에 희생자를 추모하는 문구를 내걸었다.

ᴖᴖᴖᴖᴖᴖᴖᴖᴖᴖᴖᴖ

ᴖᴖᴖᴖᴖᴖᴖᴖᴖᴖᴖ

〈두 번째 기사〉

제목: 교포 1.5세대 부적응 스트레스 참극 불렀을 수도3) [(워싱턴=연합뉴스) 김재홍 특파원]

미국 사회 전체를 큰 충격과 슬픔에 휩싸이게 만든 버지니아공대(버지니아텍) 총기난사 사건의 범인이 한국인 재미교포 1.5세대 출신의 버지니아공대 재학생으로 드러나면서 1.5세대들의 부적응 스트레스가 참극으로 이어졌을 수도 있다는 우려 섞인 분석이 나오고 있다. 이번 총기사건에 대한 수사가 진행되면서 조씨가 남긴 행적 곳곳에서 부적응 흔적들이 발견되고 있기 때문이다.

이에 따라 워싱턴 한미포럼의 박해찬 변호사는 교포 자녀들인 1.5세대 청소년들이 미국과 한국의 이질적인 문화와 한국인 부모들의 지나친 기대와 교육열로 인한 잠재적인 스트레스가 참극을 불렀을 수도 있다고 지적했다. 박 변호사는 "자식에 대한 부모들의 지나친 기대, 전통적으로 높은 교육열 등 한국의 독특한 교육문화가 학생들에게 큰 스트레스를 줌으로써 예기치 못한 대형 폭력사건을 낳은 게 아닌가 하는 생각이 든다."면서 "이번 일로 한국이민사회에 대한 편견을 갖게 되지 않았으면 좋겠다."고 말했다.

---

3) http://news.naver.com/main/read.nhn?mode=LSD&mid=sec&sid1=104&oid=001&aid=0001609446

또 버지니아에 거주하는 고등학생 자녀를 둔 한 교민은 "남 이야기 같지 않다. 자식 가진 부모로서 가슴이 철렁하고 불안하다"며 당혹감을 감추지 못하면서 "부모가 잠시 한 눈이라도 팔면 자식들이 잘못된 길로 빠져 약물 중독 등 헤어날 수 없는 지경까지 빠질 수 있다는 게 <u>미국 교육의 어두운 현실</u>"이라고 말했다. 이와 함께 주미 대사관의 한 관계자는 "미국 내 한국인 유학생 커뮤니티가 비대해지면서 순수 유학생과 1.5세대 교포학생, 시민권자 출신 <u>학생들 간에도 눈에 보이지 않는 갈등</u>도 생기고 있다"면서 "1.5세대 교포학생들에겐 대학의 이런 문제들도 현실적인 갈등의 요인이 될 것"이라고 전했다. 하지만 또 다른 한 교민은 "이번 사건이 <u>여자 친구 문제</u> 때문에 비롯됐다는 미확인 보도도 나오고 있는 만큼, 이번 사건을 1.5세대 자녀들의 부적응 사례로 너무 확대 해석하는 것은 지나친 측면도 있다"며 확대 해석을 경계했다.

한편 범인으로 지목되고 있는 조승희(23.영문학과)씨는 자신의 기숙사 방에 독설과 불만이 가득 담긴 노트를 남겼고 자신의 팔목에 붉은 잉크로 써놓은 'Isamil Ax'라는 단어들을 노트 속에 휘갈겨 놓았던 것으로 수사당국의 조사결과, 확인되고 있다고 <u>미국 현지 언론들</u>이 전하고 있다. 특히 조씨는 노트 속에는 캠퍼스의 '부잣집 아이들(rich kids)', '방탕(debauchery)' 등을 강하게 비난하는 내용도 써놓았고 최근에는 <u>기숙사 방에 불을 지르고 일부 여성을 스토킹하는</u> 등 비정상적인 행동과 폭력 성향까지 보인 것으로 알려졌다.

이와 함께 <u>대학 당국의 발표</u>에서도 조씨가 '<u>외톨이(loner)</u>'로 묘사돼 다른 학생들과 잘 어울리지 못한 것으로 드러나고 있다. 이 대학의 한국 학생들도 "그는 한국 학생들의 모임에 거의 나오지 않았다. 그가 누구인지 잘 모른다."고 말해 상당히 고립된 생활을 해왔다고 전하고 있다. 수사당국도 이 같은 정황을 고려, 조씨가 우울증으로 약물을 복용했을 가능성이 있을 것으로 증거를 수집하고 있다.

ⵕⵕⵕⵕⵕⵕⵕⵕ

외신 기자는 범죄자의 성격에서 사건의 원인을 찾으려고 합니다. 첫 번째 기사에서 내성적인 성격, 정신병력, 과속운전(조급함), 교우관계가 원만치 못할 정도의 소심함을 언급합니다. 두 번째 기사의 후반부에서 인용된 수사 당국과 학교 당국의 개인의 비정상적인 행동과 성향 그리고 외톨이라는 성격적인 측면에서 사건을 바라봅니다. 반면 한국 기자는 범죄자가 처한 환경에 초점을 둡니다. 이민 후의 이질적인 문화, 부모의 지나친 기대, 유학생과 교포학생들 사이의 갈등과 같은 외부 요인으로 눈을 돌립니다. 서양인들은 사건의 원인을 사건을 유발한 사람에 한정하여 성격과 같은 내적 요소에서 찾으려고 하는데 반해 동양인들은 그를 둘러싸고 있는 외적 환경이나 상황에서 찾으려고 합니다. 그런데 조군의 아버지는 안타깝게도 왜 자살을 했을까요? 불행한 사건이 일어나지 않도록 아들에게 그런 환경을 만들어주지 못한 죄책감을 느낀 것은 아니었을까요?

☞ 문학에서 '등장인물'을 영어로 뭐라고 하나요? 'character'이지요. 'character'에는 또 다른 의미가 있습니다. '성격'이란 의미도 있습니다. 내적 요소인 '성격'을 나타내는 'character'가 사람 자체인 '등장인물'을 함께 뜻하는 것이 우연이 아닙니다. '성격'을 '등장인물'과 동일시하는 서양문화의 특성이 잘 드러나는 표현이라 하겠습니다.

☞ 여러분은 다음 속담을 들어본 적이 있습니까? 이것은 이래서 못하고 저것은 저래서 못하고 이런저런 외적인 이유 때문에 일을 회피하는 사람들에게 하는 말. "핑계 없는 무덤이 없다." 무엇이든 자신보다는 환경의 탓으로 돌리는 동양의 생각이 반영된 표현입니다.

앞서 우리는 동양인들에게 세상은 고정된 것이 아니라 변화무상하게 변하는 것이라는 것을 살펴보았습니다. 이렇게 변화가 심한 세상에서 원칙을 지키면서 살아갈 수 있을까요? 주변에서 흔히 이런 말을 종종 듣습니다. "세상 살다보면 그럴 수도 있지!" 변화무상한 세상에서 '경우(상황)에 따라 원칙을 어길 수도 있다'라는 의미이겠지요. 마음먹고 일을 하려는데, 주변에서 일을 힘들게 하는 이런저런 일들이 발생합니다. 그런데 정말 태풍, 홍수와 같은 천재지변으로 인간의 힘으로는 도저히 할 수 없는 불가항력적인 일도 있겠지만, 그렇지 않은 일에도 상황을 핑계로 해야 할 일을 미루거나 회피하는 일은 없을까요?

서양인들에게 세상은 고정된 것입니다. 세상은 변하는 것이 아닙니다. 상황이라는 것이 그들에게는 그렇게 중요하지 않습니다. 그들에게는 원칙이 중요하죠. "A rule is a rule!"이란 표현이 있죠. 규칙은 바꿀 수 없으니 규칙에 따라야 한다는 의미겠지요. 그만큼 원칙 또는 규칙을 존중한다는 뜻입니다. 여러분은 "세상 살다보면 그럴 수도 있지!"에 동의합니까? 아니면 "규칙은 규칙이야!"에 동의합니까?

우리 주변에서 자주 일어나는 예를 들어보겠습니다. 철수가 몸이 아파서 병원에 간다고 수업을 빠졌습니다. 철수가 선생님에게 와서 병원을 가야하는 상황 때문에 수업을 빠지게 되었으니, 그런 상황을 고려하여 (아무런 이유 없이 수업을 빠지는 무단결석과는 다르니까) 수업에 출석한 것으로 인정해달라고 요청을 합니다. (간혹 요구를 하는 학생들도 있습니다.) 한국인 선생님들은 대체로 출석으로 인정을 해줍니다. 상황을 고려하여.... 하지만 서양인 선생님들은 대체로 이런 요청을 이해하지 못합니다. 'absent'란 말은 수업에 없었다란 말이니까, 어떤 이유에서든 수업에 나타나지 않았으면 '결석'이 되는 것이지요. 이런 선생님을 만나면, 여러분은 원칙을 따르는 그의 생각을 존중합니까? 매정한 사람으로 치부합니까?

여러분은 특수한 상황을 고려하여 출석으로 인정하는 문화가 좋습니까? 아니면 원칙대로 결석으로 처리하는 문화가 좋습니까? 두 문화 모두 장단점이 있겠지요. 피치 못할 상황으로 어떤 바람직하지 않은 행동을 했을 때, 누군가 그 상황에 처한 나의 행동을 이해해준다면 얼마나 좋을까요? 그런 사람을 우리는 흔히 '융통성이 있고, 원만하고, 좋은' 사람이라고 합니다. 특수한 상황을 무시한 채 원칙을 지키는 사람은 '앞뒤가 막힌, 고지식한, 융통성이 없는(간혹 심지어 나쁜)' 사람이라고 합니다. 한 개인을 생각하면 특수한 상황을 고려해주는 것이 분명히 좋겠지요.

하지만 집단 혹은 사회 전체를 생각하면 특수한 상황을 무조건 다 고려할 수는 없겠지요. 특수한 상황을 어디까지 인정할 것인가라는 문제가 발생합니다. 예전에 취업한 4학년 2학기 학생들에게 수강을 하지 않더라도 학점을 주던 관행이 있었습니다. 취업증명서를 제출하면.... 그런데 어떤 학생이 찾아와서 취업을 했으니 수강을 하지 않고도 학점을 달라고 요청을 하였습니다. 어디에 취업을 했느냐고 물으니, 동네 주유소에서 아르바이트를 한다고 하였습니다. 그의 특수한 상황을 고려하여 (정식 취업은 아니지만, (그래서 더) 스트레스를 받으며 힘들게 일하는 상황을 생각하여) 학점을 주는 것이 좋은가요? 혹은 올바른 일인가요? 요즘처럼 정말 취업이 힘든 상황에서, 4

학년 1학기에 취업을 하였습니다. 아니면 3학년 2학기에 취업을 하였습니다. 혹은 더 이른 학기에 취업을 하였습니다. 수업에는 참여할 수 없는데 출석으로 인정하고 학점을 주어야할까요? 몇 학년, 몇 학기 학생들까지 인정을 하면 좋을까요? 이런 상황에 또 본인이 돈을 벌지 않으면 가족생계가 어려워지는 상황이 보태지면 결정은 더 어려워지겠지요.

교통문화에서도 특수한 상황을 강조하여 예외로 인정받기를 원하는 경우를 주변에서 흔히 목격하게 됩니다. 정해진 합법적인 주차공간이 아닌 곳에 주차하려는 시도들.... "잠시만 볼 일을 보면 되니까, (혼잡하지만) 잠시만 주차할게요." "갑자기 비가 내려서 (가까운 곳에) 주차할 수밖에 없네요." "날씨가 너무 더워서 (또는 추워서) (가까운 곳에) 주차할게요." 다른 사람들의 불편은 아랑곳하지 않습니다. 세상을 살다보면 그럴 수도 있지?! 잠시 편의를 봐주는 것이 어때서?! 우리들은 서로 이해할 수 있지만―사실은, 한국인들 사이에도 사람에 따라 다른 견해를 가지고 이런 행동을 이해하지 못하는 경우도 많이 있습니다. 이런 것들이 이웃들 간의 불평과 분쟁으로 이어지기도 합니다―질서를 중요시하는 서양인들의 눈에는 매우 무질서한 것으로 비쳐지겠지요.

개인의 특수성을 일일이 다 인정하다보면 사회나 공동체 전체의 원칙이 무너질 수도 있습니다. 원칙주의자들은 이런 점을 우려하는 것이겠지요. 이런저런 이유 때문에 교통법규를 위반하였습니다. 특수한 상황이니까 봐주세요. 이런저런 이유 때문에 군대를 갈 수가 없습니다. 특수한 상황에 놓인 나는 입대를 면제해주세요. 이런저런

급한 용무가 있으니 대기 순서를 어겨서라도 내 업무만 빨리 처리해 주세요. 정말 긴급하고 중요한 상황에서는 원칙에서 벗어나 상황을 고려하여 예외적으로 일을 처리하는 것이 좋고 또 필요할 수도 있습니다. 하지만 너 나 할 것 없이 모두가 특수성을 요구한다면 원칙은 무너져버리겠지요. 잘못된 특수성의 요구는 곧 부정과 부패로 연결됩니다. 얘는 누구누구의 아들이니까 특별히 봐줘야하고, 쟤는 누구누구의 친구니까 특별히 봐줘야하고.... 아들이라 봐줘야하고, 딸이라서 봐줘야하고, 외동이라서 봐줘야하고, 맏이라서 봐줘야하고, 막내라서 봐줘야하고....

☞ 이런저런 이유로 다 빠지고 남은 사람은 뭐지?! 힘없고 소위 '빽' 없는 사람.... 예전에 이런 우스개 이야기가 있었습니다. 손가락 5개가 서로 잘 났다고 (특수성을 강조하면서) 뽐을 냅니다. 엄지(thumb): 내가 최고야. 사람들이 최고라고 할 때 나를 치켜 올리잖아. 검지(index finger): 아냐, 내가 최고야. 사람들이 중요한 것을 가리킬 때 나를 사용하잖아. 중지(middle finger): 아냐, 내가 최고야. 내가 키가 제일 커잖아. 약지(ring finger): 아냐, 내가 최고야, 사람들이 중요한 반지를 내게 끼워주니까, 내가 최고지. 그러자 새끼손가락(소지, pinkie)이 하는 말: 너희들 아무리 자랑하고, 자기가 최고라고 우겨도, 나없으면 너희 모두 병신(the handicapped)이야.

☞ 우리말에 '사유(事由)'란 말이 있습니다. '일의 까닭'이란 뜻인데, 흥미로운 말입니다. 영어에는 '사유'란 말이 없습니다. 그냥 '이유'란 의미를 지닌 'reason' 정도로 옮길 수 있겠지요. 하지만 '사유'란 말은 '모든 일에는 까닭이 있다'는 동양문화의 생각이 담겨있는

특이한 표현이랍니다.

　법정(law court)에서도 동양과 서양의 차이가 상황의 고려 여부로 나타납니다. 예전에 미국과 한국에서 유사한 법정 프로그램을 방송한 적이 있었습니다. 미국 CBS에서 방송한 'Judge Judy'와 KBS에서 방송한 'TV생활법정'입니다.

<그림 1> Judge Judy가 심리하는 장면

　유사한 사건에서 'TV생활법정'에서 판사의 역할을 하는 황산성 변호사와 'Judge Judy'에서 맨해튼가정법원 판사 출신인 Judy Sheindlin은 전혀 다른 시각에서 사건을 바라봅니다. 황산성 변호사는 사건을 바라볼 때 사건만 바라보는 것이 아니라 사건의 전후 맥락을 살핍니다. A와 B사이에 분쟁이 발생한 경우, 해당 사건만 바라보았을 때는 A에게 잘못이 있지만, 사건의 전후 맥락—예를 들어, 사건이 일어나기 전에 A가 B에게 친절한 호의를 베푼 경우—을 고려

하면 A가 B에게 잘 한 점을 부각시키면서 서로 화해(reconciliation) 할 것을 설득하고 달래고 권합니다. ('화해'와 관련된 논의는 아래 3.3에서 더 자세하게 살펴볼 예정입니다.) 그런데 Judge Judy는 전혀 다른 시각으로 사건을 바라봅니다. 오직 해당 사건만 바라봅니다. A가 사건이 일어나기 이전 B에게 베푼 호의에 대해 얘기하지만, Judge Judy는 그 호의가 이번 사건과 관련이 있느냐고 묻습니다. A는 관련이 없다고 말합니다. Judge Judy는 사건과 관련이 없는 얘기는 법정에서 더 이상 하지 말라고 단호하게 말합니다. 물론 A에게 잘못을 묻고 B에게 배상해주라는 판결을 내립니다. 미국의 법정에서는 앞서 아무리 호의를 베풀었더라도 사건과 관련이 없다면 그런 맥락 또는 상황은 무시해버립니다.

☞ 우리는 "평상시에 내가 자기한테 얼마나 잘 해줬는데!" "예전에 내가 자기한테 해준 게 있지!"라는 말을 종종 듣습니다. 해당 사건 이전의 상황 또는 맥락을 헤아려주지 않은 것에 대한 불만을 토로하는 것이겠지요. 동양문화에서 이전의 상황을 고려하지 않으면, '배은망덕'한 사람으로 낙인이 찍히고 맙니다.

한국 법원의 판결이 상황에 따라 달라지는 예도 신문기사를 통해 종종 접할 수 있습니다. 아래는 조선일보 2017년 9월 1일자 기사입니다.[4]

---

4) http://news.chosun.com/site/data/html_dir/2017/09/01/2017090100243.html

∩∩∩∩∩∩∩∩∩∩

[기아차 통상임금 판결]

'신의칙'이 가르는 통상임금 판결
- 재판부 잣대가 결정
아시아나항공 통상임금 판결서
1심 "3년간 순이익 났으니 줘라" 2심 "10년 누적적자, 안줘도 돼"
- 법학계서 제기한 반론
"통상임금에 상여금 반영 않기로 노사 합의한 걸 뒤집는다면…"
"이익하락 상황의 노조 파업은 재판부가 왜 고려하지 않나"

31일 기아차 1심 통상임금 판결의 승부는 서울중앙지법 민사41부의 '신의칙(信義則)'에 대한 판단에서 갈렸다. 재판부는 근로자 2만7424명이 요구한 1조926억원의 38.7%에 해당하는 4223억원을 회사에 부담시켰지만, 실질적으로는 근로자들의 주장을 거의 대부분 수용했다. 법조계에서 사실상 노조의 완승(完勝)이라는 평가가 나오는 이유다. 그러나 신의칙을 둘러싼 판단은 사건마다, 재판부마다 달라지고 있어서 최종 승부를 예측하기는 어렵다는 관측도 나온다.

◇ 그때그때 다른 신의칙 판단

신의칙은 2013년 12월 대법원 전원합의체가 갑을오토텍 사건에서 정기상여금을 통상임금에 포함할 수 있다는 해석을 내릴 때 재판에서 등장했다. 대법원은 당시 ① 노사가 정기 상여금을 통상임금 산정 기준에서 제외하기로 합의했고 ② 통상임금에 포함할 경우 당초 합의한 임금 수준을 훨씬 넘고 ③ 중대한 경영상 어려움이 초래된다면 신의칙 위반이기 때문에 통상임금이라 하더라도 줄 필요가 없다고 판시했다. 법적으로 줘야 하는 돈이라도 기업에 지나치게 가혹하면 주지 않을 수 있다는 것이다.

이로 인해 대법원 판결 이후 통상임금 소송들의 쟁점은 '상여금이 통상임금이냐 아니냐'보다 '신의칙 적용 여부'에 집중됐다. 그러나 대법원이 제시한 '중대한 경영상 어려움'이라는 기준 자체가 모호해 하급심 판결이 계속 엇갈리면서 사건 당사자들이 도무지 결론을 예측할 수 없게 됐다는 비판이 커지고 있다.

2014년 서울중앙지법은 아시아나항공 통상임금 소송에서 "2010-2012년까지 당기순이익을 기록했고, 통상임금으로 인한 추가 지출액이 인건비 1.3%에 불과하다"며 근로자들 승소 판결을 내렸다. 그런데 2심인 서울고법은 "10년간 1조원이 넘는 누적 적자를 기록하고 있다"며 1심을 뒤집고 회사 승소 판결을 했다. 똑같은 회사의 경영 상황을 1·2심이 180도 다르게 본 것이다.

〰〰〰〰〰〰〰〰〰

나라들 간의 통상 거래에서도 동서양의 문화차이가 드러납니다. 1970년대 설탕 계약과 관련하여 일본과 호주 사이에 분쟁이 발생한 적이 있습니다. 일본의 설탕 제조업자들이 호주의 설탕 공급자들로부터 5년 동안 1톤당 160달러에 공급받기로 계약을 맺습니다. 그런데 그 이후 설탕 가격이 폭락하자 일본 측에서는 계약 내용을 변경해달라고 요청하였습니다. 하지만 호주 측에서는 계약은 계약이라고 주장하면서 변경요청을 받아들이지 않았습니다. 호주 사람들은 계약 내용에 충실하려고한 반면 일본 사람들은 상황이 달라졌으므로 상황에 따른 변화를 요구한 것입니다. 이렇듯 사건—여기서는 계약 내용—만 바라볼 것이냐 아니면 사건이 벌어지는 상황—여기서는 가격의 폭락—도 함께 고려할 것이냐에 따라 서양과 동양 사이에 나라 간의 무역 분쟁도 생길 수 있습니다.

서양인들이 대체로 동양인들에 비해 (특수한 상황은 고려하지 않고) 일반적인 원리와 원칙을 더 존중하는 습관을 지니고 있습니다. 미국인들은 서부를 개척하는 환경으로 인해 더욱 더 법(law)을 준수하는 것에 철저하게 되었습니다(김형인 2008). 미국은 이민(immigration)의 나라로 동부에서 출발하여 서부의 개척지로 영토를 넓혀갑니다. 유럽의 혈통적 권위나 아시아의 가족의 우애와 같은 기존 질서가 없는 곳으로, 스스로 법을 만들고 그 법을 통해 공동체의 질서를 유지하였습니다. 서부 개척지의 삶으로 인해 법을 지켜야만 공동체를 유지할 수 있다는 점을 깨닫고 법치주의(constitutionalism)의 가치를 무엇보다도 소중하게 생각하게 된 것입니다. 헌법에 대한 경외심과 탈세와 같은 불법(illegality)에 대한 증오심은 대단합니다.

☞ 약 20년 전에 있었던 일화입니다. 한 축구선수가 대학에 특기자로 입학하여 영문과에 재학한 적이 있습니다. 이 학생은 그저 축구만 할뿐이지 수업에는 전혀 참여하지 않았습니다. 그런데 학교 교칙에는 이상한 규칙이 있었습니다. 전국대회에서 4강안에 들면, 대회의 성적에 따라 어떤 과목이든 거기에 맞는 성적을 주도록 말입니다. 합리주의적 관점에서 보면, 정말 말이 되지 않는 규칙이죠. (요즘은 체육 특기자라고 봐주는 일은 없겠죠?! 20년 전보다 나아진 것이 없는 것 같기도 하고.... 없기를 바랄뿐입니다.) 그런데 그 학생이 미국인 선생님의 과목도 수강 신청을 하였던 것입니다. 미국인 선생님은 수업 중에 출석 한번 한 적이 없는 그 학생에게 성적을 줄 수 없다고 단호히 거절하였습니다. 학교 교칙에 이런 (말도 안 되는) 규정이 있다고 설명을 해주어도 (세상에 별 규칙이 다 있구나하는 표정으로 고개를 가로저으며) 그래도 자기는 성적을 줄 수 없다고 버

렸습니다. 다음과 같은 요지의 메시지를 남기고 그는 한국을 떠났습니다. 학교의 규정이라 정말로 지켜야 한다면, 자기는 양심상 그렇게 할 수 없으니 미안하지만 대신 성적을 기입해달라는 내용의 부탁의 말을 남기고서.... 법으로 명시된 것이나, 비록 법으로 명시되어있지는 않다고 하더라도 양심에 걸리는 일은 절대로 하지 않으려고 하였습니다.

☞ 우리 사회에서는 혹시 미국인 선생님과 같은 사람을 '융통성'이 없는 사람으로 치부해버리지는 않나요? 우리 모두가 그 미국인 선생님과 같았으면 2016부터 떠들썩했던 (이화여자대학교의 한 체육특기자의 특혜 사건으로 출발하여 대통령 탄핵으로까지 확대된) 사건은 일어나지 않았겠지요. 그들 주변의 사람들이 '융통성'을 너무 발휘하여 '불법적인 일'을 자행한 것이 아닌지요. '내로남불'이란 말, 들어본 적이 있나요. '내가 하면 로맨스, 남이 하면 불륜'이란 말에서 나온 속어(slang)입니다. '내융남불'은 아닐는지요? '내가 하면 융통성, 남이 하면 불법.'

☞ 우리 주변을 잠깐만 관심을 갖고 보면 법을 우습게 여기는 우리들의 자화상을 쉽게 접할 수 있습니다. 아래 그림은 영남매일 YN 뉴스의 "이상한 주차단속 시민불만고조"란 제목의 기사와 함께 실린 사진입니다.[5]

---

5) http://www.ynnews.kr/news/articleView.html?idxno=79842

<그림 2> 불법 주차 및 불법 주행하는 차량들

사진의 왼쪽에 트럭 한 대가 역방향 차선에 주차를 해놓았습니다. 역방향으로 진입한 것 자체가 (큰) 불법이고 게다가 노란 선에 주차를 한 것도 불법입니다. 차선을 빼앗긴 승용차(사진의 오른쪽)가 역주행을 하고 있습니다. 이 또한 불법입니다. 에휴! 학생들이 가엽게 도로 가운데로 걸어가고 있네요. 잘 모르겠습니다. 법을 우습게 생각한 것인지? 아니면 법에 관심이 없는 것인지? 아니면 양심이 없는 것인지? 그것도 아니면 특수한 상황 때문인지?

마지막으로 Masuda와 Nisbett(2001)의 흥미로운 실험과 이와 관련된 언어 현상을 덧붙여 설명하겠습니다. Masuda와 Nisbett은 일본 교토대학교 학생들과 미국 미시간대학교 학생들에게 아래 그림과 같은 물 속 장면을 담은 애니메이션을 보여주고 자신이 본 것을 회상하게 하였습니다.

<그림 3> 물고기와 배경요소

일본학생들이 개별 물고기보다 전체적인 관계를 더 많이 언급하였습니다. 초점이 되는 물고기에 대해 언급한 횟수는 같았으나, 일본학생들은 미국학생들에 비해 배경요소인 물, 바위, 물거품, 수초, 다른 동물들에 대해 60% 이상 더 언급하였습니다. 그리고 첫 문장을 일본학생들은 "연못처럼 보여요."처럼 배경요소로부터 시작하는 반면, 미국학생들은 "There was a big fish, maybe a trout, moving off to the left."와 같이 배경요소보다는 초점이 되는 물고기로부터 시작을 하였습니다.

서양인들은 초점이 되는 물고기(행위자)에 관심을 두고 서술하는 반면, 동양인들은 물고기가 움직이는 행동의 배경(맥락 또는 상황)에 관심을 두고 먼저 언급합니다. 이런 현상은 우리의 일상생활의 언어습관에서도 잘 나타납니다.

(1)　　a. I went to the park <u>yesterday</u>.
　　　　b. <u>어제</u> 나는 공원에 갔습니다.

영어는 행위자를 문장의 첫머리에, 배경을 마지막에 말하는 반면, 한국어는 (행위자 보다) 배경을 먼저 말하는 것이 일반적입니다. 이처럼 상황이나 배경 또는 맥락을 어떻게 생각하느냐에 따라 다른 문법구조로 나타납니다. 나중에 4장과 5장에서 더 자세히 살펴보겠지만, 문법이나 언어는 우리의 생각과 행동과 밀접한 관련성을 갖는답니다.

3.3. 이웃들 (속의 나)

농경문화에 뿌리를 둔 동양에서 개인은 이웃들과 더불어 살아가야합니다. 이웃과 더불어 살아야 하는 동양문화는 개인주의적인 서양문화와 어떤 점에서 서로 다른지를 살펴보려고 합니다.

3.3.1. 집단문화 vs. 개인문화

농경문화에서는 구성원이 독립된 개체로 살아가기보다는 서로가 서로에게 도움을 주고받으며 살아갈 수밖에 없습니다. 이런 사회에서는 구성원들은 자기가 속한 사회나 다른 구성원들과 강한 연대감 속에서 살아가기를 원합니다. 동양은 이런 집단문화의 성격이 강한 공동사회(Gemeinshaft)의 특징을 가지고 있습니다. 반면에 목축과 무역을 중심으로 하는 문화에서는 구성원들이 이웃들과 서로 도움을 주고받으며 살 필요가 없습니다. 이런 사회에서는 자신과 이웃들 사이에 일정한 거리를 두고 싶어 하며 독립적이고 자유롭게 살아가기를 원합니다. 서양사회는 이렇게 이웃과의 관계보다는 개인을 우선시 하는 이익사회(Geselshaft)의 성격을 지니고 있습니다.

개인주의 사회에서는 개인(individual)의 행복, 성공, 감정에 초점을 둡니다. 부모나 다른 사람들에 의존하지 않고 독립적(independent)으로 살아가는 것을 중요하게 생각하고 또 자녀들에게 그렇게 하도록 가르칩니다. 각자 개인이 자신감(self-confidence)과 자긍심(self-esteem)을 갖도록 가르칩니다. 개인 각각은 특별한 사람(someone special)으로 존중 받아야 한다고 생각합니다. 어떤 과업이 주어졌을 때, 모두가 같은 방식으로 일을 하게 되면 다른 사람과 비교가 되어 자연스럽게 서열이 생길 수밖에 없겠죠. 하지만 주어진 과업을 각자가 지닌 개성을 살려 일을 하게 되면 서로가 색다르고 나름대로의 특별한 결과를 얻게 되겠지요. 서양에서는 이처럼 각자의 개성을 살리는 일을 매우 소중하게 생각합니다.

☞ 10년 전쯤에 뉴질랜드의 한 대학에서 방문교수로 일 년간 있었던 적이 있습니다. 그 때 딸아이가 그 지역의 초등학교를 다녔습니다. 초등학교 과제에—구체적으로 말하자면, 아는 것을 잊지 않도록 반복적으로 문제를 풀거나, 암기하도록 만드는 한국의 과제와는

다른 것에—놀랐습니다. 사각형 모양을 이용하여 디자인하거나 그림을 그려보라는 것이었습니다. 그런데 선생님과 학부모 면담시간이 되어 학교를 방문했을 때 다시 한 번 놀랐습니다. 학생들의 디자인이 정말 다양하고 한 번도 생각해보지 못했던 창의적인 디자인들이 많았습니다. 모두가 칭찬을 받을 만한 것이었죠. 우리 아이의 것도 보여주면서 '독특(unique)'하다고 칭찬을 아끼지 않았습니다. 아이의 디자인은 탑(pagoda)이었습니다. 만약 모든 학생들이 탑을 그렸다면 거기에는 서열이 생길 수밖에 없었을 텐데 개인 각자의 독창적인 생각으로 디자인을 하니 모두가 특별하고 훌륭한 디자인을 할 수 있게 된 것이죠. 개그콘서트라는 TV프로그램에서 한 개그맨이 외치던 말이 생각나네요. "일등만 기억하는 더러운 세상" '모두가 일등이 되는 세상'이면 좋겠다는 생각을 해봅니다.

☞ 개성을 강조하는 개인주의 문화와는 달리 우리는 개성보다는 다른 사람들과 비슷하게 생각하고 행동하는, 소위 튀지 않는 생각과 행동을 선호합니다. TV프로그램에서도 다른 가수와 똑같이—즉, 똑같은 목소리와 창법으로, 심지어 행동과 복장까지 같이하여—부르는 것을 좋아하고 그런 프로그램이 인기가 있습니다. 우리 문화에서는 개성보다는 이웃들과 잘 어울리는 것을 더 소중한 가치로 생각하기 때문이겠죠. 등교하는 학생들에게 엄마가 당부합니다. "선생님 말씀 잘 들어." 이 역시 개성보다는 단체 생활에서 남들에 비해 튀지 않도록 선생님 말씀에 순종하라는 의미가 담겨있는 것 같습니다.

집단문화에서는 개인이 속한 사회에 대한 애착심이 강합니다. 특히 우리는 '고향'에 대한 애향심은 각별합니다. 설이나 한가위가 되면 거의 모든 사람들이 뿌리라고 생각하는 고향을 찾고 이웃들과의 정과 음식을 나눕니다. 서양사회에도 '고향'의 대응어로 'hometown'과 같은 단어가 있지만, 우리가 생각하는 '고향'과는 매우 다릅니다. 고향 어르신, 고향 선배, 고향 친구, 고향 후배를 각별하게 생각하고, 또 향우회 등 각종 모임을 통해 연대감을 확인하는 경우를 주변에서 흔히 볼 수 있습니다. 같은 마을에서 태어나고 성장하면서 공유했던 여러 가지 추억과 정을 나누는 것이죠. 평상시 음식을 먹을 때도 집단문화의 특징이 잘 드러납니다. 식탁에서 밥과 국을 제외한 나머지 반찬들은 식탁에 앉은 모두가 공유를 합니다(박종호 1989).

이주를 하지 않고 한 마을에서 오랜 시간동안 함께 사는 시골 마을을 생각해보세요. 서로에 대해 잘 알게 되겠죠. 누구 집에 어떤 일이 있는지 서로가 잘 알게 될 것입니다. 이렇게 구성원 간의 공유된 지식이 많은 문화를 Hall(1989)은 '고맥락(high-context) 문화'라고 부릅니다. 반대로 이동이 잦아 구성원들 간의 공유된 지식이 별로 없는 문화를 '저맥락(low-context) 문화'라고 부릅니다. 앞으로 계속 살펴보겠지만, 사회가 고맥락 문화를 가졌는지 아니면 저맥락 문화를 가졌는지에 따라 매우 다른 양상을 보입니다. 여기서 Tajfel 외(1971)가 소개한 '내집단(ingroup)'과 '외집단(outgroup)'의 개념을 잠시 살펴보겠습니다. 내집단이란 개인이 심리적으로 자기가 그 집단의 구성원이라고 생각하는 집단을, 외집단이란 그렇지 않은 집단을 말합니다. 그런데 Hall에 의하면, 고맥락 사회에서는 개인이 내집단의 다른 구성원들과 매우 유사하다고 느끼며 외집단의 구성원들보다는 훨씬 더 신뢰를 합니다. 반면 저맥락 사회에서는 개인이 내집단의 구성원들과도 일정한 거리를 두고 싶어 하며, 내집단과 외집단을 구분하지 않고 보편적인 행동원리를 따릅니다.

☞ '우리나라'와 '우리 학교'란 말은 쉽게 이해되는데, '우리 마누라' '우리 남편'이라는 표현을 어떻게 이해해야 하죠? 그런데 이런 표현이 한국어에만 있는 것은 아닙니다. 집단문화의 언어에서 종종 발견되는 현상이랍니다.

☞ "우리가 남이가?!"란 말 들어본 적이 있습니까? 1992년 12월 소위 부산의 한 음식점에서 당시 대통령 후보가 한 말로 유명했던 적이 있습니다. 이때 '우리'는 누구일까요? 대한민국 전체 국민은 아닐 것이고, 아마 그 후보를 지지하는 내집단을 지칭하는 것이 아니었을까요? 요즘에도 정치인들이 '국민의 뜻에 따라'라는 말을 자주 하는데, 개인적으로 나의 의견과는 다른데…. 아마 전체 국민이 아닌 자기를 지지하는 내집단의 사람들만을 지칭하기 위해 '국민'이라는 표현을 사용하는 것 같아 씁쓸한 마음입니다.

☞ 개인 사생활(privacy)이 집단문화에서는 종종 존중을 받지 못하거나 무시당하는 경우들이 발생합니다. 친구들과 어울리는 자리에서 잠시 개인적인 용무가 생길 때도, "화장실에 갔다 올게." "전화하고 올게."와 같은 말을 하고 자리를 떠납니다. 아무 정보도 제공하지 않고 자리를 떠났다 돌아오면, "너, 어디 갔다 왔어?"라고 되묻지요. 처음 만난 사람에게도 "결혼 했어요?" "연세(나이)가 어떻게 되세요?"와 같은 질문을 하곤 합니다. 이런 질문은 사생활을 중요시 여기는 서양 사람들에게는 하지 않는 것이 좋겠습니다. 술자리에서도 개인의 건강상태나 취향을 무시하고 무리하게 술을 권하는 경우도

종종 있습니다. 매년 대학교 신입생 오리엔테이션에서 지나치게 강요하는 음주문화로 인해 끔찍한 사고가 발생하기도 합니다. 종교나 정치 분야에서도 마찬가지입니다. 개인의 의사를 무시하고 개종을 권유하거나 선거에서 특정 후보나 정당을 지지할 것을 강요하는 경우도 종종 있습니다.

농지를 중심으로 오랜 시간동안 함께 생활을 하다보면 어떤 좋지 않거나 불만족스러운 일이 닥쳐도 그 일을 일으킨 원인 제공자에게 따지기가 힘이 듭니다. 왜냐하면 살다보면 비슷한 일을 내가 일으킬 수도 있기 때문이죠. 그러니 서로가 서로를 이해하고 서로의 잘못을 감싸 안아야겠지요. 고맥락 또는 집단 문화에서는 '화목(harmony)' 이 무엇보다도 중요한 덕목입니다. 특히 내집단 내에서는 개인이 손해나 희생을 감수하고서라도 이웃과의 화목을 우선시해야 합니다. 내집단과 외집단 구분 없이 보편적인 행동원리를 따르는 저맥락 또는 개인 문화권의 사람들과는 다른 행동방식이지요.

☞ "좋은 게 좋은 거지."란 말이 있습니다. 너에게 좋은 일이 나에게도 좋고, 반대로 나에게 좋은 일이 너에게도 좋다는 말이겠죠. 집단문화의 입장에서는 화목을 강조하는 말로 들릴 수 있습니다. 하지만 내집단 내에서만 이루어지는 소위 '끼리끼리'의 화목이라면, 이 것이 자칫 보편적인 정의(justice)와는 멀어져 부정부패로 이어질 수도 있습니다. 보편적인 행동원리를 중요시하는 개인문화에 속한 사람들에게는 자칫 좋지 않은 모습으로 비춰질 수도 있겠습니다. 집단문화의 긍정적인 면도 당연히 있습니다. 집단 전체가 '한번 해보자!' 라는 화합된 마음을 가진다면 어떤 난관도 헤쳐 나갈 수 있습니다.

IMF의 지원을 받는 경제적 위기를 맞았을 때, 우리는 대동단결된 집단문화의 힘으로 잘 극복할 수 있었습니다.

☞ "대(大)를 위해 소(小)를 희생한다." 또는 "대의(大意)를 위해 사사로운 것은 버린다."란 말이 있지요. 국립국어원의『표준국어대사전』에서는 '대의'를 '사람으로서 마땅히 지키고 행하여야할 도리'라고 정의를 내리고 있습니다.[6] 개인의 희생이 내집단만을 위한 것이 아니라 외집단을 포함한 국가와 인류를 위한 희생이라면 더욱 더 숭고한 희생이 되겠죠. 집단문화의 관점에서 개인문화권에 속한 사람의 행동을 보면 이해가 되지 않는 점이 있겠죠. 작은 희생도 하지 않고 자기 잇속(interest, profit)만 챙긴다고.... 하지만 개인문화의 관점에서 보면, 특히 내집단만을 위한 희생이란 과연 가치가 있는 것인가, 개인이 행복해야 집단 전체가 행복한 것이 아닌가라고 되묻겠죠?

개인이 속한 문화에 따라 행복의 기준도 달라집니다. 집단문화에서는 집단의 일원으로서 다른 구성원들로부터 인정을 받고 그들과 화목하게 지내는데서 행복감을 느낍니다. 다른 사람들로부터 인정을 받기 위해서는 '겸손'과 '양보'가 필요하겠죠. 하지만 개인문화에서는 개인이 가지고 있는 자질을 마음껏 발휘하는데서 행복감을 찾습니다. 동양문화와 서양문화는 행복의 기준이 서로 다른 데에 있다고 할 수 있습니다. 서양문화는 행복의 기준이 자신에게 있는 반면 동양문화는 행복의 기준이 주변의 사람이 자신을 어떻게 평가하느냐에 달려있습니다. 다른 말로 하자면, 행복과 관련하여 서양인들은 내적 기준을 가지고 있는 반면 동양인들은 외적 기준을 가지고 있다

---

6) http://stdweb2.korean.go.kr/main.jsp

고 할 수 있습니다.

☞ '일반화된 타자(generalized other)'란 말이 있습니다. Mead(1934)의 용어로, 다른 사람들이 보는 나의 이미지를 일컫는 말로 사용됩니다. 다른 사람들 눈에 비춰진 나의 모습이 동양사회에서는 매우 중요합니다. 일상생활에서 예를 들어, 내가 좋아하는 옷이나 머리스타일이 있는데 친구들의 평가가 그런 스타일은 나에게 어울리지 않는다고 하면 그런 스타일을 회피하게 되죠. 계절이 바뀌는 시절에는 온도에 따라 옷을 선택하는 것이 아니라 다른 사람들은 어떤 옷을 입었는지 시선을 주변 사람들에게로 돌립니다. 남을 의식해서 튀지 않아야 하기에. 직업을 선택할 때도 본인이 좋아하는 직업보다는 부모님이나 친구들이 좋아하는 직업을 선택하는 경우가 많은 것 같아요. 심지어 배우자를 선택할 때도 자기가 좋아하는 사람보다는 부모님이나 주변의 사람들이 좋아할만한 사람을 선택하는 것 같기도 합니다. 자신의 재능을 발휘하기 위해 스스로 판단하도록 교육을 받는 서양의 관점에서 보면....

☞ "중간은 해야지!" 우리 사회에서는 행복이 다른 사람들과의 비교에서도 오는 것 같습니다. 개인이 목표로 한 일을 얼마나 성취하느냐보다는 다른 사람들과의 비교에서 행복이 온다면 반드시 누군가는 불행하겠죠? 초등학생이 칭찬 받을 것을 기대하며 "엄마, 나 90점 받았어."하면, 엄마가 묻습니다. "반에서 몇 등이야?" 심지어 100점을 받았다고 해도, 엄마는 반에서 100점이 몇 명인지를 묻습니다. 이런 식으로 하면 반드시 꼴찌는 있게 마련이겠죠. "그래도 중간 정도는 해야지, 동네 창피하게!" 행복의 기준이 상대적이고 다른

사람에게 있는 것이죠.

☞ 아이들이 해야 할 과업을 누가 선택하느냐에 따라 동양과 서양의 아이들이 다른 결과를 보여주는 흥미로운 심리학 실험이 있었습니다. Iyengar와 Lepper(1999)는 뒤섞여 있는 단어의 철자를 바로 맞추는 테스트를 통해 동양의 아이들은 어머니가 선택한 퍼즐을 더 잘 맞추는 반면 서양의 아이들은 본인이 선택한 퍼즐을 더 잘 맞춘다는 사실을 밝혔습니다. 서양의 부모들은 자녀가 독립적인 인성을 갖춘 특별한 사람으로 느끼고 스스로 판단하도록 가르칩니다. 반면 동양의 부모들은 자녀가 사회 속에서 주어진 역할—즉, 어른들을 공경하고, 친구들에게 신의를 지키는 등—을 충실히 하며, 이웃들과의 관계에서 모나지 않고 조화롭게 살아가도록 가르칩니다.

3.3.2. 갈등 회피와 두루뭉술함 vs. 정의

구성원들 간의 화목을 가장 중요한 덕목으로 생각하는 문화에서는 다른 사람들과의 갈등을 피하는 일이 중요하겠죠. 다른 사람들과의 갈등을 피하기 위해서는 자연스럽게 다른 사람들의 심리적 상태나 처해 있는 상황에 대해 주의를 기울여야합니다. 즉, 다른 사람들의 '눈치(reading face and mind)'를 살피는 것이 갈등을 회피하는데 도움이 되겠죠. 이렇게 동양문화에서는 '눈치'가 발달하게 됩니다. 동양사회에서는 '눈치'가 빠른 사람들이 유능한 사람으로 인정받아 사회생활에서 성공하는 경우가 많습니다.

동양문화에서 '눈치'는 긍정적인 측면과 부정적인 측면 모두를 지니고 있습니다. 긍정적인 측면은 예를 들어, 부자들이 체면 때문에 더 많은 기부를 한다든지 사회적 지위가 높은 사람이 사회에 더 많은 기여와 헌신을 한다든지 하는 예들입니다. 노블레스 오블리주 (Noblesse Oblige)와 같은 것 말입니다. 부정적인 측면은 다른 사람들의 눈치를 봐야하기 때문에 실용적이지 못할 때가 있다는 것입니다. 다른 사람들의 눈을 의식해서, 손님을 접대할 때도 음식을 지나치게 준비한다든지, 결혼식과 같은 행사에서도 지나치게 화려하게 한다든지, 또는 경제적인 사정은 고려하지 않고 과분하게 소비를 하는 경향이 있습니다. 여러분들은 주위에서 명품을 지나치게 좋아하는 사람들을 본 적이 없나요? 명품의 품질이 우수해서 좋아하는 것일까요? 아니면 남의 눈을 의식해서 일까요? 다른 사람들의 눈을 지나치게 의식하면 허례허식에 빠지게 될 수도 있습니다. 즉, '체면'을 지나치게 강조하다보면 실용성과는 거리가 멀어지겠죠.

☞ '남사스럽다'란 말이 있죠. 남의 눈에 부끄럽게 비친다는 의미겠지요. 남사스럽지 않게 또는 체면을 세우기 위해, 불필요하거나 실용적이지 않은 일을 한 적은 없습니까? 실용적인 목적보다는 체면 때문에 명품 가방을 구입하고, 명품 신발을 구입한 적은 없습니까? (신발이 나를 위해서 있어야지, 내가 신발을 위해서 있어서야.... 비가 오는데 신발이 너무 비싼 신발이라 신발을 벗어 손에 들고 가야 한다면, 내가 신발을 모시는 입장이 된 거겠죠?!) 대학이나 학과의 선택이 체면 때문에 이루어진 것은 아닌지요?

서양문화, 특히 미국문화는 '체면'이나 '명분'보다는 실용성이 매우 중요합니다. 앞서 미국문화의 특징으로 개척정신을 언급한 적이 있습니다. 개척지에서 삶은 실생활에 도움이 되지 않는 탁상공론은 중요하지 않았습니다. 이런 개척지라는 삶의 환경이 미국인들을 더욱 실용적으로 만들었습니다(Billington 1973). 미국인들은 권위적인 것을 싫어하여 실무자가 일을 처리하며, 대화의 방식도 짧게 인사한 후 곧바로 본론으로 들어가는 등 매우 실용적입니다(김형인 2008).

동양문화에서는 대화의 너무 이른 시기에 본론을 얘기하는 것을 싫어합니다. 안부를 묻는 등 여러 가지 다른 얘기를 많이 한 후, 마지막으로 본론을 짧게 얘기를 합니다. 상대방을 곤란하게 할지도 모르는 본론을 먼저 끄집어내어 갈등을 일으키기 보다는 상대의 눈치를 보면서 본론을 천천히 얘기하는 것을 바람직하게 생각합니다. 부탁을 하거나 제안을 할 때도 갈등이 일어나지 않도록 직설적인 표현보다는 두루뭉술한 표현을 자주 사용합니다. 일상의 대화에서 눈치를 보며 두루뭉술하게 표현하는 한국인들의 대화를 살펴보도록 합시다. 아래의 대화는 박종호(1989)가 보여준 일상생활에서 있을 법한 가상의 대화입니다.

> (2) 가상의 대화 (괄호 속은 진의를 나타냄)
> 　　과장: 날씨도 춥고 출출한데.
> 　　　　　(한잔 사지 않겠느냐?)
> 　　사원: 과장님 한잔 하시지요?
> 　　　　　(내가 한잔 사겠다.)
> 　　과장: 뭘 그래 관두지.
> 　　　　　(좋으면서 일단 거절)
> 　　사원: 시장하실 텐데 나가시지요.
> 　　　　　(내가 대접하겠다.)

과장: 그래 볼까?
　　　(제안적 수락)

☞ 동양사회에서는 대접하겠다는 제안에 기다렸다는 듯이 재빨리 수락을 하는 것도 '염치(sense of shame)' 없는 사람이죠. 너무 밝히거나 속 보이는 사람으로 치부될 수 있습니다. 몇 번의 거절의 의사를 표하는 것이 겸손한 태도로 여겨집니다. 세 번 정도 거절하는 것이 예의범절에 맞는 것으로 여기던 옛 시절도 있었습니다.

'책임(responsibility)'이 수반되는 사건에서도 동서양의 문화의 차이가 드러납니다. '화합'이 무엇보다도 중요한 동양사회에서는 잘못을 저지른 당사자 한 사람에게만 책임을 다 묻기보다는 상대방에게도 함께 책임을 나누는 것을 좋아합니다. 앞으로 살아가다보면 나도 (잘못을 저지른) 당사자의 입장에 놓일 수 있기 때문에 이번에는 내가 양보하고 화합하는 것이 좋겠다는 생각을 하기 때문이겠지요. 하지만 서양에서는 개인이 의사결정과 행동에서 독립적인만큼 책임도 개인이 져야합니다. 그리고 서양사회는 '화합'보다는 '정의(justice)'가 보다 더 큰 덕목이기 때문에 정확하게 잘잘못을 가리는 것을 좋아합니다. 동양사회는 화합을 위해 책임소재를 정확히 밝히기 보다는 두루뭉술하게 넘어가는 것을 선호하는 반면, 서양사회는 정의의 실현을 위해 책임 소재를 정확하게 밝히려고 합니다.

☞ 어느 가정에서나 이런 장면은 한두 번쯤 목격하였을 것 같습니다. 누나와 동생 사이에 다툼이 있었습니다. 동생의 잘못이었습니다. 엄마가 나중에 다툼이 있었다는 소식을 듣고 자초지종을 물은 후,

동생을 나무랍니다. "누나한테 그러면 못써!" 그러고는 누나에게도 한 마디 합니다. "너는 누나가 돼서, 뭘 잘 했다고 그래!" 두 자녀에게 함께 나무랍니다. 정의보다는 화합이 중요하니까요. 엄마에게 함께 꾸지람을 들은 남매는 언제 싸웠냐는 듯이 함께 또 놀이를 합니다. 만약 동생만 나무란다면 아마 남매 사이의 분위기는 한동안 좋지 않을 것입니다. 책임을 따지기 보다는 두루뭉술하게 넘어가는 것이죠. 사회에서도 이런 현상은 자주 볼 수 있습니다. 사건을 맡은 판사나 경찰도 어느 것이 정의라고 밝히는 대신에 서로 양보하고 화해하라고 (두루뭉술하게 넘어가라고) 제안을 합니다.

☞ 여러분들 중의 대부분은 학창시절 '단체기합'을 받아본 적이 있을 것입니다. 한 학급에서 모두들 조용히 공부하는데 한 녀석이 심하게 장난을 치며 떠듭니다. 그런데 학급이 시끄럽다는 이유로 선생님이 단체기합을 주죠. 유쾌하지 않은 경험이겠지요. 아무런 잘못이 없는 나는 왜 벌을 받아야할까? 선생님은 왜, 잘못한 학생을 혼내주면 되는데.... 고민해본 적이 없나요. 책임을 한 개인에게 묻기보다는 책임을 나누는 집단문화의 전통이라고 할 수 있습니다. 어떤 청소년이 비행을 저지르는 사건이 발생했습니다. 우리 집단문화에서는 특정 개인을 비난하고 벌하기 보다는 책임을 나누죠. "그 청소년이 비행을 저지르기까지 우리 기성세대와 사회는 과연 무엇을 했나요?" 라고 반성하면서....

☞ '양비론(兩非論)'이란 말을 들어본 적이 있습니까? 다툼의 당사자 모두 잘못되었다는 뜻입니다. 집안의 작은 다툼에서부터 나라의 정치적인 큰 다툼까지 양비론적인 견해가 언론을 통해 자주 접하게

됩니다. '이것이 정의다'라고 주장하는 대신 두루뭉술하게 대처함으로써 양쪽으로부터의 비난이나 공격을 누그러뜨리려는 것이겠지요.

☞ 서양사회에서는 역사적으로 종교 간의 갈등이 정말 심했습니다. 지금도 IS(Islamic State)로 서양사회가 골머리를 앓고 있습니다. 서양사회에서는 종교도 어느 것이 '정의'냐 또는 어느 것이 '진리'냐는 관점에서 바라보기 때문입니다. 하지만 동양사회에서는 종교 간의 갈등이 큰 분쟁으로 비화하는 경우는 잘 없습니다. 동양사회는 '정의'와 '진리'는 상황에 따라 달라질 수 있고, 또 서로 상생하고 화합할 수 있는 길이 최선이라고 믿기 때문입니다.

☞ 동양사회에서는 잘잘못을 지나치게 따지는 것을 좋아하지 않습니다. '시비(是非)'란 말이 있습니다. 우리 사회에서는 매우 부정적인 말로 들립니다. '시비를 걸다'는 말은 마치 분쟁을 일으킨다는 의미로 사용되는 것 같습니다. 하지만 원래 '시비'란 '옳고 그름'을 뜻하는 것으로 '시비를 걸다'라는 말은 '옳고 그름' 따져보자는 것입니다. 다른 말로 하자면, '정의'가 무엇인지를 밝혀보자는 의미와 유사합니다. 그런데 우리 사회에서는 '시비'를 가리는 일을 그렇게 좋은 일로 받아들이지 않는 것 같습니다.

☞ 동양사회에서 잘잘못을 논리적으로 지나치게 따지는 경우에 좋은 소리를 듣지 못합니다. "되게 떽떽거리네." "저 사람은 찔러도 피도 한 방울 안 흘리겠네." "너 잘났다." 이런 말들을 듣게 되겠지요. 하지만 서양 사람들에게는 사건이 일어났을 때 시비를 가리지 않고 어물쩍 넘어가는 것이 정의롭지 못한 일로 비춰질 수 있습니

다. 길거리에서 잘못된 행위를 하는 사람을 발견했다고 가정해봅시다. 동양사회에서는 그냥 눈감고 넘어 가는 것을 선호합니다. (잘못을 그냥 넘기는 사람은 '너그러운' 사람 또는 '관대한' 사람으로 대접을 받겠지요.) 하지만 서양사회에서는 '정의'를 위해 그 누군가가 경찰에 신고를 할 것입니다.

☞ 시비를 가리지 않는 것이 동양의 지혜인 것으로 생각하는 글이 있습니다. 경북도민일보에 실린 김경일교수(동국대 객원교수)의 글을 음미해볼까요?

∩∩∩∩∩∩∩∩∩∩
[시시비비(是是非非)의 세계][7]

우리가 사는 세계는 시비의 세계이다. 옳고 그름을 따지는 세계라는 뜻이다. 동물의 세계를 지배하는 법칙은 힘이다. 그들은 옳고 그름을 합리적으로 따지는 것이 아니라 힘으로 모든 것을 해결해 버린다. 약한 개체는 자기가 잡은 먹이를 강한 자에게 빼앗겨도 묵묵히 감내하는 것이 그들의 질서이다. 흔히 말하는 약육강식의 세계이다. 그러나 사람들은 이성적이고 합리적으로 따지고 판단해서 옳고 그름을 가리려고 한다. 당사자들끼리 해결하지 못하면 법률전문가들에게 판단을 의뢰하지만 쌍방이 모두 만족하는 결론에 이른다는 것은 쉬운 일이 아니다.

황희 정승은 육조의 판서를 두루 거치고 87세가 될 때까지 영의정의 벼슬만 18년을 지낸 분이시다. 세종임금이 그의 능력을 높이 평가해서 관직에서 놓아 주지 않았던 것이다. 일인지하 만인지상의 자리에 그렇게 오랫동안 머물렀지만 때로는 조석의 끼니를 걱정할 만큼 청렴하게 살았

7) http://www.hidomin.com/news/articleView.html?idxno=264136

던 분이다. 여섯 딸이 있었는데 치마 하나를 서로 돌려가며 입었다는 일화도 전해진다. 그야말로 청백리의 표본 같은 삶을 살았던 분이시다.

한 번은 집안의 노비 두 사람이 서로 다투다가 황희 정승을 찾아와 상대를 비방하면서 자신은 억울하다고 하소연을 했다. 묵묵히 듣던 황희는 "그래 네 말이 맞네."라고 하면서 돌려보냈다. 조금 있으니 같이 싸웠던 다른 노비가 역시 씩씩거리며 정승을 찾아와서는 상대를 비방하면서 자신은 억울하다고 했다. 묵묵히 듣던 황희는 "그래 네 말이 맞네."라고 하면서 또 돌려보낸다. 옆에서 이를 지켜보던 부인이 말을 건넨다. "대감께서는 옳고 그름을 판단하지는 않고 서로 다른 말을 하는데 모두 맞다고 하시면 어떻게 됩니까?" 그러자 황희 정승은 "그래요, 당신 말도 일리가 있소."라고 응대했다.

자기 집안의 가솔들의 다툼이지만 시시비비를 가리는 것은 그리 간단한 일이 아니란 것을 극명하게 보여주는 일화이다. 이쪽 입장에서 보면 이 말이 맞을 수 있고, 저쪽 입장에서 보면 또 저 말이 맞을 수 있다. 시비를 가리는 일에 직접 가담하기보다 당사자의 말을 듣고 그 사람이 힘들어 하는 마음을 알아주는 것이 오히려 두 사람이 서로 화해하는데 도움이 된다는 것을 백전노장 황희는 알았을 것이다.

사람들은 모두가 자신의 입장에서 세상을 보고 자신의 입장에서 옳고 그름을 따지려 한다. 자기중심적 삶을 살아가는 것은 인간의 속성이자 운명이다. 근원적으로 사람은 에고이스트이다. 남의 입장을 배려한다고는 하지만 냉정하게 따져보면 상대방의 입장에서 상대를 배려하기보다 자신의 입장에서 상대를 배려하는 경우가 훨씬 많은 것이다. 자녀들에게 베푸는 사랑이라는 것도 아이들의 입장에서 주어지는 사랑인지 부모님의 입장에서 주어지는 사랑인지 구별하기가 쉽지 않다. 부모의 욕심이 때로는 사랑이라는 이름으로 나타나기도 한다. 의도적으로 위장하는 것이 아니라 자신의 행동을 스스로 통찰하지 못하고 행동하는 경우가 많다.

현대인들의 삶은 복잡하다. 일이 많아서 복잡하기도 하지만 핵심은 인간관계의 복잡함이다. 한 사람 한 사람을 모두 소중한 존재로 따뜻하게 배려하며 살아갈 여유가 없다. 많은 사람들과 관계를 맺다보면 자기도 모르게 사람들을 소홀하게 대할 수도 있다. 그래서 오해가 생기고 갈등이 생기며 나아가 다툼이 일어난다. 뒤늦게 시시비비를 가려보려 하지만 결코 간단하지가 않다. 삶의 여유란 것은 가끔씩 타인의 입장에서 관계를 살펴볼 수 있을 때 가능한 것이다. 역지사지(易地思之)란 말이 있다. 서로 입장을 바꿔놓고 살펴보라는 뜻이다. 그러면 타인을 좀 더 이해할 수 있고 사랑할 수 있어서 시시비비의 다툼도 좀 줄어들게 된다. 내 중심의 삶은 항상 내가 옳고 내가 정당한 것으로 합리화한다. 나를 내려놓고 현실을 직시하면 보다 객관적으로 현실을 파악할 수가 있다. 내가 소중하듯이 타인도 소중한 존재이다. 내 중심의 사고방식을 극복하지 못하면 시시비비에 시달리는 고단한 삶은 끝나지 않을 것이다. 시비의 세계에서 한 발 물러섰던 황희 정승의 일화는 숨 가쁘게 달리고 있는 우리들의 삶에 한줄기 청량한 바람이기도 하다.

∪∪∪∪∪∪∪∪∪∪

이제 두루뭉술한 집단문화와 꼼꼼히 따지는 개인문화의 차이가 한국어와 영어에서 어떻게 반영되어 나타나는지 살펴보도록 하겠습니다. 화자(speaker)와 청자(hearer) 사이에 공유한 정보가 많은 고맥락 문화에서는 굳이 언어로 정확하게 정보나 의사를 전달하지 않더라도 맥락으로 상대방의 말을 이해할 수 있습니다. 하지만 공유된 정보가 적은 저맥락 문화에서는 언어로 정보를 정확하게 전달하지 않으면 상대방의 말을 이해하기가 힘이 듭니다. Nisbett(2003)의 지적대로, 대화 과정에서 의사소통에 지장이 생기면 고맥락 문화에서는 청자의 잘못으로 인식되는 반면 저맥락 문화에서는 화자의 잘못으로 인식이 됩니다.

☞ "개떡같이 말해도 찰떡같이 알아듣다."라는 속담이 있습니다. 말하는 사람이 어눌하게 표현하여도 듣는 사람이 정확하게 알아듣는 다는 뜻이겠죠. 서로가 많은 정보를 공유하고 있는 고맥락 사회에서는 굳이 많은 (그리고 정확한) 표현을 하지 않더라도 상대방이 잘 알아들을 수 있습니다. 전라도 사람들이 '거시기'라는 말을 자주 사용합니다. "거시기가 (쪼깨) 거시기해서 거시기 했어." 여러분들은 잘 알아듣지 못하겠지만 공유된 정보가 많다면 무슨 뜻인지 이해가 되겠지요.

☞ 동양문화의 사람들은 자기 의사나 정보를 정확하게 말로 전달하는데 익숙하지 않습니다. 대충 얘기를 해도 상대방이 알아듣고 또설사 상대방이 알아듣지 못하여 오해가 발생하더라도 그 책임은 듣는 사람에게 있기 때문입니다. 비록 말하는 사람이 전달을 제대로 하지 못한 경우에도 우리는 '말귀를 못 알아듣는다'는 말로 듣는 사람을 나무라는 것이 일반적입니다. (아마 주로 지시하는 사람들이 지위가 높고 지시를 받는 사람이 지위가 낮기 때문이기도 하겠죠.) 그런데 상황을 자세히 들여다보면, 지시를 정확하게 했는데 못 알아듣는 경우보다는 지시 자체가 불명확하거나 두루뭉술한 경우가 대부분입니다. 대충 얘기해도 듣는 사람이 '눈치'로 이해해야 하는 것이죠. 직장 생활을 하면서 받는 스트레스들 중에서 이런 이유에서 발생하는 스트레스가 아마 상당 부분을 차지할 것입니다. 부하 직원의 원성에 찬 목소리가 들리는 듯합니다. "자기(상사)가 언제 그런

말(지시)을 했다고...." "갑자기 왜 저러는지 몰라."

☞ 교수님들이 강의조교(teaching assistant)에게 시험 감독을 부탁할 때도 동서양의 차이가 납니다. 한국에서는 대개 특별한 지시사항이 없이 감독을 부탁합니다. 하지만 미국에서는 일반적으로 시험 감독할 때 지켜야 할 유의사항을 말이나 글로 전달을 합니다. 예를 들어, 정해진 시간보다 먼저 입실하여 준비한 후 정해진 시간에 시험을 시작할 수 있도록 한다든지, 종료 5분 전에 마감 시간을 알려준다든지, 수험생이 한 명이라도 퇴실을 하면 입실을 금한다든지, 등등. 정확한 지침이 없었는데, 문제가 발생하면 한국 사회에서는 누가 비난을 받을까요?

☞ 청춘남녀 사이의 데이트에서도 동양과 서양문화의 차이가 나타납니다. 서양사회에서는 데이트 신청을 받은 여성이 정확하게 자기의 의사를 표시합니다. 하지만 동양사회에서는 (물론 요즘 우리 문화도 많이 서구화되어 변하였지만) 남성이 마음에 드는 여성에게 데이트를 신청하면 여성은 대개 세 번 정도는 거절해야 되바라지지 않은 순진한 여성처럼 여겨지던 시절이 있었습니다. 좋아도 좋다고 표현하지 않는 것이죠. 그러다보니 부작용이 생겨나게 되었습니다. 남성들은 여성들이 진심으로 싫어하는지 좋으면서 예의상 거절하는 것인지 분간하기가 어려워서 남자의 입장에서 자기에게 유리한 방향으로 생각하게 되는 것이죠. 여성이 진심으로 싫어하는 경우에도 남성은 상대방 여성이 좋으면서 예의상 거절한 것으로 생각하고서 무대포로 밀어붙입니다. "열 번 찍어 안 넘어가는 나무는 없다"라는 속담을 들먹이며 집착을 합니다. 이것이 지나치면 스토킹(stalking)이

라는 범죄로 이어질 수도 있습니다.

☞ 말로 자기의 의견을 잘 나타내지 않는 습관은 자동차를 운전할 때에도 잘 드러납니다. 좌회전이나 우회전을 할 때 깜빡이를 잘 켜지 않는 운전자들을 흔히 목격하게 됩니다. 어느 방향으로 갈 것인지 자기 생각을 정확하게 밝히지 않는 것이죠. 상대방의 입장에서는 눈치껏 알아서 판단할 수밖에 없죠. 시골의 작은 마을에서는 어떤 차가 어디로 갈 것인지 짐작을 할 수 있지만 대도시에서는 어떤 차가 어디로 갈 것인지 짐작하기란 쉽지 않은데도 깜빡이도 켜지 않고 제멋대로 간다면 다른 사람들에게 민폐를 끼치는 일이 되겠지요.

☞ 계약(contract)을 할 때도 동양문화와 서양문화의 차이가 드러납니다. 우리 사회에서는 (요즘은 많이 서구화되어 변했지만) 계약을 문서화하는 것을 그렇게 좋아하지 않았습니다. 문서화된 계약서를 원하는 서양문화와는 달리 우리는 계약에 있어서도 (주로 중개자의 입회하에) 구두(oral)로 대충 약속하는 것을 선호하였습니다. 문서화된 서류를 보고 항목 하나하나 따지는 것은 상대방을 믿지 못한다는 인상을 주기 때문에 가급적 그런 상황을 회피하였던 것이죠. (법 없이도 살) 사람을 믿고 두루뭉술하게 넘어가야 미덕이죠. 구두로 한 약속들이 지켜지는 사회, 참 아름다운 사회입니다. 이동이 없고 자손대대로 살아가는 전통적인 농경사회에서는 얼마든지 가능하겠지요.

☞ 일상생활에서만 말하는 사람이 정확한 의사전달을 잘 하지 못하는 것만은 아닙니다. 2014년 4월, 온 국민들을 충격에 빠뜨린 불

행한 사건이 발생하였습니다. 떠올리기도 싫은 '세월호' 사건입니다. 위험한 상황이 닥쳤을 때 어떻게 대처해야 하는지 정확한 매뉴얼 (manual)이 없습니다. 상황마다 다른데 모든 경우에 맞는 매뉴얼을 어떻게 만들어?! 상황에 맞게 그때그때 '알아서' 대처하면 되지 무슨 매뉴얼이 필요해?! 매뉴얼을 만들어 놓아도 누가 읽어본다고?! 이런 생각들이 만연해 있지 않나요? 큰 사건에만 해당되는 것이 아닙니다. 아르바이트를 하는 작은 가게에서도 종업원이 지켜야할 매뉴얼을 가지고 있는 가게는 별로 없을 것 같습니다. 그냥 사장이나 선배 직원이 생각이 나는 대로 대충 신입 직원에게 얘기하면 또 신입 직원은 대충 알아서 눈치껏 처신을 하겠죠.

☞ 세월호 사건이 발생한 후 3년이 지났지만, 사건이 발생했을 때 어떻게 대처해야하는 지에 관한 매뉴얼에는 변화가 없습니다. 2017년 9월 열차 사건에 대한 아래의 신문 기사를 읽어보세요.

∼∼∼∼∼∼∼∼∼∼

[툭하면 멈추고 부품 빠지고… 불안한 열차][8] (홍준기 기자)

-SRT, 야생동물과 충돌로 3시간 운행지연… 매뉴얼 없어 우왕좌왕
-무궁화호 부품 날아든 사건 이어 KTX도 운행 중 유리창 금 가고 현장에서 제동 관련 부품 발견

3일 오후 8시 7분쯤 경북 김천구미역을 지나 대전역으로 향하던 SRT(수서발 고속철) 열차 운전실에 "쿵" 하는 충격음이 들리자 기장이 열차를 급히 멈춰 세웠다. 이 열차 하부 부품에 정체를 알 수 없는 야생동물의 털과

---

8) http://news.chosun.com/site/data/html_dir/2017/09/05/2017090500068.html

피 등이 묻어 있었다. 야생동물과 충돌하면서 열차 부품도 휘어져 정상 운행이 불가능한 상태였다. 문제는 이때부터 발생했다.

SRT 열차의 유지 보수를 담당하는 코레일 직원들은 처음엔 이 부품을 별다른 장비 없이 떼어내려다 실패하고 뒤늦게 장비를 가져와 절단했다. 대전역에서 다른 열차를 현장에 보내 승객들을 갈아타게 하려 했다가 "주변이 어두워 위험할 수 있다"며 취소하는 등 우왕좌왕했다. 결국 부품을 떼고 이 열차가 다시 출발한 오후 11시 7분까지 812명의 승객은 멈춰 선 열차에서 3시간이나 기다려야 하는 불편을 겪었다.

〰〰〰〰〰〰

☞ 여러분이 어떤 회사에 취업을 하였고, 어떤 행사를 기획하여 전국 각지에 있는 고객들을 초청하는 행사를 주관해야 한다고 가정해봅시다. 가상의 행사장을 정하고 거기로 고객들이 찾아오는 방법을 안내하는 안내문을 만들어보세요. 고객들이 행사장을 쉽게 찾아올 수 있도록 안내문을 만들어야겠지요. 저맥락 문화의 관점에서는 여러분이 만든 안내문을 고객들이 잘 이해할 수 없다면, 그것은 여러분의 책임이 되겠지요. 물론 "그것도 못 찾아와, 바보같이"라고 분풀이는 할 수 있기지만…. 어쩌면 이 과제를 통해 우리가 (생각을 언어로 표현하여 전달하는) 의사전달에서 얼마나 미숙한지를 깨닫게 될 수도 있을 것입니다.

☞ 동양문화의 정서를 잘 나타내주는 누리꾼의 글이 있어 인용해봅니다. '소소하고 사사로운'이라는 이름의 블로그에서 '말할 수 없어도, 굳이 말하지 않아도'란 글의 일부를 따왔습니다.[9]

선뜻 말하기 어렵고, 말로 하기도 어려운 일들을
말하지 않아도 이해해주고 감싸줄 수 있다는 것이
얼마나 눈물 나게 고마운지.
내가 처한 상황들이 그리 호락호락 하지만은 않음을,
가끔 지치고 힘들다 느끼는 순간들이
오로지 나의 나약함으로만 빚어진 것이 아님을 생각하고,
잠깐 동안 마음의 짐을 내려 본다.

☞ 우리는 굳이 말을 하지 않아도 (내 입장 또는 마음을) 알아주
겠지 하는 바람에서 말을 잘 하지 않기도 하지만, 말을 하더라도 우
리는 정확하게 표현을 하지 않고 두루뭉술하게 표현하는 경우가 많
습니다.

일상생활 속에서 자주 사용하는 아래의 두루뭉술한 표현들을 살펴봅시다.

(3)   a. 사과 <u>두서너</u> 개 주세요.
      b. 사과 <u>네다섯</u> 개 정도 주세요.

(4) 두 개 <u>정도</u> 주세요.

서양 사람들은 정확하게 본인들이 원하는 개수만큼 달라고 부탁을 할 텐데,
우리는 '두서너, 네다섯, 정도'와 같은 다소 여유를 두는 표현을 사용합니

---

9) (http://blog.naver.com/kybiskyb? Redirect=Log&logNo=20194176014)

다. 다른 말로 하면, 자기의 생각을 정확하게 밝히지 않는 것이죠.

점원이 소비자에게 상품을 몇 개를 원하는지 묻는 경우, 심지어 소비자는 자기의 생각보다는 점원의 생각을 존중하는 경우도 있습니다.

(5) Q: 몇 개 드릴까요?
     A: 알아서 주세요.

그런데 신기하게도 점원은 소비자가 원하는 개수를 알아서 줍니다. 고맥락 문화에서만 가능한 일이겠지요. 여하튼 우리는 자신의 생각을 정확하게 표현하는데 익숙하지 않은 것 같습니다. (그리고 정확하게 내가 무엇을 원하는지 나 자신도 모르는 경우가 많은 것 같습니다!)

한국어는 영어와 달리 문맥에서 '행위자(agent)'나 '행위의 대상(theme or patient)'이 누구인지 혹은 무엇인지를 알 경우, 생략하고 말하는 경우가 많습니다.

(6) a. (너는) 숙제 했어?
     b. Did <u>you</u> do your homework?

(7) a. 철수가 (그것을) 가져갔어.
     b. John took <u>it</u>.

영어는 행위자나 대상을 부각을 시키려고 하는 반면 한국어는 행위자나 행위의 대상을 잘 드러내지 않으려는 경향 중에는 다음과 같은 현상도 있습니다. 영어로 하면 주절(main clause)에 나타날 행위자나 행위의 대상이 한국어로는 종속절(subordinate clause)에 나타내는 경우도 있습니다. 아래 문장에서 '아이'를 눈여겨보세요. 우리는 일반적으로 (8)과 같이 '아이'가

종속절에 묻혀있는 식으로 표현을 합니다. (9a)는 '아이'가 주절의 목적어로 부각된 영어식 표현입니다.

(8)　a. (나는) [거리에서 <u>아이</u>가 울고 있는] 것을 도와주었습니다.
　　　b. (나는) [거리에서 <u>아이</u>가 울고 있어서] 도와주었습니다.

(9)　a. (나는) [거리에서 울고 있는] <u>아이를</u> 도와주었습니다.
　　　b. I helped <u>a child</u> [who was crying in the street].

영어는 타동사의 수동형을 사용함으로써 행위자가 존재한다는 것을 암시하는 반면 한국어는 자동사로 나타내어 행위자 자체의 존재가 암시되지 않도록 표현하는 경우도 있습니다. 아래 표현을 보세요.

(10)　a. 그는 1995년에 <u>태어났습니다.</u>
　　　b. He <u>was born</u> in 1995.

'태어나다'는 자동사입니다. 'be born'은 타동사 'bear(낳다)'의 수동형입니다. 영어는 그를 낳아준 부모님(행위자)을 비록 명시적으로 나타내지는 않았지만 행위자가 있음을 암시하는 타동사의 수동형으로 표현하는데 반해 한국어는 행위자가 암시되지 않은 자동사로 표현을 합니다. 어떤 사건에 대해 책임 소재(행위자)를 분명히 밝히는 영어와 그렇지 않은 한국어의 차이입니다.

아래 형용사도 자동사와 마찬가지입니다. '따분하다'는 따분하게 만드는 외부 행위자가 암시되지 않습니다. 하지만 영어는 타동사 'bore(따분하게 만들다)'의 수동형을 사용함으로써 지겹게 만드는 외부 행위자가 (비로 명시적으로 표시는 하지 않았지만) 따로 있음을 암시합니다.

(11)   a. <u>따분하시죠</u>?

      b. <u>Are</u> you <u>bored</u>?

영어식 사고는 어떤 외부적인 원인 때문에 따분해졌다고 표현하는 것이죠. 즉, 영어는 내부의 원인과 외부의 원인을 구분하여 밝히는 데 반해 한국어는 내부의 원인과 외부의 원인을 구분하지 않고 두루뭉술하게 표현하는 것이랍니다.

여러분은 아래 (12a)와 같은 문장을 영어로 어떻게 번역하겠습니까? (10b)처럼, 아니면 (12c)처럼 옮길까요?

(12)   a. 그는 교도소(감옥)에서 <u>나왔습니다</u>.

      b. He <u>came out</u> of the prison.

      c. He <u>was released</u> from the prison.

만약 형기를 채워 교도관(간수)이 풀어주어서 교도소를 나오는 상황이라면 외부의 원인에 의한 것이므로 타동사 'release(풀어주다)'의 수동형으로 표현한 (12c)가 더 적절한 표현이 되겠지요.

◡◡◡◡◡◡◡◡◡◡

3.3.3. 감정적 vs. 논리적

서양문화는 목축과 무역을 중심으로 한 문화에서 발전하였습니다. 이런 이동이 잦은 사회에서 낯선 사람들과의 분쟁에서 이기려면 논리적으로 자기의 주장을 내세워야하겠죠. 이런 이유로 서양사회는 '삼단논법'과 같은 논리학이 매우 발달하게 됩니다. 서양사회에서는 '진리'와 '정의'를 위해 논리적으로 자기의 주장을 펴는 일에 매우 익숙합니다. 반면 '양보'와 '화합'을 미덕으로 삼는 동양사회에서는 논리학이 크게 설 자리가 없습니다. '논리'보다는 '감정'이나 '정서'에 호소하는 경우가 많습니다.

☞ 미국 유학생 시절 직접 겪었던 일화입니다. 한국인들이 논리보다는 감정에 호소하려는 것을 엿볼 수 있는 사건입니다. 공학을 전공하던 한국인 친구와 테니스를 치기 위해 약속을 했습니다. 테니스 코트로 함께 가기로 한 친구는 차를 몰고 우리 집으로 왔습니다. 문을 노크하는 친구에게 감사하는 마음으로 들어와서 간단한 음료수로 목을 축이라고 권하였습니다. 짧은 시간동안 목을 축인 후, 밖으로 나온 순간 문제가 발생하였습니다. 친구가 방문객을 위한 주차공간(visitors' parking lot)이 아닌 아파트 주민을 위한 주차공간에 주차를 한 것입니다. 당연히 벌금 딱지(ticket)를 받았죠. 미안한 마음이 당연히 들었죠. 호의를 베풀기 위해 우리 집을 방문하다가 발생한 일이니까요. 알아보니, 억울하면 탄원(petition)을 할 수 있는 대학 내의 기관이 있었습니다. 그곳에 가서 심사위원(judge)에게 논리적으로 사정을 이야기 하였습니다. 친구가 방문했을 때는 방문객용 주차공간은 다 차버려서 어쩔 수 없이 주민용 주차공간에 주차할 수밖에 없었다. 그런데 주민용 주차공간에 주차를 하면 매니저(manager)에게 가서 주차허가증을 받아야 하는 것도 알고 있다. 하지만 그렇게 하는 데는 10분 이상의 시간이 걸린다. 친구는 3분 정도 집에 머물렀다 떠날 것인데 10분 이상의 걸리는 절차를 밟는 것이 현실적으로는 어렵고 비합리적이다. 주민용 주차공간에 딱지를 떼는 이유는 주민들의 편의를 보호하기 위한 것이다. 그런데 이런

경우는 주민을 위한 규칙이 주민을 더 불편하게 한다고…. 심사위원은 고개를 끄떡였습니다. 논리적으로 설득이 된 것입니다. 그런데 조용히 듣고 있던 친구가 느닷없이 심사위원에게 한마디 하였습니다. "나는 지금까지 대학 캠퍼스 여기저기서 딱지를 많이 받았습니다. 하지만 이번 사건의 경우는 너무 지나친 경우입니다." 이 말을 듣는 순간 심사위원의 표정이 돌변하였습니다. 고개를 가로저으며 이 탄원을 받아들일 수 없다며 범칙금을 확정하고 말았습니다. 심사위원의 입장에서는 여기저기 돌아다니면서 늘 딱지를 받으며 주차질서를 어지럽히는 사람에게 자비(mercy)를 베풀 필요가 없었다고 판단한 것이겠지요. 어떤 사건이 발생했을 때 감정적으로 호소를 해서는 서양 사람들을 결코 설득할 수 없습니다.

☞ 한국에서 영어 공인시험 중의 하나인 TOEFL 감독을 할 때의 일화입니다. 수험생들 중에 직장인처럼 보이는 양복을 잘 차려입은 30대의 수험생이 있었습니다. 그런데 이 수험생은 불법행위(cheating)로 간주되는 행위를 하고 있었습니다. 시험지 여러 곳에 줄을 긋는 등 해서는 안 되는 표시를 지나치게 하였습니다. 이런 모습을 발견하고 감독으로서 1차 경고를 하였습니다. 알겠다고 대답은 하고서 불법행위는 그칠 줄 몰랐습니다. 몇 차례 경고가 더 이어지자, 수험생이 한마디 하였습니다. "시험을 지금까지 여러 기관에서 많이 보았습니다. 다른 고사장에서도 똑 같이 했는데, 아무런 문제가 없었습니다. 왜 여기서만 까다롭게 감독을 합니까?" 감독관으로서 나는 잠시 갈등을 하였습니다. 감독관이지만 한국인으로서 수험생의 마음을 이해하려고 한 것이죠. 직장인으로서 승진 등의 이유로 급박한

상황에 처한 것 같다. 만약 원하는 시험결과가 나오지 않는다면 본인뿐만 아니라 아내와 자녀들이 실망하고 힘들어질 것이다. 그렇다면 이해하고 넘어가자. 하지만 만약 감독관이 미국인이었다면 사건은 매우 다른 상황으로 전개되었을 것입니다. 수험생이랑 실랑이를 벌일 필요가 없습니다. 2차 경고 후 시정이 되지 않을 때는 보고서에 한줄 적으면 끝입니다. (감독 매뉴얼에 그렇게 되어있습니다.) 아마 미국인 감독관 같으면 이렇게 적었을 것 같습니다. 이 수험생이 본인의 입으로 다른 이전의 고사장에서도 부정행위를 시인하였다고.... 그러면 불행하게도 이번 시험뿐만 아니라 이전의 고사장에서 치른 모든 시험의 결과도 부정행위로 인해 실격으로 처리되었을 것입니다.

☞ '개자추(介子推) 콤플렉스(complex)'를 아시나요? 개자추는 중국의 춘추시대 진나라의 22대 군준가 된 진 문공의 충성스러운 신하였습니다. 문공이 군주가 되기 전에 정변이 있어서 19년간의 긴 망명생활을 하게 됩니다. 떠돌이 생활을 할 때의 일입니다. 문공이 배가 너무 고프다고, 고기를 먹고 싶다고 하자, 충신 개자추는 두말없이 고깃국을 준비해옵니다. 차려준 음식을 잘 먹은 문공은 정신을 차리고 개자추에게 고기를 어디서 구했는지 물었습니다. 떠돌이 생활에 고기를 구하는 일이 불가능하다는 것을 뒤늦게 깨달았겠죠. 아무런 대답이 없던 개자추의 허벅지에서 피가 나고 있었습니다. 문공은 개자추가 자기 허벅지의 살을 도려 음식을 준비했다는 사실을 깨닫고 크게 감명을 받습니다. 군주가 되면 은혜를 꼭 갚겠다는 다짐과 함께.... 세월이 흘러 문공이 군주가 됩니다. 그런데 그만 정사가

바빠서 개자추를 잠시 잊어버리고 말았습니다. 실망한 개자추는 멀리 산속으로 숨어버립니다. 뒤늦게 개자추의 존재를 깨닫고서 문공은 신하들에게 개자추를 찾을 것을 명령합니다. 하지만 개자추는 소식을 듣고 더 깊은 산속으로 숨어버립니다. 문공은 어떤 일이 있어도 반드시 개자추를 데려오라고 명령을 합니다. 그러자 한 신하가 산에 길을 내고서 불을 지르면 개자추가 불길을 피해 산을 내려올 것이라는 방안을 제시합니다. 산속에 길을 내고 불을 지르지만 안타깝게도 개자추는 불에 타서 죽어버립니다. 문공은 너무나도 원통해서 개자추의 충심을 기리기 위해 그가 죽은 날에는 절대로 불을 지피지 못하게 하였습니다. 찬밥을 먹는 날로 알려진 한식(寒食; 韓食(Korean food)이 아님)의 유래이기도 합니다. 불을 지피지 못하니 만들어 둔 찬밥을 먹어야겠죠. 그런데 여기서 우리가 눈여겨 볼 대목은 개자추의 행동입니다. 논리적으로 설득하기보다는 죽음이라는 극단적인 선택을 하면서 억울한 심정을 감정적으로 호소한 것이지요. 논리적으로 설득하기보다는 피해자가 됨으로써 사람들의 마음을 얻으려는 그런 심리상태를 '개자추 콤플렉스'라고 합니다. 여러분들에게는 혹시 개자추 콤플렉스가 없나요?

☞ 동네의 시끌벅적한 이웃들 간의 싸움에서도 개자추 콤플렉스는 발견됩니다. 분쟁이 생겨서 몸싸움으로 이어지는 경우 싸움의 진행과정을 잘 살펴보세요. 먼저 공격을 하지 않고 서로 조심합니다. 말로써 "때려봐. 때려봐."를 외칩니다. 왜 먼저 때리라고 할까요? 먼저 가격을 해서 상대방의 힘을 빼놓으면 싸움에서 유리할 텐데…. 공격을 먼저 시작하는 사람이 가해자가 되고, 맞음으로써 피해자가 되

는 거죠. 피해자가 됨으로써 주변의 구경꾼들의 마음을 얻으려는 것이죠. 예전에 미국의 서부영화가 꽤 인기가 있었죠. 서부영화의 장면에서 총잡이들끼리 분쟁이 생기면 등을 맞대고 있다가 반대편을 향해서 걸어가면서 10까지 헤아린 다음 뒤돌아서 총을 먼저 빼서 상대방을 쏘는 사람이 이기는 것이죠. 서양 사람들에게는 개자추 콤플렉스가 없습니다. 논리적으로 생각하면, (공정한 게임의 규칙 속에서) 먼저 공격할수록 유리한 게임이니까요.

☞ 선거(election)철이 되면 종종 '개자추 콤플렉스'를 목격하게 되죠. 논리적이라면 앞으로 어떤 방식으로 정치를 하겠다는 공약들을 제시하겠죠. (모두 거짓말이라서 믿을 수가 없다고요?!. 공약을 지키지 않아서 불만을 하소연하면 듣는 말, "그 말 믿고 찍어준 네가 바보야.") 어째든, 우리 사회에서는 공약보다는 후보들이 피해자임을 알리려고 애를 쓰는 것을 보게 됩니다. 다른 정권의 핍박을 받아 피해자이고, 여러 번 낙선해서 피해자이고.... 미래를 위한 희망의 메시지보다는 눈물을 보이며 불쌍하게 보이려고 합니다. 자기가 피해자임을 강조하려고 하는 것이죠. 그런데 이런 '개자추 콤플렉스'를 자극하는 일이 종종 성공을 한답니다. 서양사회에서는 일어날 수 없는 일들이겠지요.

☞ 광고(advertisement)에서도 동양과 서양은 서로 다릅니다. 아래 그림은 둘 다 현대 소나타 자동차의 광고입니다. 여러분은 어떤 광고가 마음에 듭니까?

<그림 4> 한국인을 대상으로 한 자동차 광고

<그림 5> 영어권 소비자를 위한 자동차 광고

첫 번째 광고는 한국인을 위한 것입니다. 논리적으로 상품을 사도록 설득하는 말은 전혀 없습니다. 자동차의 뒷모습과 어렴풋하게 보이는 배경 가운데 "마음의 거리를 좁히다"란 매우 감성적인 표어만 있습니다. 마음의 거리는 이웃들끼리의 거리일 수도, 고객과 자동차의 거리일 수도, 고객과 자동차 생산자 또는 판매자와의 거리일 수도 있겠죠.... 두 번째 광고는 영어권 고객을 위한 광고입니다. 소비자를 설득하기 위해서 스타일과 성능이 완벽한 조화를 이룬다는 말(words)이 있습니다. (말이 중요합니다. 말과 관련된 논의는 아래에서도 계속 이어집니다.) "The styling will catch your eye. The performance will catch your breath."라는 표어로 고객을 설득하려고 합니다.

☞ "말 한마디로 천양 빚도 갚는다."란 속담이 있습니다. 물론 말이 그만큼 중요하다는 의미겠지요. 하지만 그 이면에는 감정에 충실한 동양문화에 속한 우리의 마음을 읽을 수 있습니다. 누군가가 나를 화나게 만들 때, 우리는 종종 "'죄송합니다.'란 단 한마디면 될 텐데...."라고 합니다. 사건을 일으킨 이유와 논리적인 설득보다는 우리 감정의 위로가 필요하다는 의미겠지요.

☞ 분쟁이 있어 말싸움을 하다가 대뜸 "법대로 합시다!"라고 고함을 칩니다. 그러면 상대는 "뭐?, 법?, 좋아 법대로 해봅시다!"라고 대꾸합니다. 이를 때쯤이면 두 사람의 감정은 화해의 한계를 넘어 극과 극으로 치달은 것이죠. 그런데 가만히 생각해보면 법, 즉 규칙대로 하자는 것은 매우 논리적인 해결책인 것 같은데 우리나라 사람들은 '법대로 하다'나 '법적 조치를 취하다'와 같은 말을 몹시 싫어합니다. 우리는 논리적이기 보다는 감정적이라는 또 다른 증거이겠지

요. 하지만 미국에서는 분쟁이 해결되지 않으면 변호사의 도움을 받고 재판을 하는 일이 우리처럼 나쁘게 인식되지는 않습니다.

☞ 회의에서 흔히 일어날 수 있는 일에 대해 생각해봅시다. 만약 여러분이 어떤 회의에서 아이디어를 제안했다고 가정해봅시다. 여러분에게는 두 종류의 동료가 있습니다. 여러분이 아이디어를 제안했을 때, 첫 번째 동료는 그 아이디어가 가질 수 있는 문제점에 대해 조목조목 따집니다. 두 번째 동료는 별다른 생각 없이 좋은 아이디어라고 내 아이디에 동조를 합니다. 여러분은 어떤 동료를 좋아할까요? 아마 여러분들 중에서 다수는 두 번째 동료를 더 좋아할 것 같습니다. 한국인들은 대체로 논리적으로 조목조목 따지는 것을 싫어합니다. 아마 "아니, 시작도 하지 않았는데 초부터 칩니까?"라고 동료를 나무랄 수 있습니다. 반면 결과야 어떻게 되든지, 별 생각 없이 아이디어에 동조를 해주면 "화끈하게 팍팍 잘 밀어주네요."라고 반색할 수 있습니다. 업무를 풀어가는 과정에서도 우리가 얼마나 감정적인지를 알 수 있는 대목입니다. 서양사회의 입장에서 보면, 회의는 좋은 결과를 얻기 위해서 하는 것으로 아이디어가 수행되었을 때 일어날 수 있는 여러 가지 일에 대해 미리 짚어보는 것은 당연한 일로 생각할 것입니다.

☞ "하다 보면 (언젠가는) 다 되게 되어있어." 이 말 속에는 긍정의 에너지가 넘칩니다. 그런데 잘 짜인 계획이나 논리적인 사고 없이 무작정 한다고 좋은 결과가 나올지 한번쯤은 생각해봐야 하지 않을까요? "좋은 뜻으로 하는 것이니까, 일단 시작하고 봅시다." 이런 식으로 감정적으로 일을 처리하는 것이 개인적인 일에 그치지 않고

나라의 일에도 통용된다면 끔찍하지 않을까요? 그런데 불행하게도 많은 우려에도 불구하고 잘 짜인 계획이나 책략 없이 무조건 시작부터 하는 국가의 사업을 종종 보게 됩니다. "일단 한번 밀어붙여보고, 나중에 고칠 것은 고치죠?" 우리나라에서는 성공 여부는 중요한 것 같지 않습니다. 만약 진정으로 성공을 원한다면 일부 지역에서 시범적으로 실시를 해보면서 부작용 없이 목표한대로 잘 이루어지는지 또는 부작용을 최소화할 수 있는 방안을 충분히 연구한 다음에 전국적으로 실시하는 것이 좋을 텐데.... 일단 시작부터 하고 보는 것이죠. 해당 정치인이나 공무원은 결과야 어떻게 되든지, 본인은 한 건했으니 자기 일은 다 했다고 좋아하겠죠. 부작용과 피해는 누구의 몫이 될까요?

　☞ 안타까운 사건을 다시 언급을 할 수 밖에 없네요. 앞서 살펴보았듯이, 세월호 사건이 발생한 지 3년이 지나고 SRT 사건이 일어났지만 별로 바뀐 것은 없는 것 같습니다. 긴급 상황이 발생할 경우 여전히 매뉴얼이 없어 우왕좌왕하기는 마찬가지입니다. 3년 전 애타게 살아 돌아오라는 절박한 심정으로 노란 리본을 가슴에 달고 온 국민들이 슬퍼하였습니다. 하지만 그 이후 그런 사건을 방지하기 위한 노력은 별로 찾아볼 수 없었습니다. 여기서 분명히 알 수 있는 것은 우리는 매우 감정적이라는 것입니다. 어떤 사건이 일어나면 흥분하고 감정적으로 대처합니다. 논리적으로 이성적으로 대처하는 부분도 필요하지 않을까요?!

3.3.4. 권위주의 vs. 평등주의

동양의 집단문화에서는 구성원들 간의 화목이 무엇보다도 중요하고, 집단을 조화롭게 잘 유지할 질서체계가 필요하였습니다. 유교(Confucianism)가 바로 이런 질서체계의 역할을 합니다. 동양문화에서 뿌리 깊은 유교문화의 영향으로 '삼강오륜(三綱五倫, Three Bonds and Five Relationships)'과 같은 생활철학이 동양 사람들의 의식구조 속에 강하게 자리 잡게 됩니다. 그런데 이 생활철학은 인간관계에서 평등하지 않습니다. 임금과 신하, 부모와 자식, 남편과 아내 사이에는 역할과 상하의 구별이 엄격합니다. 반면 서양사회는 기독교 문화의 영향으로 사람은 누구나 평등하게 태어났다고 믿습니다. 특히 청교도(Puritanism)의 영향으로 직업에는 귀천이 없고 신으로부터 부여받은 자유와 권리는 평등하다고 믿습니다. 어떤 직업이든 신이 부여한 일을 충실히 이행하는 것이 신의 뜻이라고 생각하는 것이죠.

☞ 성경(마태복음)에는 이런 이야기가 나옵니다. 어느 포도농장의 주인이 먼 길을 떠나게 되었습니다. 주인은 하인 세 명에게 각각 다섯 달란트(돈의 단위), 두 달란트, 한 달란트를 나누어주고는 길을 떠납니다. 여행을 마치고 주인이 농장으로 돌아와서 하인들에게 자기가 나누어준 달란트를 어떻게 사용하였는지 물어봅니다. 다섯 달란트와 두 달란트를 받았던 하인들은 맡기신 달란트를 잘 이용하여 두 배로 만들었다고 대답합니다. 주인은 두 하인에게 칭찬을 아끼지 않았습니다. 이어서 한 달란트를 받았던 하인은 혹시 잃어버릴 수도 있어서 땅에 묻어두었다고 말합니다. 주인은 그 하인에게는 게으르다고 꾸중을 합니다. 그런데 여기서 나오는 달란트는 곧 'talent'를

비유한 것입니다. 신이 우리 인간들에게 각기 다른 재능을 준 것입니다. 어떤 사람에게는 공부라는 재능을, 어떤 사람에게는 사람들을 잘 웃기는 재능을, 어떤 사람에게는 운동이라는 재능을, 어떤 사람에게는 착해서 모든 주변의 사람들을 행복하게 만드는 재능을…. 신이 우리에게 부여한 재능을 잘 살리는 것이 신의 뜻이라는 것입니다. 어떤 재능이든 그 재능은 신이 부여한 것이기 때문에 직업에 귀천이 없고 인간은 누구나 평등한 것이죠. 여러분들은 어떤 달란트를 받았습니까? 그 달란트를 땅에 묻어두었나요? 아니면 그 달란트를 잘 개발하고 활용하고 있나요?

동양문화의 대표적인 위계질서는 아마 나이(age)일 것입니다. 앞서 언급한 '오륜(Five Relationships)' 중에 '장유유서(長幼有序; Elders First)'란 것이 있습니다. 어른과 아이는 순서가 있다는 뜻입니다. "찬물에도 순서가 있다."라는 말이 있습니다. 아무리 하찮은 것에서도 어른을 우선해야 한다는 것이죠. 식사 때에도 어른이 먼저 수저를 들고난 후에야 아이들이 식사를 시작할 수 있습니다. 승강기를 탈 때도 어른이 먼저 타도록 배려합니다. 버스나 지하철에서 어른이 먼저 자리에 앉도록 배려를 합니다. (요즘은 시대가 많이 바뀌어 더이상 그런 일은 없다고요?!)

☞ '친구'와 'friend'는 같은 의미일까요? 유사한 점도 있지만, 두 단어는 다른 점도 있습니다. '친구'가 되기 위해서는 우선 나이가 같아야 합니다. 두 사람의 사이가 친하더라도 나이가 같지 않으면 친구가 될 수 없죠. 한 살이라도 많으면 "형, 언니, 오빠, 누나"라고 부르죠. 하지만 'friend'는 나이와는 상관이 없습니다. 나이가 많고 적

음을 떠나 친한 사이라면 'friend'가 되는 것이죠. 동네 할아버지와 이웃 꼬마가 얼마든지 'friend'가 될 수 있는 것이죠.

☞ 오래 전 미국으로 유학을 갔을 때의 일입니다. 유학생활을 빨리 잘 정착할 수 있도록 도움을 많이 준 '형' 또는 '선배님'이 한 분 있었습니다. 운전면허와 보험가입부터 시작해서 이런저런 일들에서 많은 도움을 주었던 분입니다. 자동차 보험을 가입하기 위해 함께 보험회사를 방문하였습니다. 보험사 직원이 이런저런 질문을 하다가, 함께 와서 도와주는 모습의 그 분을 보고 'Are you friends?'라고 물었습니다. 그러자 그분이 'No, I am his senior.'라고 대답하였습니다. 한국의 사고방식으로는, 나이도 많고 유학도 먼저 왔는데 절대 '친구'는 될 수 없는 것이었죠.

☞ 테니스를 좋아해서 전국 대회에 참여한 적이 있습니다. 단체전 시합에서 벌어진 일입니다. 경기를 하다가 공이 인(in)이다 아웃(out)이다 시비가 붙었습니다. 승강이가 다소 긴 시간동안 이어졌습니다. 그런데 갑자기 한 팀의 어르신(60대)이 나타나 상대방 선수(40대)에게 다짜고짜로 삿대질을 하면서 "너는 애미(어머니) 애비(아버지)도 없냐?"라고 질책을 합니다. 참 착했던 상대방 선수는 "예, 어르신. 제가 잘못했습니다."라고 대답을 하면서 조용히 마무리되었습니다. 동양문화의 관점에서 보면, 시비를 가리기보다는 어른의 말씀대로 화목하게 사건이 잘 마무리되었습니다. 그런데 서양문화의 관점에서 보면, 인이냐 아웃이냐는 사실 또는 진실의 문제는 온데간데없고 감정적으로 대립하다가 나이로 모든 문제를 덮어버리려 한다는 정의롭지 못한 해결로 마무리가 된 것이겠지요.

동양문화에서 또 다른 위계질서는 사회적인 '지위(status)'일 것입니다. 각 개인이 평등하다고 믿는 서양사회와는 달리 동양사회에서는 사회적인 지위에 따라 소위 '갑을(甲乙)관계(boss-subordinate relationship)'가 형성될 수 있습니다. 사장-직원, 교사-학생, 공무원-시민, 부모-자식 등의 관계를 생각해보세요. (물론 민주적인 사고방식을 가진 사람들은 당연히 예외이겠지요.) 이런 갑을관계에서 갑은 '권위의식(power of their positions)'을 느끼고 또 즐기려고 하겠죠. ('노블레스 오블리주'를 느끼면 좋으련만....)

☞ 2014년 12월, 소위 '땅콩회항' 사건으로 국내의 모 항공사가 국민들의 공분을 산 적이 있습니다. 그 항공사 회장의 딸인 부사장이 땅콩—정확히는, macadamia—을 접시에 담아주지 않고 (그 회사의 서비스 원칙에 따라) 봉지째 가져다주었다고 여승무원과 사무장에게 폭언을 퍼붓고 출항하려는 비행기를 돌려 사무장을 내리게 하는 사건이었습니다. 소위 '갑질'의 전형이지요. 비행기 내에서 이런 유사한 사건들이 종종 언론에서 보도 됩니다. 소위 지체 높은 양반들이....

☞ 예전에는 이런 일들도 종종 있었습니다. 경범죄로 경찰서로 붙잡혀 와서는 소란을 피웁니다. "내가 누군지 알아? (속뜻: 사회적으로 이렇게 잘 난 사람인데) 너희들이 감히 나를 어떻게 하겠다는 거야.... 내가 000로 전화 한 통만 하면 너희들은 끝장이야."

☞ 식당이나 가게에서 기분이 상하는 일이 생기면 고객이 "사장 나오라고 그래!"라고 고래고래 고함을 칩니다. 그런데 실무자에게

얘기를 하지 않고 사장을 찾는 것일까요? 은연중에 나는 사장을 상대할 정도의 사회적 신분을 지닌 사람이라는 것을 과시하려는 것이겠지요. 권위의식이 우리사회에 뿌리 깊게 내려있습니다.

☞ 요즘은 소위 "손님은 왕이다."라는 표어 때문인지, 손님(소비자)과 직원 사이에 갑을관계가 형성된 것 같습니다. 멀쩡한 소시민(petit bourgeois)이 소위 '갑질'을 하는 것이죠. 몇 년 전에 어떤 식당에서 직원이 실수로 아이에게 뜨거운 국물을 쏟아버리는 사건이 발생했습니다. 아이의 엄마는 직원을 정말 매정하고 모질게 몰아붙였습니다. 다행스럽게, 식당에 CCTV가 있어서 그 장면이 고스란히 찍혔습니다. 자초지종은 이러합니다. 아이가 식당을 이리저리 쫓아다니다가 국을 들고 있는 직원을 들이받아 버리고 말았습니다. 직원은 손을 쓸 겨를도 없이 국을 쏟아버린 것이지요. 가해자가 아이였습니다. 그런데 점원은 '을'이기 때문에 억울하게 당한 것이지요. (돈 몇 푼 내고 '왕 노릇' 하려는 권위의식은 빨리 버려야하지 않을까요? 서양문화의 관점에서 보면, 어떤 직업도 신이 우리에게 부여한 소명(vocation)인데, 거기에 귀천이 어디 있겠습니까? ('vocation'이란 말은 '소명' 또는 '천직'으로 번역되는데, 원래 의미는 '(신(God)의) 부름'이란 뜻입니다.) 신의 부름을 받은 사람에게 어떻게 같은 사람으로서 '갑질'을 할 수 있단 말입니까?)

☞ 유학생 시절의 얘기입니다. 수업을 마치고 교수님께서 칠판(blackboard)을 지우고 계셨습니다. 착한 동양의 학생으로서 가만히 보고 있을 수가 없어서 "제가 지우겠습니다."라고 하였습니다. 교수님은 "This is my job."이라고 하시면서 끝까지 당신께서 지우셨습

니다. 본인이 쓴 것은 본인이 지우는 것이 당연한 것이겠죠, 서양사회에서는.... (요즘 수업을 하러 강의실에 가면 화이트보드(whiteboard)에 이전 반의 선생님이 남겨놓은 흔적을 발견합니다. 누구보고 지우라는 것인지? 학생이 알아서 지우라는 것인지? 아니면 다음 반 선생님이 알아서 지우라는 것인지? 설마.... "나는 가르치는 일에만 신경을 쓸 테니까.... 나머지는 I don't care...."는 아니겠지요.

  '평등(equality)'은 미국을 상징하는 개념들 중의 하나입니다. 1828년 세계에서 가장 먼저 남자 보통선거로 대통령을 뽑고 여성의 투표도 가장 먼저 실시를 하였습니다(김형인 2008). 위계질서나 권위의식보다는 평등의식이 매우 강하다는 것을 보여주는 하나의 예입니다. 권위적이기보다는 실용적으로 복장에서도 (지역이나 직장에 따라 다르겠지만) 정장차림 보다는 캐주얼한 복장을 즐겨 입는답니다.

  ☞ 유학생 시절에 살던 지역의 미식축구(American football)팀이 우승을 한 적이 있었습니다. 온 지역시민들이 축하를 하는 무대를 마련하였습니다. 물론 주지사(governor)도 참석하였습니다. 주지사는 캐주얼한 복장에 아주 짤막한 인사만 하고 선수들이 주인공이 되도록 배려하는 것을 보고 신선한 충격을 받았던 적이 있습니다. 우리 사회에서는 아마 이런저런 단체장들이 나와서 일장연설을 한다고 정작 주인공들은 뒷전이 되어버리는 경우가 많은 것 같습니다. '권위의식' 또는 '특권의식'에 사로잡혀 행동하는 사람들도 많은 것 같습니다. 아무 하는 일 없이 여기저기 기웃거리며 거들먹거리는 사람들....

회의에서도 동양과 서양의 차이가 나타납니다. 서양에서는 지위와 상관없이 자기의 생각을 밝히고 자유롭게 아이디어를 교환하는데 반해 동양에서는 사장이 사전에 정해진 생각을 밝히면 나머지 회의 참석자들은 토론 없이 사장님의 지시사항을 귀담아 듣고 받아씁니다. '회의'의 개념이 서로 다른 것이죠. 우리 사회에서는 회의석상에서 잘못 말하다가 찍히면 안 된다는 생각을 가지고 있죠. "가만히 있으면 중간은 할 텐데, 괜히 말을 해서.... 긁어 부스럼이야...." 서양 사회에서 아무런 말도 하지 않고 사장님의 지시사항만 받아쓰기만 한다면 무능한 사람으로 낙인이 찍힐 가능성이 높습니다.

동양사회에서는 (많이 개선되긴 하였지만) 여전히 남녀의 차별(discrimination)이 있는 것 같습니다. 앞서 언급한 오륜 중에 '부부유별(夫婦有別)'이란 항목이 있습니다. 남편과 아내 사이에는 다름이 있다는 뜻이죠. 가정 내에서 남편의 역할과 아내의 역할이 서로 다르다는 것입니다. '여필종부(女必從夫)'란 말이 있습니다. 여자는 남편에게 순종하고 따라야 한다는 의미이죠. 그런데 요즘은 시대가 많이 바뀌어 젊은 세대들은 '남녀평등' 또는 '성 평등 (gender equality)'에 찬성을 하는 분위기인 것 같습니다. 하지만 옛날의 전통적인 남존여비(男尊女卑, predominance of men over women)의 사고 방식이 가정에 따라 불행히도 여전히 남아있는 것도 사실인 것 같습니다. 딸은 대학에 갈 필요가 없다거나, 아들에게 더 많은 유산을 남긴다든지, 아들을 못 낳아서 섭섭해 한다거나....

☞ "여자(와 북어)는 사흘에 한 번씩 맞아야 한다."라는 끔찍한 말을 어릴 때 들은 적이 있습니다. 이 얼마나 여성을 차별하는 말도 안

되는 사고인가요. 영어는 연설을 시작할 때 청중들의 관심을 끌기 위해 'ladies and gentlemen'이라고 하죠. 여성을 앞세우는 데 반해, 우리는 '신사 숙녀 여러분'이라고 하죠. 우리는 남성을 먼저 내세우고 여성을 나중에 말합니다. '연놈'과 같이 나쁜 말을 제외하고 말입니다....

집단사회에서 화목하게 살아가려면 각자 자기가 맡은 역할을 충실히 해야 하는 것도 맞는 얘기입니다. 그런데 이런 역할들을 지나치게 (잘못) 강조하다보니 '남존여비'와 같은 사고가 생겨나기도 한 것입니다. 각 개인 한 사람 한 사람이 행복해야 그들이 속한 집단도 행복할 수 있다고 믿는 개인주의적 사회의 관점에서 보면 남존여비와 같은 사고는 받아들이기가 힘이 들겠죠. (집단 전체가 우선이냐, 각 개인이 우선이냐는 생각의 차이가 우리 사회 내에서도 정치적인, 사회적인—또는 세대 간, 또는 보수와 진보 간의—갈등의 씨앗이 되기도 합니다.)

언어에서도 집단문화와 개인문화의 차이가 드러나는데, 화자나 청자를 지칭할 때 사용하는 표현에서 차이를 보입니다. 영어는 화자와 청자를 지칭할 때 각각 대명사 'I'와 'you'를 사용합니다. 하지만 한국어는 가족과 같이 친밀한 경우 대명사 대신에 화자와 청자의 관계를 나타내는 표현을 자주 사용합니다. 예를 들어, 엄마가 아이에게 얘기를 할 때 '나'라는 대명사 대신에 '엄마'라는 표현을 사용합니다.

(13)   a. I will do it for you.
        b. 엄마가 해줄게.

젊은 연인들 사이에도 "오빠가 해줄게."처럼 대명사 대신에 두 사람 사이의 관계를 나타내는 표현을 사용합니다.

☞ 청자를 지칭할 때 적절하지 않은 표현을 사용하여 몹시 곤란하였던 적이 있습니다. 초등학생 딸에게 "네가 좀 해줘."라고 무엇을 부탁한 적이 있었습니다. 그런데 행복해하고 활기찼던 딸아이가 갑자기 안색이 어두워졌습니다. 말 한마디에 갑자기 표정이 달라져서 당황하면서 왜 기분이 나빠졌는지 물었습니다. 아이의 대답은 이랬습니다. 아빠가 어떻게 자기를 '너'라고 할 수 있느냐고, 하소연을 하였습니다. '너'라는 대명사 표현이 두 사람 사이의 관계를 너무 멀어지게 느끼도록 한 것입니다....

가족이 아닌 주변의 친근한 지인(acquaintance)을 지칭할 때도 우리는 친족용어(kinship term)를 자주 사용합니다. 화자보다 나이가 많은 경우 이름을 부르는 대신 나이에 따라 '할아버지, 할머니, 아버지, 어머니, 삼촌, 이모, 오빠, 형, 누나'와 같은 친족용어를 자주 사용합니다. 화자보다 나이가 적은 경우는 일반적으로 이름을 부르죠. 그런데 영어로는 나이에 관계없이 대등한 관계에서 서로 이름(first name)을 부릅니다.

☞ 친족용어를 처음 보는 사람들에게도 흔히 사용을 합니다. 식당 같은데서 처음 보는 종업원을 부를 때도 '이모, 아주머니'와 같은 친족용어를 사용하죠. 지나가는 사람에게 길을 물을 때도 '아저씨, 아주머니, 할아버지, 할머니'와 같은 친족용어를 사용하죠. 친근감을 나타내기 위한 것이겠죠. 그런데 미국에서 지나가는 사람에게

'grandfather, grandmother, uncle, aunt'라고 부르면 어떤 반응을 보일까요? 무척 당황스러워 하겠지요.

격식을 차려야 하는 사회적인 상황에서도 청자를 지칭할 때 사용하는 표현에서 동서양의 차이를 보입니다. 영어는 일반적으로 대명사 'you'를 사용합니다. 하지만 우리는 청자를 지칭할 때 사회 속에서 그 사람이 맡은 역할(role)로서 지칭할 때가 많습니다. 특히 청자가 사회적인 신분이 높을 때 직함(title)을 사용하는 경우가 일반적입니다.

(14) a. Could <u>you</u> do it, please?
　　　b. <u>사장님께서</u> 좀 해주세요.

집단문화에서는 한 개인은 그 사람이 사회 속에서 맡은 그의 역할로서 평가됩니다. 반면 개인문화에서는 한 개인 자체의 인성과 자질이 중요하게 평가되지 그 역할이 그렇게 중요하게 평가되지 않습니다. (이와 관련된 더 자세한 논의는 5.2.2.2에서 있을 것입니다.)

☞ "자리가 사람을 만든다."라는 말이 있습니다. 누구라도 어떤 자리—즉, 공적인 또는 사적인 단체에서의 높은 역할—를 차지하게 되면 멋진 역할을 할 수 있고 멋져 보인다는 긍정적인 측면도 이 말 속에 포함이 되어있겠죠. 하지만 이런 긍정적인 측면을 지나치게 맹신하면 문제가 됩니다. 능력도 없는 사람들이 정부나 사회 또는 기업의 중요한 자리를 꿰차고 앉아있는 사람들이 흔히 보입니다. 소위 '낙하산' 인사라고 하는 것입니다. 기업에서도 소위 '오너'의 자녀라

고 아무런 경험도 없이 좋은 자리를 차지하고, 기업과 사회에 피해를 입히는 경우는 없을까요? 정권이 바뀌면 부서와 관련된 업무능력과는 관계없이 선거를 도와줬다는 (사사로운) 명분으로 낙하산이 되어 중요한 자리를 차지하는 경우는 없을까요? 공무원 조직에는 능력이 없는 사람이 자리만 차지하고 일에 방해만 되는 공직자들은 없을까요?

☞ 우리는 '역할' 또는 '자리'를 정말 좋아하는 것 같습니다. 아무런 이권이 없는 순수한 봉사 동호회에서조차도 서로 회장이 되려고 아귀다툼을 벌이는 것을 종종 보게 됩니다. 다른 데 가서 회장입네 자랑하려고 회장이 되려는 것은 아닌지?! 이런 생각을 해봅니다. 만약 누군가가 자리를 차지하기 전에, 자리를 차지해서 본인만 좋은지, 아니면 단체가 좋은지를 생각해보고 판단하면 좋을 텐데.... 오래 전에 정년퇴직하는 교수님들을 명예교수로 임명하는 심사절차에 참여한 적이 있었습니다. 그때 문득 떠오르는 생각이 있었습니다. '명예교수'의 '명예'는 본인의 명예를 말하는 것인지, 아니면 학교의 '명예'를 말하는 것인지, 그 기준이 무엇인지? 학교의 명예에는 보탬이 되지 않는 분들이 혹시 명예교수로 임명되는 경우는 없는지 모르겠습니다. 자리가 사람을 만든다니 그냥 기다려볼까요?! 동양식 사고로는 아마, 한 직장에서 그렇게 오랜 시간동안 근무를 했으면 설사 약간의 문제가 있더라도 (학교의 명예에 다소 손상이 가더라도) 명예교수로 임명하는 것이 맞겠죠?! 좋은 게 좋다고...?!

마지막으로 '이름'을 부르는 문제에 대해 살펴보도록 합시다. 미국문화에서 상대방을 '이름'으로 부를 것이냐 '직함(title)' 또는 '직함과 성(last name)'으로 부를 것이냐는 중요한 문제입니다. 미국문화에서는 나이나 지위보다는 두 사람 사이의 '유대관계(solidarity)' 또는 '친밀도(familiarity)'에 따라 호칭이 달라집니다. 유대관계가 강할수록 서로 이름을 부릅니다. 유학 시절 지도교수님이 나이나 지위 모든 면에서 웃어른이셨지만 필자와 서로 이름으로 불렀습니다. 지도교수님과 대학원생 사이는 매우 밀접한 관계라고 할 수 있죠. (학부학생들은 교수님을 부를 때, 직함 또는 직함과 성을 부르는 것이 일반적입니다.) "Hi, Eunil" "Hi, Zygmunt" 얼마나 가깝게 느껴지고 정겹게 들렸는지 모릅니다. 우리나라에서는 대학원생이 교수님을 부를 때, 이름을 부르는 일은 있을 수가 없는 일이죠. 우리나라에서는 호칭을 선택할 때, 유대관계나 친밀도보다는 나이와 지위가 중요한 요인이 됩니다. 웃어른은 아랫사람에게 이름을 부르지만, 아랫사람은 웃어른에게 '김 교수님, 이 사장님, 박 시장님' 등과 같이 (성과 함께) 직함으로 호칭을 합니다.

☞ 미국 사람들과 교류를 할 때, 호칭에서 실수를 하는 것을 간혹 목격하게 됩니다. 예를 들어, John Bell이라는 미국 사람을 사적으로 만나 함께 지내다보면 호칭문제로 아마 이런 질문을 받을 수 있습니다. "Call me John. How can I call you?" 그러면 한국인은 실수로 "Call me Mr. Kim."이라고 대답을 해버립니다. 아마 이렇게 대답한 데에는 두 가지 이유가 있는 것 같습니다. 첫째는 John이 자신보다 어릴 경우, 자신보다 어린 사람이 자신의 이름을 부르게 할 수 없기 때문입니다. 둘째는 대게 우리 이름이 두 자─즉, 음절(syllable)─로 되어있어서 외국인이 발음하기에 힘이 든다는 것을 이해하고 외국인을 배려하는 마음에서 한 음절로 된 성으로 부르게 하는 것 같습

니다. 또 우리는 'Mr.'와 같은 칭호(title)가 '씨(氏), 군(君)'과 같이 별로 존칭어가 아닌 것으로 알고 있기에 성 앞에 'Mr.'와 같은 칭호를 함께 사용해주기를 바라는 것 같습니다. 그런데 'Mr.'와 같은 칭호는 실제로는 존칭입니다. '대통령 각하'라는 표현을 'Mr. President'라고 하는 것만 봐도 알겠지요? 초중등학교에서 선생님을 부를 때, 'Miss Kim'처럼 부릅니다. 우리에게는 'Miss Kim'이 전혀 존칭이 아닌 '김양' 정도로 들리겠지만.... 어쨌든, "Call me Mr. Kim."이라는 말을 들은 미국인의 입장에서는 다소 황당해하거나 의아해할 여지가 있습니다. 두 사람 사이의 유대관계 내지 친밀도가 중요한 서양사회에서 한 동네에 살면서 'friend'가 된 할아버지와 꼬마가 서로 이름을 부르는 것도 쉽게 상상할 수 있겠지요. 시아버지와 며느리가 서로 이름을 부르는 것도.... 찬물도 위아래가 있는 동양문화의 관점에서 보자면, 예의범절을 모르는 '상놈(plebeian)'들이겠지만.... 여러분들은 어떤 호칭체계가 마음에 듭니까?

3.3.5. 인간관계 vs. 개인의 능력

집단문화에 뿌리를 둔 동양사회에서는 사람과 사람 사이의 관계를 중요시여기기 때문에 어쩌면 개인의 '능력'보다는 소위 '연줄(connections)'을 매우 소중하게 여깁니다. 반면 개인문화에 뿌리를 둔 서양사회에서는 '연줄'보다는 개인의 '능력'이 중요합니다(cf. Kalton 1979; 박종호 1989). 앞서 살펴본 것처럼, 우리사회의 병폐 중의 하나가 소위 '낙하산' 문화이죠. 능력보다는 연줄이 중요한 요인이 되어서, 능력 없는 사람들이 중요한 자리를 차지해버립니다. 여러분은 '연줄'과 '능력' 중에서 어떤 요소가 더 중요하다고 생각하십니까? '연줄'만 좋으면 살기 좋은 나라가 정말 좋은 나라일까요? 아니면 '능력'만 있으면 살기 좋은 나라가 정말 좋은 나라일까요? 여러분은 어떤 나라에서 살고 싶습니까? 정권과 관계없이 전문성이 없는 사람들이 이런저런 연줄로 자리를 차지하는 낙하산 인사의 소식은 여전히 들려옵니다.

'연줄'에는 여러 종류가 있습니다. 소위 말하는 '지연(地緣)', '학연(學緣)', '혈연(血緣)' 등이 그것입니다. 지연, 학연, 혈연이 당연히 긍정적인 측면도 있습니다. 예를 들어, 위기가 왔을 때 혼자서 노력하기보다, 마을 사람들 모두가 서로 돕고 힘을 합쳐서 위기를 극복하고 더 잘 사는 마을로 만드는 일이 얼마나 아름다운 일인가요. 학교도 마찬가지입니다. 서로가 도와서 더 좋은 학교를 만드는 애교심, 얼마나 아름다운가요? 나 혼자만 잘 사는 것이 아니라 가족끼리 친척끼리 서로 돕고 힘이 되어주는 것이 얼마나 좋은 일인가요? 그런데 이러한 연줄을 지나치게 소중하게 생각하다보면 보편적인 정의를 어길 수밖에 없는 일이 생기게 마련이죠. 연줄과 보편적인 정의, 둘 중 어떤 가치를 우선시해야 할까요?

☞ "그 사람 잘 안다." "그분이랑 아주 친해." "잘 아는 사람이 000에 근무하고 있어." 이런 표현 또는 이와 유사한 표현들을 일상생활에서 종종 듣게 됩니다. 업무를 보다가 일이 잘 풀리지 않을 때, 소위 '아는 형님/친구/동생' 을 찾게 되죠. 왜 아는 사람을 찾을까요? 아는 사람들은 모두 초능력자라도 되는 걸까요? 우리 사회에서는 아는 사람에게 부탁하면 규정에 맞지 않는 일들도 멋지게(?) 해결해주는 경우가 많습니다. 그런데 잘 알지 못하는 사람에게 부탁하면, 일

이 되는 게 없습니다. "내가 자기를 언제 봤다고!" 소위 좋은 학군, 좋은 학교로 가려고 하는 이유가 나중에 사회에 나가서 끼리끼리 서로 편의를 주고받을 수 있는 인맥을 만들려고 하는 것은 아닐까요?

☞ 고위관직에서 물러나는 사람들 중의 상당수는 퇴임 후 여러 가지 구설수에 오릅니다. 주로 부패와 관련해서이죠. 대다수의 국민들은 그런 사람들을 보고 분개합니다. 그런데 우리 사회에서 지연, 학연, 혈연을 끊기가 쉬울까요? (여기서 이런 말을 하는 것은 부패한 사람들을 두둔하려는 것이 절대 아닙니다.) 여러분이 어떤 대기업에서 근무를 하면서 새로운 자동차 모델을 개발하는 업무를 담당한다고 가정해봅시다. 친동생이 형이 개발하고 있는 모델이 궁금하여 출시하기 전에 자기에게 보여 달라고 부탁을 합니다. 자기만 보고 파일을 없애겠다고 약속을 하면서…. 여러분은 그 동생의 부탁을 거절할 수 있을까요? 실제 이런 유사한 일이 수년 전에 발생하였습니다. 형은 거절하지 못하고 동생에게 파일을 보내주었다가 그 파일들이 미리 인터넷에 공개되는 바람에 회사에 큰 손실을 끼치고 곤경에 빠진 일이 있었습니다. 여러분은 여러분의 가까운 친구, 선배, 후배의 부탁(청탁)을 거절할 수 있겠습니까? 사랑하는 부모님의 작은 부탁(청탁)은 거절할 수 있겠습니까? 일반적으로 청탁은 작은 것에서부터 점점 더 큰 청탁으로 이어집니다. 여기서 이야기하고 싶은 것은 보편적인 정의를 위해서는 가까운 사람들의 부탁도 거절하는 것에 대해 박수를 보내는 사회가 먼저 되지 않는 한 정권이 바뀌더라도 부패한 관료들은 있을 수밖에 없다는 것입니다. 청탁을 거절하면 대체로 이런 얘기를 듣습니다. "좋은 자리에 있다고 나를 (내 부탁을) 무시해. 나쁜 놈." "내가 자기를 얼마나 도와줬는데, 배은망덕한 놈."

"그 자리에 있는 것이 누구 덕분인데, 아무 쓸모가 없어. 자기가 잘 나서 그 자리까지 올라간 줄 알지." 이런 분위기에서 가까운 사람들 로부터 몹쓸 사람으로 간주되는 것을 무릅쓰고, 가까운 사람들과 멀 어질 각오를 하고, 용기 있게 청탁을 거절하고 보편적 정의를 좇는 사람들이 나오기를 바라기는 힘들지 않을까요?

3.3.6. 타인중심 vs. 개인중심

사람과 사람사이의 관계를 소중히 여기는 집단문화의 또 다른 특 징은 다른 사람에 대한 '배려(consideration; concern; care)'입니다. 어린 시절의 기억입니다. 외할머니가 정말 모처럼만에 먼 길을 오셔 서 우리 집을 방문한 적이 있습니다. 며칠 머무시다가 다시 먼 길을 떠나실 때, 외할머니와 엄마가 못내 아쉬워 두 손을 꼭 잡고 버스정 류장까지 함께 걸어가며 못 다한 얘기를 나누는 모습을 보았습니다. 어린 시절이었지만 가슴이 찌릿하고 애틋한 사랑과 정을 느낄 수 있 었습니다. '배웅'이라고 하면, 늘 이런 모습이 떠오릅니다. 멀리서 온 손님이 아니더라도 가실 때면 대문 밖까지, 또는 마을 어귀까지 따라가 멀리멀리 가시는 모습을 지켜보던 생각이 납니다. 이런 모든 것이 손님에 대한 배려에서 비롯된 것이겠죠. 어린 시절이 좀 지나, 미국영화를 접할 기회가 있었습니다. 손님이 방문했다가 떠나는 장 면인데 손님이 문밖으로 나가자마자 문을 닫아버리는 모습을 보고 적잖게 충격을 받았던 기억도 있습니다. 서양사회가 개인(자신)을 중심으로 생각하는 문화라면, 동양사회는 타인을 배려하는 문화라고 할 수 있습니다.

☞ 국립국어원의 『표준국어대사전』에 의하면 '배웅'은 '떠나가는 손님을 일정한 곳까지 따라 나가서 작별하여 보내는 일'입니다.[10) 손님을 배려하여 갈 수 있는 곳까지 함께 정을 나누며 바래다주는 것이죠. 반면 '배웅'에 해당하는 영어표현인 'see off'의 의미는 단순히 '(손님이) 떠나는(off) 것을 보다(see)'라는 의미로서 '배웅'에 비해 손님을 배려하는 느낌은 없습니다.

다른 사람을 배려하는 마음은 제안을 할 때도 나타납니다. 예를 들어, 추운 겨울 날씨에 방문한 손님에게, 우리는 흔히 "추울 텐데 따뜻한 차라도 한 잔 드릴까요?"하면서 손님의 입장이 되어 차를 권합니다. 반면 같은 상황에서 미국 사람이라면 "What would you like to drink?"라고 묻겠죠. 어떻게 보면 상대방에게 더 많은 선택권을 준다고 볼 수도 있지만, 동양문화에서는 상대방의 입장이 되어 그 사람이 좋아하는 것을 미리 알고 준비해두는 세심한 배려가 있다고 할 수 있습니다.

☞ 우리는 "차라도 한 잔 드시겠습니까?"라는 표현을 사용합니다. "Would you like (to have) a cup of tea?"와 같은 영어표현과는 약간의 의미적인 차이가 있습니다. 표현이 "차를 드시겠습니까?"가 아닌 "차라도 드시겠습니까?"입니다. '라도'라는 표현에는 화자가 제공하려는 것이 청자의 입장에서는 최선이 아닌 차선이 될 수도 있다는 마음을 담고 있는 것입니다. 청자의 입장이 되어 청자를 배려하는 아름다운 화자의 마음이 잘 담겨있는 표현이라고 할 수 있습니다.

---

10) http://stdweb2.korean.go.kr/main.jsp

동양사회에서는 거절을 할 때도 청자의 마음이나 체면을 고려합니다. 어떤 제안에 대해 직설적으로 거절하면 제안자의 마음이나 체면을 손상할 수 있기 때문에 에둘러 거절의 뜻을 전하는 것이 일반적입니다. 거절을 할 때 상대방의 감정이 상하지 않게 "개인적으로는 그렇게 하고 싶으나...", "원칙적으로는 같은 생각입니다만...", "이해는 하겠습니다마는..."과 같은 표현을 내세웁니다(김익환 1987). 청혼을 거절할 때도 종종 궁합이 맞지 않는다는 이유를 내세워 거절을 합니다(박종호 1989). 이것 역시 상대방의 감정이 상하지 않도록 배려한 것이죠. 반면 서양사회에서는 이와 같이 에둘러 표현하는 것을 좋아하지 않습니다. 서양 사람들은 자신의 생각을 정확하고 명확하게 전달하는 것을 좋아합니다.

☞ 유학 시절의 이야기입니다. 이웃에 사는 꼬마가 간혹 집을 방문하여 물건을 판매하기도—어른의 경우는 엄격하게 금지되어 있음—하고, 또 전화로 자선 단체나 회사에서 기부나 구매를 부탁하는 경우가 이따금씩 있었습니다. 직설적으로 거절을 하지 못하는 착한(?) 동양인 학생으로서 한국식으로 대답을 하였습니다. "도와주고 싶지만, 현재 학생이라서 돈이 없습니다." 그러면 상대방은 도와줄 마음이 있다고 생각하고 끈질기게 부탁을 합니다. 내 입장에서는 상대방의 감정을 생각하여 거절의 뜻을 에둘러 표현한 것이지만, 이런 동양인들의 생각을 잘 모르는 서양 사람들에게는 기부나 구매를 할 의사가 없이 애매하게 대답함으로써 자기 시간을 낭비하게 한 나쁜(?) 사람으로 비칠 수도 있겠습니다. 그 당시 "No, thank you."란 말을 입 밖으로 낸다는 것이 결코 쉽지 않았습니다. 하지만 서양 사람

들의 입장을 이해하고부터는 자신 있게 "No, thank you."라고 말하기 시작했던 기억이 있습니다.

질문에 대한 답을 할 때도 동양과 서양의 방식이 서로 다릅니다. 질문에는 긍정의문문과 부정의문문이 있습니다. 긍정의문문인 경우는 대답하는 방식이 같습니다. 하지만 부정의문문인 경우는 영어와 한국어는 대답하는 방식에서 서로 차이를 보입니다. 아래 예문을 살펴봅시다.

(15)   Q: Do you like apples?   (긍정의문문)
          A: No, I don't like them.

(16)   Q: Don't you like apples?   (부정의문문)
          A: <u>No</u>, I don't like them.

(17)   Q: 사과를 좋아하세요?   (긍정의문문)
          A: 아니오, 좋아하지 않습니다.

(18)   Q: 사과를 좋아하지 않으세요?   (부정의문문)
          A: <u>네</u>, 좋아하지 않습니다.

영어는 질문이 긍정이든 부정이든 상관없이 대답하는 사람이 사과를 싫어하면, "No"라고 대답합니다. 반면 사과를 싫어하더라도 한국어는 질문이 긍정이냐 부정이냐에 따라 "아니오" 또는 "네"로 대답합니다. 영어는 질문자의 입장과는 상관없이 대답하는 사람의 입장에서만 답을 하는 것인 반면, 한국어는 대답하는 사람이 상대방, 즉 질문자의 입장에서 대답을 하는 것이죠. 결국, 질문에 대한 답변에서도 집단문화와 개인문화의 차이점이 나타난 것입니다.

상대방을 배려하는 집단문화의 특성은 상대방을 평가할 때도 나타납니다. 범기수와 박하민(2014)의 연구를 간략하게 소개하도록 하겠습니다. 상대방의 잘못에 대해 직설적으로 표현할 수도 있고, 애매한 표현(equivocation)을 사용하여 에둘러 표현할 수도 있습니다. 애매한 표현에 대해서 한국과 미국 사람들이 느끼는 것이 다릅니다. 사람들의 느낌을 '공손성'과 '의사소통 능력' 두 개의 관점에서 살펴보겠습니다. 먼저 회사에서 부하가 상사의 잘못에 대해 평가할 경우를 살펴보겠습니다. '공손성'에 대한 평가에서는 한국과 미국 모두 상사의 잘못을 직접적으로 비판하는 것은 체면을 깎아내리는 예의 없는 행동으로 간주하였습니다. '의사소통 능력'에 대한 평가는 한국인들의 경우 애매한 표현을 사용하는 것이 직설적인 표현을 사용하는 것보다 더 좋게 평가한 반면 미국인들의 경우 두 표현 사이에는 차이가 없는 것으로 평가하였습니다. 미국인들은 상사라 할지라도 잘못된 점을 솔직하고 정직하게 지적하는 것이 바람직하다고 생각합니다(Edwards and Bello 2001; Bello 2005). 이는 범기수와 박하민(2014)의 지적대로, 인간관계보다는 업무의 효율성을 중요시 여기는 '과업지향적인(task-oriented) 문화'가 반영된 결과로 볼 수 있습니다. 이제 상사가 부하의 잘못에 대해 평가할 경우를 살펴봅시다. '공손성'의 평가에서는 한국과 미국 모두 애매한 표현이 직설적인 표현에 비해 더 공손하다고 생각하였습니다. 하지만 한국인들은 미국인들에 비해 상대적으로 직설적으로 표현하는 것이 무례하다는 생각까지는 하지 않았습니다. '의사소통능력'의 평가는 한국인들은 애매한 표현을 직설적인 표현에 비해 더 좋게 평가하였습니다. 하지만 미국인들은 통계적으로 유의미한 정도는 아니지만 직설적인 표현을 애매한 표현보다 근소하게 높게 평가하였습니다. 애매한 표현보다는 직설적인 표현을 다소 선호한다고 볼 수 있습니다. 연구결과를 요약하여 정리하면 다음과 같습니다. 한국에서는 애매한 표현을 사용하면 공손하면서 의사소통능력도 뛰어나다고 인정을 받습니다. 반면 미국에서는 애매한 표현을 사용하면 공손하다고는 인정을 받지만 의사소통능력 면에서는 높게 평가를 받지 못합니다. 미국인들은 공손하기 위해 정확하게 의사전달을 하지 못하면 업무를 제대로 달성할 수 없다고 생각합니다.

추천서를 작성할 때도 동양문화와 서양문화의 차이가 나타납니다. 동양문화에서는 추천 받는 사람에 대한 정보를 솔직하고 정확하게 적기 보다는 당사자의 입장을 고려하여 좋은 말만 적는 것이 일반적입니다. 하지만 서양문화에서는 추천 받는 사람에 대한 정보를 솔직하고 정확하게 적습니다. 서양사회에서는 추천서를 통해 솔직하고 정확한 정보를 제공하기 때문에 인재 채용에 있어서 추천서가 신뢰할 수 있는 중요한 자료가 됩니다. 반면 동양문화에서는 추천서가 인재 채용에서 믿을만한 자료가 되지 못하는 것이 현재의 실정입니다.

☞ 수년 전에 필자가 겪었던 일화입니다. 거의 모든 수업 시간마다 20-30분 정도 지각을 하는 학생이 있었습니다. 그것도 너무나도 당당하게 앞문으로 등장합니다. 수업에도 방해가 되고 해서 왜 지각하는지를 그 학생에게 물어 보았습니다. 집이 멀어서 지각한다고 하

였습니다. 그러면 아침 이른 수업에는 지각할 수 있지만 오후 수업 시간에도 늦는 이유는 무엇이냐고 물었습니다. 대답이 없었습니다. 그 이후에도 나아지지 않았습니다. 동료 교수님들께 물어보니 다른 교수님들 수업시간에도 늘 지각한다는 얘기를 들었습니다. 너무 성실하지 않은 그 학생은 도대체 어떤 전형방법으로 입학하였는지가 궁금하였습니다. 알아보니 '교장추천' 전형으로 입학한 것입니다. 한국에서 추천서는 전혀(?) 믿을 수 없다는 결론에 이르게 되었습니다. (아마 학생에 대해 전혀 모르면서 치마 바람에) 그런 엉터리 추천을 하는 사람들에게는 추천할 권리를 박탈해야 하지 않을까요? 사회가 건전해지기 위해서는…. 믿을 수 있는 사회를 위해서는….

식당에서 주문을 할 때도 손님이 주인을 배려하는 모습을 종종 봅니다. 단체 손님이 주문할 때 각자가 좋아하는 음식을 주문하기보다는 주인이 쉽게 일을 할 수 있도록 배려하여 같은 종류의 음식을 주문합니다. 아마 이런 모습은 서양사회에서는 찾아보기 힘들겠지요.

☞ 유학생 시절 친구들이랑 피자를 시켜먹기로 하였습니다. 각자가 원하는 토핑이 다 달랐습니다. 어떤 친구가 피망을 원한다고 말하자 다른 친구가 자기는 피망을 먹지 못한다고 합니다. 이런 식으로 서로가 원하는 것과 원하지 않는 것을 결정하는데 10분 이상의 시간이 걸린 것 같습니다. 그 당시에 미국사람들은 참 효율적이지 못하다는 생각을 하였습니다. 아마 우리는 친구의 생각을 존중하고 배려하여 일단 다양한 토핑이 올려져있는 피자를 시켜놓고 싫어하는 것은 각자 알아서 빼고 먹지 않을까라는 생각을 해보았습니다.

미국 사람들은 각자 한 사람 한 사람의 생각을 존중하는 반면 우리는 친구들을 배려하여 (자기 때문에 시간을 허비하지 않도록) 자기의 취향을 굳이 고집하지 않습니다.

☞ 이런 얘기가 있습니다. 어느 (경상도) 시골 마을에 다방—요즘 말로, 카페—이 있었습니다. 직원이 무엇을 주문할지 묻자 일행들이 의논 끝에 "마카 커피 주세요." 이 주문을 들은 서울 출신 여직원이 특별한 브랜드의 커피를 주문하는 줄 알고 화들짝 놀라며, "우리 집에는 모카(Mocha)커피는 있는데, 마카커피는 없어요."라고 대답했답니다. '마카'는 경상도 말로 '모두'란 뜻입니다. 일행 모두가 커피를 만드는 아가씨를 배려하여 같은 커피로 주문한 것입니다.

☞ 커피 이야기가 나와서 주제에서 벗어난 얘기로 잠깐 웃고 넘어갈까요? '카페라테(caffe latte)' 한 잔 마시는 여유가 멋있죠. 조금 비싼 요금에도 불구하고…. 그런데 여러분은 '밀크 커피(milk coffee)'를 그렇게 비싼 돈을 주고 마시지는 않을 것 같은데…. '카페 라테'는 이태리어이고 '밀크커피'는 영어입니다. (물론 커피를 만드는 방식도 약간 다를 수도 있겠지만) 너무 일상화된 것(표현)보다는 새로운 것(표현)에 이끌리는 소비자의 심리를 이용한 것이겠죠. 비싼 고급차의 이름이 '말(horse)'이라고 한다면 여러분은 그 차를 구입하시겠습니까? '에쿠스(equus)'는 라틴어로 '말'이란 뜻입니다.

그런데 한 가지 의문이 생깁니다. 우리 문화는 집단문화에서 비롯되어 다른 사람을 이렇게 잘 배려하는 풍습을 지녔는데, 왜 일상생활

속에서 다른 사람들의 감정이나 입장은 배려하지 않는 모습을 자주 발견하게 되는 것일까요? 어떤 면에서는 개인주의 문화에 속한 사람들보다 훨씬 덜 친절하고 남을 배려하는 모습을 찾아보기가 힘듭니다.

☞ 백화점이나 도서관 같은 공공장소에서 출입문을 열고 들어갈 때 미국사람들은 반드시 자기 뒤에 따라오는 사람을 위해 문을 잡아줍니다. 그러면 그 사람은 고맙다고 인사를 하고 또 자기의 뒷사람을 위해 다시 문을 잡아줍니다. 참 고맙고 서로가 기분이 좋아지죠. 그런데 일전에 한국의 백화점을 간 적이 있습니다. 문을 열고 들어가서 뒷사람을 위해 문을 잡아주었는데 고맙다는 말도 없이 들어가 버립니다. 그 뒤에 오는 사람도 그 뒤에 오는 사람도 자기들 뒤에 따라오는 사람은 아랑곳하지 않습니다. 백화점 직원이나 되는 듯이 몇 분간을 그렇게 문을 잡고 있었습니다. 다른 사람을 잘 배려하는 풍습을 지닌 우리나라 사람들이 왜 그럴까요?

☞ 남자 화장실을 이용하는 방법에도 동양과 서양의 차이가 있습니다. 미국사람들은 대체로 먼저 들어온 이용자에서 가급적 멀리 떨어진 소변기(urinal)를 이용합니다. 다른 이용자에게 (또한 자신에게) 편안하게 느낄 수 있는 공간을 제공하려는 일종의 배려의 마음이겠죠. 그런데 우리는 충분한 소변기가 있음에도 불구하고 먼저 온 이용자와는 상관없이 출입구에서 가까운 소변기를 선호하는 것 같습니다. 타인을 위한 배려라기보다는 자신의 편의를 위한 것이겠죠. 다른 사람을 잘 배려하는 풍습을 지닌 우리나라 사람들이 왜 그럴까요?

☞ 화장실 예절에 관해 한 미국인이 쓴 아래의 글을 읽어보세요.

～～～～～～～～～

Proper bathroom behavior[11]

What is proper urinal etiquette? (Keith J., Atlanta, GA)

First of all, <u>don't stand next to me when there are six other urinals</u> to pee in. It's called a "buffer zone." Give me some space to do my business, and I'll give you yours. Also, if you feel the urge to have a conversation, stifle it. Urinals are a no conversation zone. When a guy hits the john, it's a two-minute respite from the outside world. The last thing I want to do is talk about the weather. And do not flush the toilet with your foot. Are you kidding me with that? I get it: You don't want to touch the damn lever. But your feet are dirtier than your fucking hands. There's a sink five feet away, so you can wash your hands. Or you can use your elbow or forearm.

Also, I don't think that a guy should talk on the phone while using the restroom. I understand that there may be some calls too important to wait—maybe something about a hospital, jail, or something—but I've never overheard such conversations in any public bathroom. So it's just rude to make others listen to it. Finally, don't stand three feet back and go for a rainbow arc, don't keep shaking as you're walking away, and don't forget to zip up at the urinal. This is not the wilderness. Just do what you need to do, leave me alone, wash your fucking hands, and we'll be fine.

∪∪∪∪∪∪∪∪∪

---

11) http://www.mensfitness.com/life/entertainment/ask-mens-fitness-what-proper-urinal-etiquette

다른 사람들을 잘 배려하는 집단문화의 풍습을 가진 우리가 어떤 상황에서 다른 사람들을 배려하지 못하는 것일까요? 문제의 본질은 '내집단'과 '외집단'을 구분하는 우리의 습성 때문인 것 같습니다. 내집단의 사람들에게는 무한한 신뢰와 친절을 베푸는데 반해, 외집단의 사람들에게는 신뢰와 친절보다는 오히려 무관심과 심지어 적대감을 드러내는 경향이 있는 것 같습니다. 외집단의 사람들과 분쟁이 생기면 험상궂은 표정을 지으며 "언제 봤다고 이 자식(놈)이 까불고 있어!"라고 막말을 해댑니다. 못마땅한 일이 생겨서 적대감을 드러내려고 하다가도 상대방이 이런저런 식으로—예들 들자면, 사돈의 팔촌, 친구의 친구, 동문, 동향 등—나와 조금이라도 관계가 있다고 인지하는 순간 바로 태도가 달라집니다. "살다보면 그럴 수 있죠. 제가 진작 몰라봐서 죄송합니다."하면서 서로 양보를 하려고 합니다. 현대의 도시 문화에서 '내집단'과 '외집단'을 구분하는 것이 바람직할까요? 아니면 '보편적인 정의'가 바람직한 것일까요?

3.3.7. 전체성 vs. 개체성

농경문화에서는 한 개인의 능력보다는 마을 전체가 합심하는 것이 무엇보다도 중요하다는 것을 앞서 살펴보았습니다. 농경문화에서 개인은 공동체를 떠나서 독립된 존재로 살아가기는 매우 어렵습니다. 마을이 잘 되어야 내가 잘 될 수가 있는 것이죠. 내가 사는 마을이 곧 나 자신과 다름이 없다고 생각하게 됩니다. 즉, 개인과 개인이 속한 집단과는 불과분의(inseparable) 관계인 셈이죠. 이처럼 우리는 개인이 속한 공동체와 개인을 동일시하는 경향이 있습니다. 그러니까 내가 속한 마을을 사랑하는 애향심이 클 수밖에 없죠.

☞ 앞서 살펴보았지만 우리의 고향 사랑은 서양사회에서는 볼 수 없는 정말 대단한 것입니다. 설이나 추석이 되면 고향을 찾아 민족의 대이동이 시작되죠. 우리는 고향을 떨어져서는 살 수 없는 뿌리와 같은 존재라고 생각을 합니다. 명절이 되면 뿌리를 찾아 가는 것이죠.

☞ 자유무역협정(Free Trade Agreement)을 맺을 당시, 우리는 유난히도 농산물 분야에서 더 격렬하게 반대하였습니다. 우리나라 국민들은 몇 대만 거슬러 올라가면 대부분 조상이 농부였습니다. 결국 우리들 대부분은 농촌에 뿌리를 두고 있다는 말입니다. 그러니까 우리의 뿌리인 농촌을 흔드는 일을 양보할 수는 없었던 것이죠.

개인이 속한 공동체와 개인을 동일시하는 것은 고향에만 그치지 않습니다. 개인이 속한 직업, 직장, 지역 등도 마찬가지입니다. 예를 들어, 어떤 영화에서 특정 직업을 가진 등장인물이 나쁘게 묘사될 때, 그 특정 직업군의 사람들은 영화를 상영하지 못하게 결사반대를 외칩니다. 1980년대에 자신의 불륜을 위해 남편을 살해하는 여인을 다룬 'The Postman Always Rings Twice'라는 영화가 우리나라에 상영된 적이 있었습니다. 처음 영화를 상영하기 시작했을 때의 한국어 제목은 '우편배달원은 벨을 두 번 울린다'였습니다. 그런데 우편배달원(집배원)들의 격렬한 반대로 영화의 제목을 '포스트맨은 벨을 두 번 울린다'로 바꾸었던 적이 있습니다. 영화 속에 등장하는 우편배달원 한 개인을 우편배달원이라는 직업군 전체와 동일시한 것이죠. 이런 사건들은 이따금씩 반복적으로 발생을 합니다. (최근(2017년 9월)에도 중국동포들이 영화 상영을 반대하는 시위가 있었습니다. 중국동포사회를 범죄의 소굴로 묘사한다며 중국동포들이 영화 '청년경찰'의 상영을 반대하며 시위를 벌인 적이 있습니다.)

☞ 영화의 제목에서 눈여겨 볼 대목은 'the postman'과 '우편배달원'입니다. 영어는 특정 집배원을 지시하기 위해 정관사 'the'를 사용하여 'the postman'으로 표현하였으나, 한국어는 정관사를 사용하지 않고 그냥 '우편배달원'으로 표현하였습니다. 한국어에서 정관사의 사용이 일반적이지 않습니다. 영어와는 달리 일반적으로 특정 집배원과 집배원 전체를 지칭하는데 구분된 표현을 사용하지 않습니다. 언어에도 개인과 개인이 속한 집단을 동일시하는 우리의 생각이 담겨있는 것이죠. 또한 단수(singular)와 복수(plural)의 경우도 마찬가지입니다. 단수와 복수의 구분이 엄격한 영어와는 달리 한국어는 "많은 학생이 식사를 마쳤습니다."나 "교실에는 책상이 참 많습니다."처럼 굳이 단수와 복수를 구분하여 사용하지 않는 것이 일반적입니다. 개체와 개체가 속한 집단을 잘 구분하지 않는 것이죠.

☞ 앞서 살펴본 총기난사범 조승희 사건에 대해 다시 한 번 살펴보기로 합시다. 한국 교민과 한국 국민들은 조승희가 한국인이기 때문에 혹시 모를 한국인들에 대한 반감과 보복을 두려워하였습니다. 하지만 한국교민이나 한국인들에 대한 반감이나 보복은 전혀 없었습니다. 미국 사람들은 이 비극적인 사건을 조승희 특정인의 행위로 보았지, 그가 속한 공동체와는 전혀 관련짓지 않았습니다. 머니투데이의 뉴욕 특파원 유승호기자가 작성한 다음 글을 읽어보세요.

미(美) 총기난사범 한국계 '충격'... 교민 불안[12]

미국 경찰은 17일(현지시간) 미국 사상 최악의 총기 난사 사건의 범인이 버지니아공대 영문과에 재학 중이던 한국계 미국교포 조승희(23. Cho Seung Hui)라고 발표했다. 조승희는 초등학교 때 이민한 미국 영주권자로 한국 국적도 보유하고 있는 것으로 알려졌다. 조승희의 신원은 범행에 사용된 총에 묻은 지문 확인을 통해 밝혀졌다. 조승희는 범행 당시 배낭을 갖고 있었으며 배낭에는 지난 3월 9mm 권총을 구입한 영수증이 들어 있었다. 워싱턴포스트는 학생의 부모가 한국 교포들이 많이 사는 워싱턴 근교 패어팩스 지역에 살고 있다고 보도했다.

버지니아 공대 총기 난사 사건의 범인이 한국계 조승희로 알려지면서 미국 교민 사회에 비상이 걸렸다. 이번 사건을 계기로 미국인들이 한국교민과 유학생들을 대하는 태도가 달라지지나 않을까 우려하고 있다. 현재 미국 유학생은 지난해 12월 기준으로 9만3728명가량이다. 사건이 발생한 버지니아 공대에서 공부하고 있는 학생 중 한국 유학생과 교민 학생 숫자도 1000명을 웃돈다. 버지니아공대 한인학생회는 전날 비상대책회의를 열고 '한국 학생의 안전을 위한 모임'을 만들기로 했다. 이 모임을 통해 한국 학생들이 인종혐오적인 협박, 폭행을 당하지 않도록 미리 손을 쓰는 동시에 그런 일이 일어날 경우 피해사례를 모아 공동 대응키로 했다.

개인을 개인이 속한 공동체와 동일시하듯이 우리는 과거를 현재와 동일시하는 경향이 있습니다. 농경문화에서 비롯된 동양문화에서

---

12) http://news.mt.co.kr/mtview.php?no=2007041723125631143&outlink=1&ref=http%3A%2F%2F search.naver.com

는 이동이 거의 없기 때문에 고향은 영원히 개인의 뿌리로 인식됩니다. 마찬가지로 농경문화는 시간의 흐름에도 변화가 거의 없는(적은) 특징을 지니기 때문에 과거와 현재를 딱히 구분할 필요성이 없습니다. 동양문화에서는 과거는 곧 현재라는 생각을 갖습니다. 이런 측면에서 동양 사람들은 과거지향적인 면이 있다고 하겠습니다. 반면에 목축이나 무역에서 비롯된 서양문화는 이동이 잦기 때문에 고향이 동양에 비해 중요한 역할을 하지 않습니다. 마찬가지로 시간의 흐름에 따라 변화가 기대되는 서양문화에서는 현재와 과거는 다를 수 있다는 인식을 갖습니다. 현재를 중요시하고 과거보다는 미래를 더 생각한다는 점에서 서양 사람들은 미래지향적이라고 할 수 있습니다.

☞ 수년 전에 KBS에서 방송한 '미녀들의 수다'란 프로그램이 있었습니다. 한국에 살고 있는 다양한 국적의 외국인 여성들이 출연하여 한국에서 살아가면서 겪고 느끼는 얘기들을 나누는 인기 프로그램이었습니다. 한 번은 한국남자랑 사귀어본 출연자들에게 외국(서양) 남자와 한국 남자의 차이점이 무엇인지를 사회자가 물었습니다. 미녀들의 대답은 거의 한결같이 한국남자는 과거에 집착한다는 말을 하였습니다. 옛 남자친구의 사진을 왜 아직도 가지고 있느냐고 따진다는 것이죠. 아직 잊지 못해서 보관하고 있지 않느냐고 볼멘소리를 한다는 것이죠. 한국남자의 입장에서 보면 과거와 현재를 잘 구분하지 않으니 여자친구가 옛 남자친구의 사진을 가지고 있다면 기분이 나쁠 수밖에 없겠죠. 하지만 서양미녀들의 생각은 전혀 달랐습니다. 과거는 과거일 뿐인 것이지요. 현재는 현재의 남자친구를 사랑하고 있고, 옛 남자친구는 과거 속의 추억의 일부라는 것입니다.

서양미녀들의 입장에선 그런 추억의 일부를 없애라는 것은 지나친
간섭이라고 생각하는 것이죠.

<그림 6> KBS2 TV '미녀들의 수다'의 방송 장면[13]

☞ 이력서(curriculum vitae)를 적을 때도 동양과 서양의 차이가 있
습니다. 한국에서는 이력을 과거부터 현재로 적어나가서 과거의 이
력이 맨 위쪽에 위치하는 반면 미국에서는 현재부터 과거로 적어나
가기 때문에 현재의(현재와 가까운) 이력이 맨 위쪽에 위치합니다.
동양문화에서는 개인의 과거를 통해 현재를 이해할 수 있도록 시간
순서대로 적는 반면 서양문화에서는 과거보다는 현재의 능력을 주
로 참고하기 때문에 현재의(현재와 가까운) 이력을 가장 먼저 적습
니다.

---

13) http://www.koreadaily.com/news/read.asp?art_id=1589899

이 력 서

개인신상

지 원 부 서			주민등록번호	xxxxxx - xxxxxxx
성 명	한글	홍 길 동	연 령	만 xx 세
	한자	洪 x x	호 주 성 명	홍 길 수
본 적				

주 소	우편번호 123-456	연락처	Home : 02-123-4567
	서울시 xx구 xx동 xx-xx번지		휴대폰 : 01x-123-4567

Internet E-Mail Address	bizforms@bizforms.co.kr

학력	년 / 월 / 일	학 교 명	학 과
	19xx. 2. xx	xx 고등학교 졸업	
	19xx. 3. x	xx 대학교 입학	xx 학과 입학
	20xx. x. 1	xx 대학교 편입	xx 학과 편입
	20xx. x. xx	xx 대학교 졸업예정	xx 학과 졸업예정

개인능력

외국어능력	외국어명	수 준	영어능력 평가점수(공인)	P C	수 준	상 중 하
	영어	상 중 하	TOEIC : xxx 겸	상용능력	사용가능	①
		상 중 하	TOEFL : 겸		OA TOOL	②

경력사항 및 특기사항

경력특기사항	년 / 월 / 일	관 련 내 용
		대학 교내 장학금 x 회 수혜
		아르바이트 시간제 학원강사 - x 개월

위의 사실이 틀림없음을 서약합니다.

작성일 2003년 x월 xx일

홍 길 동 ㊞

<그림 7> 한국어 이력서 샘플[14]

---

14) http://www.bizforms.co.kr/sample_view/vform_35618.asp

JAMES O'DONNEL

Address: 23 Euston Road
Sommer ville N3Z U46
Tel: 020 72931714
Date of birth: 25th January 1980
donnel@gmail.com

Education

1999 – 2002	**The University of Nottingham, Nottingham**

BSc Management (First Class)

- International Marketing
- Advanced Management
- Macro and Microeconomics
- Trade Law

- Accounting
- Finance
- Statistics
- Strategic Management

The final year project "Internet promotion strategies" was distinguished by the Vice-Chancellor Special Prize.

1994 – 1999	**St. Marry's School, Stratfordshire**

A Levels: French (A), Maths (B), Business Studies (A), German (A)
GSCEs: 7 Grade A including French, Maths and History, 2 Grade C

Experience

01.2001 – present	**Biopharma Pro, Oxford**

Interactive Marketing Manager

Responsible for Interactive Marketing of the Company's OTC products. Developing strategy, selection of media, introducing own promotion concepts, execution and monitoring.
Skills acquired/ achievements:
- Creative approach to marketing (co-creation of the Internet distribution channel)
- Extensive expertise in the field of electronic marketing, e-payments and logistics
- Expanding Company's operations worldwide thanks to the Internet
- Developed successful customer loyalty program
- Managerial skills: time management, project management, ability to meet deadlines
- Promoted to Interactive Marketing Manager after only 18 months of tenure

09.1999 – 12.2000	**Royal Dutch/Shell, London**

Intern

Summer internship in Shell UK Marketing Department. Involved in the revamping of the retail customer loyalty programme. Market analysis, simulation of the financial impact of the program, preparation of the report on the other loyalty schemes of the competitors, presentation of the report to the Head of UK Marketing Department, developing own recommendations.
Skills acquired/ achievements:
- Analytical skills
- Financial modeling
- Research and presentation skills

1

<그림 8> 영어 이력서 샘플15)

위의 한국어 이력서 샘플에는 나타나 있지 않지만 가족관계를 보여주는 이력서도 적지 않게 발견됩니다. 이러한 점 역시 영어 이력서와는 다른 점이라고 할 수 있습니다.

3.4. 경험자(관찰자)

진리(truth)를 발견하는 과정에서도 동양문화와 서양문화에서 차이를 보입니다. 서양문화에서는 각 개인이 사물을 관찰하고 각 개인이 관찰한 결과를 가지고 다른 사람들과의 토의를 통해 그 사물에 대해 더 완벽한 이해로 나아갑니다. 반면 동양에서는 사물을 육체의 눈으로 관찰하기 보다는 '마음의 눈'으로 관찰합니다. 마음의 눈은 거울과 같아서 마음을 비울수록 사물이 선명하게 보입니다. 동양에서는 관찰자의 마음을 비움으로써 진리에 더 가깝게 다가간다고 믿습니다.

동양과 서양에서 진리를 발견하는 과정이 이렇게 다른 이유는 무엇일까요? 서양문화에서는 개인이 사물에 대해 관찰한 것이 부분적이거나 부정확할지 모르기 때문에 다른 사람들과의 활발한 토의를 통해 그런 단점이나 편견을 극복하고, 사물에 대해 더 객관적(objective)으로 이해하려고 노력을 하는 것입니다. 그래서 서양 사람들은 모든 사람들이 동의할 수 있도록 끊임없이 객관화하려는 노력을 합니다. 반면 동양문화에서는 사물에 대한 생각이 개인의 경험이

---

15) http://www.fotolip.com/wp-content/uploads/2016/05/Sample-CV-4.png

나 느낌에 따라 다르다는 것을 이웃들과 더불어 살면서 쉽게 알 수 있었습니다. 예를 들어, 가방(bag)이 있다고 가정해봅시다. 그런데 그 가방은 사람의 신체조건에 따라 무게가 다르게 느껴지겠죠. 예를 들어, 그 가방을 힘이 센 청년이 들면 가볍게 느껴질 것입니다. 하지만 똑같은 가방이라도 꼬마가 들면 무겁게 느껴질 것입니다. 같은 사물이라도 사람 또는 경험자(experiencer)에 따라 다르게 느껴지는 것입니다. 또 다른 예로, 같은 꽃(flower)이라도 경험자의 기호에 따라 예쁘게 느낄 수도 그렇지 않을 수도 있습니다. 즉, 사물에 대한 생각이 주관적(subjective)이라는 것을 상대방의 입장이 되어 생각하는 집단문화에서는 쉽게 이해할 수 있는 것이죠. 그리고 동양문화에서는 서양문화와 달리 토론문화가 발달되어 있지 않기 때문에 마음을 비우는 방법을 통해 주관적인 생각이나 편견을 극복하려고 노력합니다.

☞ 우리말에는 '수양(修養, discipline)', '수련(修練, train)'이라는 말이 있습니다. '수양'은 몸과 마음을 닦아 품성이나 지식을 키운다는 의미이고, '수련'은 인격이나 기술, 학문을 닦아 단련을 하다라는 의미입니다. 여기서 '修(수)'는 '닦다'의 의미입니다. 마음의 거울을 닦는다는 의미이겠죠. 거울에 묻어있는 먼지나 이물질을 깨끗이 닦아 낼수록 거울에 비친 사물의 모습은 선명해지겠죠. 이처럼 우리는 내 마음속에 있는 개인의 생각이나 편견을 버림으로써 사물의 본질을 볼 수 있다고 생각하는 것입니다.

☞ 개인의 느낌이나 판단이 주관적이라는 것을 알고 있기에 동양의 언어(한국어, 중국어, 일본어 등)는 소위 주제(topic)를 나타내는

문법장치가 있습니다. 주제는 주어(subject)와는 다른 개념입니다.

(19) <u>나는</u> 가방이 무겁다.
(20) <u>나는</u> 꽃이 예쁘다.
(21) <u>나는</u> 그 아이가 좋다.

위의 예들은 다른 사람이 어떻게 느끼는지 모르지만 '내'가 느끼는 바를 표현하는 것이죠. 이 표현은 다른 사람들의 생각이나 느낌은 다를 수 있다는 것을 암시하고 있습니다. 하지만 영어에는 이런 문법장치는 없습니다. ("As for me, the bag is heavy."처럼 표현할 수는 있겠지만, 이런 표현은 동양 언어의 주제어 표현만큼 자주 사용하는 표현도 아니고 의미도 다소 다릅니다.)

☞ 우리는 사물을 서술하는 서술어(predicate)뿐만 아니라 사물 자체의 표현도 경험자의 느낌에 따라 다른 명칭을 사용하기도 합니다. 예를 들어, 여러분들이 잘 알고 있는 '금강산'이 '봉래산', '풍악산', '개골산'으로 불리기도 합니다. 계절에 따라 다른 느낌으로 다가오니까 다른 이름을 갖는 것이죠. 각각 봄, 여름, 가을, 겨울의 산을 지칭할 때 사용하는 이름이랍니다.

서양문화에서는 토의를 위해서는 무엇보다도 자신의 생각을 정확하게 전달할 필요가 있습니다. 따라서 서양에서는 말(언어)을 매우 중요하게 생각합니다. 개인의 생각을 정확하게 전달하기 위해서 논리학(logic), 수사학(rhetoric) 등이 발달하게 됩니다. 하지만 동양문화에서는 말(언어)은 별로 중요하지 않습니다. 오히려 말(언어)은 부정확한 것으로 말(언어)에 대해 부정적으로 생각합니다. 왜냐하면 개인의 생각이나 느낌이 서로 다르다는 것을 잘 이해하기 때문입니다. 예를 들어, 내가 "(어떤 사물이) 무겁다"라고 표현하더라고 다른 사람은 무거움의 정도를 다르게 느낄 수가 있죠. 따라서 어떤 사물이 '무겁다'라고 표현하는 것은 정확한 표현이 될 수가 없는 것이죠. 앞서 살펴본 것처럼, 동양에서는 말(언어)을 통해 깨달음을 얻을 수 없다고 생각합니다. 마음의 수련으로 깨달음을 얻는 것이죠. 노자의 '지자불언 언자부지((知者弗言 言者弗知, 아는 자는 말하지 않고, 말하는 자는 알지 못한다)', 장자의 '득의망언(得意忘言, 뜻을 얻으면 말은 잊어라)', 공자의 '언부진의(言不盡意, 말은 뜻을 다하지 못한다)'는 모두 말(언어)로써 개인의 생각을 다른 사람에게 전달하기가 힘들다는 깨달음에서 나온 말이겠지요.

  사람과 사람 사이에 의사소통의 문제가 발생하면 그 책임의 소재를 생각하는데 있어서도 동양과 서양은 서로 다릅니다. 서양에서는 개인의 생각을 정확하게 전달하는 것이 화자(speaker)의 몫이라고 생각합니다. 따라서 의사소통에 문제가 발생하면 그 책임은 화자에게 있다고 생각합니다. 반면에 동양에서는 참 뜻을 말로는 설명할 수 없다고 생각하기 때문에 말을 잘 알아듣는 것은 청자(hearer)의 몫이라고 생각합니다. 그리고 의사소통에 문제가 생기면 그 책임은 청자에게 있다고 생각합니다. (5.2에서 살펴보겠지만, 영어는 화자의 생각을 청자가 잘 이해하도록 하는 여러 가지 문법장치들이 한국어에 비해 많이 발달해 있습니다. 청자가 이해를 하지 못할 때는 화자의 책임이 되기 때문이죠.)

세상을 살다보면 부조리한 일을 만나게 되겠죠. 그런데 그런 부조리를 대하는 태도에 있어서도 동양과 서양의 차이가 드러납니다. 서양사회에서는 부조리가 있는 세상 자체—즉, 제도나 체계 등—를 바꾸려고 노력합니다. 반면에 동양사회에서는 세상을 바꾸기보다는 세상을 바라보는 마음을 바꾸려고 노력합니다. 동양 사람들은 세상을 바꾸기에는 세상이 너무 거대하고 또 관점에 따라 부조리가 더 이상 부조리가 아닐 수도 있다고 믿습니다. 따라서 세상을 바꾸기보다는 세상을 바라보는 마음을 바꾸려고 하는 것이죠.

☞ 유명한 원효대사의 일화가 있죠. 원효대사가 당나라로 유학을 가던 길에 오래된 무덤가에서 잠이 들었습니다. 잠을 자다가 목이 말라 일어나서 보니 옆에 그릇에 물이 담겨있어서 맛있게 물을 마시고 다시 잠이 들었습니다. 아침이 되어 잠에서 깨어보니 그렇게 맛있게 마셨던 물이 해골에 고인 물이었다는 것을 발견하고서 모든 일은 마음먹기에 따라 달라진다는 깨달음을 얻고는 유학길에서 발을 돌려 마음 수련에 정진하였다는 얘기입니다.

☞ 서양에서 인기 있는 생활지침서들은 주로 행복을 위해서 사람들의 행동을, 또는 세상을 어떻게 변화시킬 것인지에 초점을 둡니다. 반면에 동양의 생활지침서들은 주로 (세상—이웃을 포함하여—을 바꿀 수 있으면 좋겠지만 그렇게 할 수 없기 때문에) 세상을 바라보는 마음의 자세를 바꿀 것을 권합니다. 예를 들어, 내가 누군가에게, 또는 어떤 제도에, 또는 어떤 세상의 질서에 화가 납니다. 그러면 화를 나게 하는 이웃이나 제도, 세상의 질서를 변화시킬 힘이 내게 있다면 그렇게 하면 좋은데, 그럴 힘이 우리에게 없기 때문에 이웃이나

제도, 세상의 질서를 바라보는 나의 생각을 바꾸라고 동양의 지혜는 말합니다. 서양의 자세가 적극적이라면 동양의 자세는 수동적인 느낌입니다. 여러분은 어떤 자세가 마음에 드십니까? 현대를 살아가는 우리의 자세는 어떤 것이 바람직할까요? 개인을 생각하느냐 사회 전체를 생각하느냐에 따라 또는 여러 가지 고려사항에 따라 다른 자세가 바람직할 수도 있겠습니다.

제 4 장

생각, 의사소통
그리고 언어

사람들은 머릿속에 각자 개인의 '생각(idea, message, meaning)'을 가지고 있습니다. 이런 생각들을 다른 사람에게 전달하고 전달받는 것을 '의사소통(communication)'이라고 합니다. 그리고 의사소통의 가장 중요한 수단이 '언어(language)'입니다. 이 장에서는 이런 개념들에 대해 좀 더 자세히 살펴보고 문화에 따른 의사소통의 장애요인이 생기는 이유에 대해 알아보도록 하겠습니다.

4.1. 의사소통과 언어

　마음속에 있는 생각이나 감정을 다른 사람들에게 전달하는 수단에는 언어적인(verbal) 것과 얼굴표정(facial expression)이나 몸짓(gesture) 같은 비언어적인(nonverbal) 것이 있습니다.

4.1.1. 비언어적인 수단

Mehrabian(1981)의 연구에 의하면, 얼굴을 마주하는(face-to-face) 의사소통에서 세 가지 요소―즉, 말(words), 말투(tone of voice), 비언어적 행동(nonverbal behavior)―로 구성됩니다. 비언어적인 요소는 특히 감정(feelings)이나 태도(attitude)를 드러내는데 있어서 매우 중요한 역할을 합니다. 말과 비언어적인 요소가 일치하지 않을 때, 사람들은 말투나 비언어적인 행동을 더 믿는 경향이 있습니다. Mehrabian(1981)에 의하면, 누군가 감정과 관련된 메시지를 전달할 때 그 사람에 대한 호감은 말을 통해 7%, 말투를 통해 38%, 비언어적인 행동을 통해 55%가 결정됩니다. 이처럼 말 이외의 비언어적인 수단―즉, 말투나 비언어적인 행동―이 의사소통에서 중요한 역할을 합니다.

Blom과 Meier(2004)에 의하면, 비언어적인 수단은 다음 세 가지 기능을 수행합니다(윤용선(2006)에서 재인용). 첫째, 언어적 의사소통의 과정을 조절합니다. 예를 들어, 화자는 말을 하다가 청자를 바라보면서 1-2초 정도 침묵을 함으로써 말할 기회를 청자에게로 넘깁니다. 둘째, 언어적 수단을 대신하기도 합니다. 예를 들어, 상대방의 말에 동의할 때 고개를 끄덕임으로써 동의한다는 말을 대신할 수도 있습니다. 셋째, 언어적인 수단을 보충합니다. 사람들이 언어적인 메시지를 전하면서 손짓이나 얼굴표정을 함께 사용합니다. 예를 들어, 'this big'이라는 표현과 함께 양손을 크기에 맞게 벌림으로써 정확한 크기를 알리는 기능을 합니다. 동양 사람들은 일반적으로 서양 사람들에 비해 말수도 적지만 손짓이나 얼굴표정도 잘 드러내지 않는 편입니다.

☞ 선생님이 수업 중에 학생들을 바라보며 질문을 하면, 학생들이 고개를 숙여 아래를 보죠. 눈이 마주치는 것을 회피함으로써 말할 기회를 받지 않겠다는 비언어적인 행동이라고 볼 수 있습니다.

☞ 문자메시지(text message)를 보낼 때 ^^나 :-) 또는 ㅋ와 ㅠㅠ와 같은 이모티콘(emoticon; emotion + icon)을 사용하지요? 이런 이모티콘에 대해 어떻게 생각하세요? 어떤 사람들은 한글을 파괴한다고 싫어합니다. 하지만 메시지 전달이라는 측면에서 보면, 매우 자연스러운 현상입니다. 우리가 얼굴을 마주보며 대화를 할 때는 말뿐만아니라 얼굴표정이나 목소리로 상대방의 감정을 읽을 수가 있습니다. 하지만 문자메시지는 메시지의 내용만 전달할 뿐 감정을 전달할수가 없습니다. 그러니까 이모티콘은 감정을 전달하는 얼굴표정이나말투와 같은 비언어적인 수단을 대신하는 것이랍니다.

☞ 이모티콘에 익숙하지 않은 한 경상도 엄마가 중학생 딸의 귀가시간이 늦어지자 문자를 보냈습니다. "안 오나." 그 문자메시지를받은 딸과 함께 그 문자메시지를 본 딸의 친구가 묻습니다. "너희엄마 화나셨니?" "안 오나."란 말이 "빨리 안 오고 뭐해!"라고 나무라는 말로 들린 것이겠지요. 엄마는 언제쯤 마중을 나갈까 궁금해서아주 좋은 마음으로 문자메시지를 보낸 것인데.... 감정이 전달되지않으니.... 딸의 친구 이야기를 들은 엄마는 그 이후로 "안 오나?~ㅋㅋ"라고 문자메시지를 보냈답니다.

아래에서는 동양과 서양의 차이를 보이는 비언어적 수단을 살펴보도록 하겠습니다. 먼저, 목소리와 관련된 점부터 살펴보겠습니다. 중요하다고 생각하는 메시지를 전달할 때 서양 사람들은 목소리를 높여 말하는 경향이 있는데 반해, 동양 사람들은 목소리를 낮춰 말하는 경향이 있습니다(윤용선 2006). 둘째, 시선과 관련된 차이점을 살펴보겠습니다. 서양 사람들은 대화할 때 상대방의 눈을 주시함으로써 관심을 표시합니다. 반면 (요즘은 많이 변하였지만) 동양에서는 전통적으로 윗사람과 대화 시에는 시선을 아래쪽으로 향하는 것을 존경의 표시로 받아 들였습니다(윤용선 2006). 셋째, 편안하게 생각하는 사람들과의 거리가 서로 다릅니다. 예를 들어, 줄을 서서 기다릴 때 서양 사람들은 동양 사람들에 비해 좀 더 거리를 두고 서있는 것을 좋아합니다. 줄을 설 때, 우리의 습관대로 너무 가까이에 서면 서양 사람들은 자신의 개인영역이 침해당한다고 느낄 수도 있으니 주의해야 합니다. (앞서 3.3.6에서 살펴본 화장실 문화의 차이도 상기해보세요.)

☞ 서양문화에서 중요한 메시지를 목소리를 높여 말하는 것은 중요한 점을 강조하기 위한 자연스러운 현상으로 이해할 수 있습니다. 그런데 동양문화에서 중요한 대목에서 목소리 낮추는 것은 어떤 이유일까요? 아마 목소리를 낮추는 것은 공동체 생활에서 중요한—또는 비밀스러운—얘기를 남들이 듣지 못하게 하려는 것에서 비롯된 것으로 보입니다.

☞ 나이든 어른이 젊은이를 나무랍니다. "어디 눈을 동그랗게 뜨고 쳐다봐?" 그러자 젊은이가 (재치 있게) 대꾸를 합니다. "아, 그럼

눈을 동그랗게 뜨지, 어떻게 네모나게 뜰 수 있어요?" 우스개 이야기입니다. 한국 사회에서는 요즘도 윗사람의 눈을 지나치게 쳐다보는 것을 못마땅하게 여기는 사람들이 많은 것 같습니다.

☞ 서양 사람들이 손님을 초대할 때, 초대장에 일반적으로 RSVP라는 문구를 적습니다. RSVP는 프랑스어 문장 "Répondez s'il vous plaît."의 약어로 "Reply, please."란 뜻입니다. 초대에 응할지 여부를 알려달라는 말입니다. 한국 문화에서는 파티와 같은 모임에 초대를 받아도 참석여부를 미리 알려주지 않는 경우가 많습니다. 한국에서는 초대한 사람이나 모임의 총무가 초대한 사람 중에서 몇 명이 모임에 참석할지 몰라 곤란을 겪는 경우가 허다합니다. 여기서도 '대충, 알아서'의 문화가 통용됩니다. 하지만 서양 문화에서는 초대를 받았을 때 미리 참석여부를 알려주는 것이 예의입니다.

☞ 한국 사회에서 기차나 식당 같은 데서도 예약을 해놓고 사전 양해 없이 나타나지 않는 무례한 경우가 흔히 발생합니다. 예전에 한 대학교의 인근 식당에서 사장님이 분을 못 이겨 흥분하는 모습을 본 적이 있습니다. 흥분한 이유는 이랬습니다. 한 대학의 동아리에서 식당을 예약을 했습니다. 인원수가 많아서 식당 좌석의 대부분을 예약했습니다. (그 모임과 관계가 없는) 필자가 식당을 찾았을 때는 예약된 테이블에는 밑반찬과 수저 등이 나란히 손님을 맞을 준비가 되어있었습니다. 그런데 시간이 지나도 예약한 학생들이 나타나지 않았습니다. 사장님이 예약한 학생회장에게 전화를 하니 다른 인근 식당에서 모임을 갖기로 결정하였다는 대답을 돌아오고 말았습니다. 사장님 입장에서는 얼마나 분통이 터질 일이겠습니까? 단체 손님을

위해 모든 개인 손님을 돌려보냈는데.... 영업 손실이 얼마나 크겠습니까? 예약도 일종의 약속이죠. 약속을 아무런 생각 없이 어겨버리는 사회를 건강한 사회라고 결코 할 수 없겠죠. '그까짓 것 대충' 하지 말고, 상대방에게 피해를 끼치지 않도록 자기의 생각이나 결정을 분명히 상대방에게 전달하는 습관을 기르도록 해야 하겠습니다.

☞ 학생들로부터 질문이나 부탁의 편지를 전자우편으로 받는 경우가 종종 있습니다. 급하니까 빨리 답해달라는 부탁의 메시지와 함께.... 그래서 학생의 입장을 생각해서 시간을 내어 (장문의) 답변을 합니다. 그런데 답장에 대해 잘 받았다는 편지를 받는 경우는 매우 드뭅니다. 심지어 급하다고 해놓고 아예 답장을 읽어보지도 않는 경우도 있습니다. 호의를 베풀면 당연히 그 호의에 대해 감사의 말을 전하는 것이 예의이겠죠. '그까짓 것 대충' 넘어가버리면 상대방은 마음의 상처를 받을 수도 있습니다. 여러분들은 글로벌 신사나 숙녀가 되기 위해서는 꼭 답변이나 호의에 대해 감사의 말을 전하는 것을 잊지 말기 바랍니다. RSVP!

4.1.2. 언어적인 수단

감정과 같은 경우는 얼굴표정이나 말투와 같은 비언어적인 수단을 사용하여 상대방에게 전달할 수 있겠지만, 지식과 과거에 일어났던 사건들, 미래에 대한 계획, 논리적인 생각 등과 같은 복잡한 메시지의 경우는 비언어적인 수단으로 전달하기에는 불가능합니다. 이처럼 복잡한 메시지를 전달하는 수단으로 사용하는 것이 바로 언어입니다. 언어는 생각을 다른 사람들에게 전달하기 위해 만들어진 도구

(instrument)입니다. 언어라는 도구를 이해하기 위해 언어를 '그릇 (container)'에 비유해보겠습니다. 예를 들어, 물(water)을 상대방에 전달하기 위해서는 물을 담는 그릇이 필요하겠죠. 물을 그릇에 담아 상대방에게 전달하듯이 생각을 언어에 담아 상대방에게 전달하는 것입니다. 그런데 그릇의 모양은 매우 다양합니다. 물을 담는 그릇 과 해물파전을 담는 그릇은 서로 다릅니다. 물을 담는 그릇은 물이 새지 않는 컵이나 텀블러와 같은 그릇이어야 되겠고, 파전을 담는 그릇은 전이 상하지 않도록 공기가 잘 통하는 광주리와 같은 그릇이 어야 되겠습니다. 이처럼 언어는 어떤 생각이나 문화가 담기느냐에 따라서 언어의 구조는 달라집니다. 5장에서 한국어와 영어의 차이점 을 자세히 살펴보기 전에, 아래 4.2에서는 생각을 담는 그릇으로서 의 언어의 기본적인 특성을 자세하게 살펴보도록 하겠습니다.

☞ '빈말(empty word)'이라는 표현이 있죠. 말이 어떻게 빌 수가 있죠? 말 자체를 그릇으로 비유하니까 그릇만 있지 그 그릇 안에 담 긴 내용물—즉, 의미, 메시지, 진심 등—이 없다는 뜻이죠. 예를 들자 면, 선물상자만 있고 선물은 없는 것과 마찬가지로.... "Put the following into Korean."이라는 표현을 알고 있지요? 혹시 'put A into B'를 'A를 B로 번역하다'로 무조건 암기하진 않았나요? "다음을 한 국어로 집어넣다"니 이해가 되지 않았을 법도 합니다. 그런데 이 표 현도 '언어는 그릇' 그리고 '메시지—혹은 전달내용 또는 의미—는 그릇에 담기는 내용물'이라는 비유적인 표현입니다. "Put the orange juice into the bottle."과 같은 문장을 생각해보세요. 본질적으로 같 은 오렌지주스이지만 그릇의 모양에 따라 주스의 외형적인 모양도 달라지겠지요. 이처럼 동일한 내용을 다른 언어라는 그릇에 넣어보

라는 뜻입니다. 그릇의 모양에 따라 같은 내용물의 외형적인 모양이 달라지듯, 같은 의미(메시지)라도 언어에 따라 어순, 단어와 문법장치와 같은 외형적인 모습들이 달라지겠죠.

4.2. 언어: 생각을 담는 그릇

생각을 담는 그릇으로서 기능을 하는 언어의 특성을 살펴보도록 하겠습니다. 아래에서 그릇과 내용물의 관계, 그리고 그릇과 그릇을 이용하는 사람과의 관계라는 측면을 나누어 살펴보도록 하겠습니다.

4.2.1. 언어형식과 의미: 그릇과 내용물의 관계

앞서 그릇은 내용물에 따라 달라진다는 비유를 들었습니다. 유사하게 문법(grammar)과 같은 언어형식(linguistic form)은 의미나 메시지를 잘 담을 수 있는 방식으로 진화해왔습니다. 아래에서는 언어형식과 의미가 얼마나 밀접하게 관련이 되어있는지를 살펴보도록 하겠습니다.

단어(word) 수준에서 보면, 언어형식과 의미 사이에는 필연적인 관련성이 전혀 없습니다. 예를 들어, 우리가 소위 <의자>라는 (< >는 개념을 의미함) 의미를 표현하기 위해 한국어로 '의자'나 영어로 'chair'라고 하는데, 개념과 표현 사이에는 필연적인 관련성이 전혀 없습니다. 만약 필연적인 관련성이 있다면 '의자'나 'chair'가 같거나 유사한 발음으로 표현되어야겠죠. 이렇게 단어 수준에서는 언어형식과 의미 사이의 관계는 자의적(arbitrary)입니다. 하지만 문법 수준에서 보면, 언어형식이 의미를 반영하여 현재의 모습대로 되어야할 분명한 동기가 있습니다. 즉, 언어형식과 의미 사이의 관계는 동기화되어(motivated) 있습니다. 다른 말로 하면, 문법형식과 의미는 서로 닮아있습니다. 문법형식과 의미가 서로 닮아 있는 것을 '도상성(iconicity)의 원리(principle)'라고 합니다.

☞ '도상성'이란 용어가 생소하게 들릴 수 있습니다. 하지만 영어 'iconicity'는 어디선가 들어본 것 같지 않나요? 'iconicity'는 'icon'에서 파생된 '아이콘과 같은 성격'이란 뜻의 단어입니다. '아이콘(icon)'은 컴퓨터나 스마트폰의 바탕화면에 깔려있는 기호로, 실제의 물건(의미)과 닮은 기호(언어)를 말합니다. 예를 들어, 아래의 신호등, 전화, 냉장고를 나타내는 기호는 실제의 모습과 닮았죠. 실제의 모습을 닮은 기호를 아이콘이라고 합니다.

<그림 1> 아이콘의 예

☞ 상징(symbol)이라는 것은 아이콘과 구분됩니다. 상징은 실제와 닮지 않은 기호로서, 규약(convention)에 의해 실제를 나타내는 기호로 사용하는 것입니다. 예를 들어, 아래 장미는 사랑이라는 의미를

지닙니다. 하지만 사랑과 장미 사이에는 닮은 것은 없습니다. 만약 국화를 사랑이라는 의미를 나타내는 것으로 약속을 했으면 국화가 사랑의 의미를 지니게 되었겠지요.

<그림 2> 상징의 예

비둘기(dove)는 평화의 상징으로 오랫동안 알려져 왔습니다. 그런데 수년 전에 비둘기는 사람들에게 해로운 조류로 분류되어 그 상징성을 잃고 말았죠. 비둘기 역시 평화와 닮은 점은 없습니다. 단지 약속에 의한 상징이었던 것이죠.

이제 문법이 어떻게 의미를 닮았는지 언어의 '도상성 원리'에 대해 알아보도록 하겠습니다. 도상성에는 순서(sequential order)의 원리, 거리(distance)의 원리, 양(quantity)의 원리가 있습니다. 먼저 순서의 원리부터 살펴보겠습니다.

A. 순서의 원리

순서의 원리란 말의 순서는 실제 사건의 순서대로 되어있다는 것입니다. 부산의 명소 자갈치 시장의 표어를 아십니까?

(1) 오이소, 보이소, 사이소.

(자갈치 시장으로) 와서, (상품을 살펴) 보고, (마음에 들면 상품을) 사라는 의미입니다. 실제의 구매행위의 순서와 말의 순서가 닮아있죠. 영어에도 이와 유사한 표현이 있습니다.

(2) Eye it, try it, buy it.

(상품을) 눈으로 확인하고, 시범적으로 사용해보고, 구매하라는 의미죠. 표현은 다소 다르지만 말의 순서가 실제 사건의 순서대로 되어있다는 것은 한국어나 영어가 동일합니다.

다음 표현에서도 어순은 모두 실제 사건의 순서대로 되어있습니다.

(3)　a. hit and run　　(뺑소니)
　　　b. cause and effect　(인과; 원인과 결과)
　　　c. trial and error　(시행착오)
　　　d. wait and see　(두고 보다)
　　　e. park and ride　(주차 환승)

☞ 'park and ride'는 인근 도시로 출퇴근하는 사람들을 위해 승용차로 도시 외곽 주차장으로 가서 주차(park)를 하고 대중교통 수단

인 버스를 타는(ride) 것을 의미합니다. 우리나라에서는 대중교통수단이 발달되어 있어서 간선 버스뿐만 아니라 동네마다 마을버스가 있어서 'park and ride' 시스템이 필요가 없습니다.

아래 두 문장에서 어순에는 어떤 차이점이 있나요? 그리고 두 문장 사이에는 어떤 의미적인 차이점이 있을까요?

(4) a. Bill painted the green door.
     b. Bill painted the door green.

(4a)는 green이 door보다 앞에 온 반면 (4b)는 green이 door보다 뒤에 왔습니다. 두 문장은 페인트칠을 하기 이전의 색깔과 페이트칠을 한 이후의 색깔에서 차이를 보입니다. (4a)는 페인트칠을 하기 이전의 문 색깔이 초록이란 의미이고(이후의 색깔은 모름), (4b)는 페인트칠을 한 이후의 색깔이 초록이란 의미입니다(이전의 색깔은 모름). 이렇게 어순과 실제 사건의 순서가 닮아있는 것은 영어에만 적용되는 것이 아닙니다. 아래의 예에서 보듯이 한국어에서도 똑 같이 적용됩니다.

(5) a. 철수는 녹색 문을 칠했다.
     b. 철수는 문을 녹색으로 칠했다.

색깔이 행위의 대상이 되는 문 앞에 오는 (5a)에서는 그 색깔이 칠하는 행위 이전의 색깔을 의미하고, 색깔이 행위의 대상이 되는 문 뒤에 오는 (5b)에서는 그 색깔이 칠하는 행위 이후의 색깔을 의미합니다.

전 세계의 언어를 주어(subject), 동사(verb), 목적어(object)의 어순 배열에 따라 분류하면 아래처럼 여섯 가지 가능성이 있습니다. 논리적으로만 보자면 전 세계의 언어들이 여섯 가지 유형으로 골고루 나타나야 합니다. 하지만 실제로는 대부분의 언어들이 여섯 가지 유형 중에서 위의 세 가지 유형—즉, SOV, SVO, VSO—에 속합니다. 그런데 그 이유가 무엇일까요? S와 O의 순서를 눈여겨보세요. 세계의 언어에서 인기 있는 어순과 그렇지 않은 어순 사이의 차이가 드러날 것입니다.

(6)   a. SOV: She bread ate.   (한국어, 일본어, 터키어, 몽골어)

          b. SVO: She ate bread.   (영어, 불어, 독어, 스페인어, 중국어)

          c. VSO: Ate she bread.   (고전아랍어, 타가로그)

          d. VOS: Ate bread she.

          e. OSV: Bread she ate.

          f. OVS: Bread ate she.

그렇습니다. 인기 있는 유형은 모두 S가 O보다 앞에 온다는 특징이 있습니다. (인기 없는 유형은 O가 S보다 앞에 옵니다.) 그런데 왜 대다수의 언어들이 S가 O보다 앞에 오는 유형에 속하게 되었을까요? 그녀가 빵을 먹는 행위를 예를 들어 살펴봅시다. 사건의 순서에서 행위자인 그녀가 먼저 사건을 시작할까요? 아니면 행위의 대상이 되는 빵이 먼저 사건을 시작할까요? 물론 행위자인 그녀가 머릿속으로 계획하고 손을 뻗쳐 집어 들고 입으로 가져가는 행위가 빵에 일어나는 사건 보다 시간 순서상 먼저 일어나겠지요. 이처럼 전 세계 언어들도 순서의 원리에 입각한 어순을 선호한답니다.

☞ 위의 어순 유형들 중에서 어떤 것이 가장 인기 있는 유형일까요? 영어와 중국어가 속한 SVO유형일까요? 아닙니다. 한국어가 속한 SOV가 (SVO랑 거의 비슷한데) 조금 더 인기 있는 유형이랍니다. 간혹 한국어를 영어와 비교하다보면 한국어가 특이한 언어인 것처럼 보이기도 하는데, 한국어의 문법적인 특징들은 다른 많은 언어들에서도 발견되는 일반적인 경우가 많습니다.

B. 거리의 원리

거리의 원리란 문법적인 형태소(morpheme)나 단어 사이의 거리와 실제 사건의 거리가 닮아있는 것을 말합니다. 아래의 예를 들어 살펴보도록 합시다. 아래의 두 표현에는 어떤 문법적인 거리의 차이점이 있나요? 그리고 두 표현은 같은 의미일까요? 아니면 다른 의미일까요?

(7) a. 이 주 <u>또는</u> 삼 주
     b. 이삼 주

(7a)는 '이 주'와 '삼 주' 사이에 '또는'이라는 부사가 삽입되어 두 단어 사이의 거리가 먼 반면, (7b)는 '이'와 '삼'이 붙어 있습니다. 이런 문법적인 거리가 무엇을 나타낼까요? 누군가가 '이 주 또는 삼 주'간 방문을 한다면, 그 사람은 14일을 머물거나 아니면 21일을 머물겠죠. 하지만 '이삼 주'간 방문을 한다면, 그 사람의 방문 기간은 14일에서 21일 사이의 어떤 기간(15, 16, 17, 18, 19, 20일)이라도 상관이 없겠죠. '또는'이라는 부사가 삽입됨으로써 '이 주'와 '삼 주' 사이의 거리가 멀어진 것만큼 실제 사건에서도 '이 주(14일)'와 '삼 주(21일)' 사이는 단절이 된 것을 의미합니다. 반면 '이삼 주'처럼

표현하게 되면 14일과 21일 사이가 단절되지 않고 그 사이의 어떤 기간이라도 상관이 없다는 것을 의미합니다.

이런 거리의 원리는 한국어에만 국한되지 않습니다. 아래 영어표현에도 똑 같은 방식으로 적용됩니다.

(8)　　a. <u>either</u> two or three weeks

　　　　b. two or three weeks

'either'라는 표현이 삽입된 (8a)는 단절적으로 14일이나 아니면 21일을 의미합니다. 반면 'either'과 같이 삽입된 표현이 없는 (8b)는 14일에서 21일 사이의 어떤 기간을 의미할 수도 있습니다.

아래의 한국어와 영어 표현도 마찬가지입니다. 'both'와 '둘 다'라는 표현이 있는 문장과 그 표현이 없는 문장 사이의 의미적인 차이점이 무엇일지를 생각해보세요.

(9)　　　a. John and Mary got married.

　　　　 b. <u>Both</u> John and Mary got married.

(10)　　　a. John과 Mary가 결혼했습니다.

　　　　　b. John과 Mary가 <u>둘 다</u> 결혼했습니다.

'both/둘 다'가 없는 표현은 하나의 사건(결혼식)을 나타냅니다. 'John과 Mary'가 각각 신랑신부가 되어 결혼하였다는 의미가 됩니다. 하지만 'both/둘 다'가 있는 경우는 두 개의 사건을 나타냅니다.

예를 들어, 'John'은 'Nancy'와 결혼하고, 'Mary'는 'Bill'과 결혼한 것을 의미합니다. 즉, 문법적인 거리가 멀수록 사건도 두 개 또는 단절적인 사건으로 해석됩니다.

☞ 학창시절에 'both A and B'는 'A and B'와 같고, 'either A or B'는 'A or B'와 뜻이 같다고 배운 적이 있습니다. 그 때 이런 의문이 생겼습니다. 뜻이 같은데 굳이 'both'나 'either'를 넣어 길게 표현하는 이유가 뭘까? 영어는 참 이상한 언어네?! 필자만 그렇게 배우고 이런 의문을 가졌던 걸까요? 영어나 한국어 할 것 없이 모든 언어에 도상성의 원리는 적용된답니다.

마지막으로 사역구문(causative construction)에 나타난 거리의 원리를 살펴보도록 하겠습니다. 아래 예문에 나타난 문법적인 차이점은 무엇일까요? 그리고 문법적인 차이점은 무엇을 의미하는 것일까요?

(11)　　a. I asked him to go.
　　　　b. I made him go.

(11b)의 소위 사역구문에서는 (11a)와 달리 'to'가 나타나지 않습니다. 그런데 'to'가 나타나지 않는 이유가 무엇일까요? 여러분들이 지금까지 배워온 지식을 잊어버리고 새로운 마음으로 예문을 다시 살펴봅시다. 두 문장 다 두 개의 사건(행위)으로 구성되어 있습니다. 사건이 일어나도록 부탁하거나 시키는 사역행위―즉, ask 또는 make ―와 그 사역행위로 인해 일어나는 피사역 사건―즉, go―이 있습니다. 그런데 'to'의 사용여부는 사역행위와 피사역사건 사이의 거리를

나타냅니다. (11b)에서 'to'가 사용되지 않은 것은 사역행위와 피사역 사건 사이의 시간적인 거리가 없다는 것을 의미합니다. 즉, 내가 그를 가게 만들었다는 것은 곧 그가 갔다는 의미를 함축하고 있습니다. 반면에 (11a)에서 'to'가 사용된 것은 사역행위와 피사역 사건 사이의 시간적인 거리가 있음을 의미합니다. 즉, 내가 그에게 가라고 요청한 것이 반드시 그가 갔다는 것을 의미하지는 않습니다. 요청은 하였더라도 그가 시간적인 여유를 갖고 생각하여 그의 의사에 따라 여부를 결정할 수 있는 것이죠.

☞ 여러분은 (11b)에서 'to 부정사' 대신 'to'가 없는 '원형 부정사'가 사용된 이유가 앞에 make라는 사역동사 때문이라고 배우지 않았나요? 그런데 과연 어떤 동사가 사역동사가 되는 것일까요? 원형동사가 뒤따라오는 동사를 사역동사라고 부르면 될까요? 그러면 사역동사라고 부르는 이유가 원형동사가 뒤따라오기 때문이고, 또 원형동사가 오는 이유가 앞에 사역동사가 오기 때문이라고 설명하면 무엇인가 이상하지 않나요? 이런 것을 순환논리(circular logic)에 빠졌다고 합니다. 사역동사란 누군가가 다른 누군가에게 어떤 일을 하도록 강제하거나, 시키거나, 부탁하거나, 요청하는 행위 등을 나타내는 동사를 말합니다. 그렇게 보면 (11b)의 'make' 뿐만 아니라 (11a)의 'ask'도 사역동사입니다. 결국, 원형동사가 사용된 것은 앞에 사역동사가 왔기 때문이 아니라 사건의 시간적인 거리를 나타내기 위한 것이랍니다.

☞ "소나무 잎이 왜 뾰족할까요?"란 질문에 '침엽수'이니까 잎이 뾰족하다고 대답을 하면 될까요? 소나무가 과연 침엽수란 이름 때문

에 뾰족해진 것일까요? 물론 아니겠죠. 잎이 뾰족하기 때문에 식물을 분류할 때 침엽수로 분류한 것이겠죠. 소나무가 잎이 뾰족한 이유는 추운 겨울날씨에도 살아남기 위해서 표면적을 줄이는 일종의 생존전략 때문이겠죠. (우리들도 겨울이 되면 침엽수 전략을 사용한답니다. 추위를 견디기 위해 몸을 움츠리죠.) (겨울에 살아남기 위한 또 다른 전략은 활엽수 전략입니다. 모든 잎을 떨어뜨리고 겨울잠(hibernation)을 자는 것이죠.) "소나무 잎이 왜 뾰족할까요?"란 질문에 침엽수이기 때문이라고 대답하는 것은 순환논리에 빠지는 것이겠죠. 이런 종류의 (엉터리) 설명이나 대답들이 문법이나 다른 학문 분야에도 종종 있습니다. 위 (11b)의 예문에 대해서도 이런 엉터리 설명이 있답니다. (11b)에서 'to'가 생략된 것은 앞에 나온 'make'가 '사역동사'이기 때문이라고.... 과연 '사역동사'란 이름 때문에 'to'가 생략되는 것일까요?! (11a)도 앞서 살펴보았듯이 일종의 사역동사입니다. 사역동사임에도 불구하고 (11a)에서는 'to'가 생략되지 않는데?! 이와 같은 엉터리 설명은 근원적인 원리를 이해하지 못한 채, 'to'가 생략되는 현상을 설명하기 위해—또는 'to'가 생략되는 동사를 'to'가 생략되지 않는 동사와 구분하기 위해— 'to'가 생략되는 동사만을 '사역동사'라고 부르기 시작했습니다. 그런데 'to'가 왜 생략되는지 물으면 'make'과 '사역동사'이기 때문이라고 대답한다면....?!

C. 양의 원리

양의 원리란 말을 많이 또는 길게 할수록 좀 더 정중한 표현이 되는 것을 일컫습니다. 아래의 표현을 살펴볼까요? 어떤 표현이 더 정중한 표현일까요?

(12)   a. 앉으세요.

         b. 앉아주시기 바랍니다.

(12b)의 긴 표현이 (12a)의 짧은 표현보다 더 정중하게 들리죠.

   이런 양의 원리도 한국어뿐만 아니라 영어를 포함한 모든 언어에 적용된답니다. 아래의 예문을 살펴보고 어떤 예문이 더 정중한 표현일지 선택해보세요.

(13)   a. Shut up!

         b. Be quiet, please.

         c. Your silence is cordially requested.

예상대로 (13b)가 (13a)보다, 그리고 (13c)가 (13b)보다 더 정중한 표현입니다. 길게 표현할수록 더 정중한 표현이 되는 것이죠.

   유사하게, 좀 더 긴 표현일수록 더 격식을 차린 상황에, 좀 더 짧은 표현일수록 개인 간의 격식을 차리지 않는 상황에 더 적합합니다. 아래의 한국어와 영어와 예를 보세요.

(14)   a. 앉으세요.

         b. 착석하시지요.

(15)   a. Sit down.

         b. Please be seated.

'앉다'라는 표현보다는 '착석하다'란 표현이 좀 더 길고 따라서 (한 자어가 좀 더 격식을 차린 상황에서 사용되는 경향도 있음) 좀 더 격식을 차린 상황에서 사용됩니다. 격식을 차린 상황에서는 "내빈 여러분께서는 착석해주시기 바랍니다."란 표현이 더 어울리겠죠? 마찬가지로 영어에서도 "Ladies and gentlemen! Please be seated."란 표현이 격식을 차린 상황에서는 더 어울리겠죠?

☞ 격식을 차리는 상황에서는 말을 길게 표현하는 것은 옷을 입는 것과 유사합니다. 친한 사람들끼리는 옷을 바지에 셔츠 정도만 간단히 걸쳐도 되겠죠. 하지만 격식을 차린 상황에서는 정장차림―예로, 슈트, 넥타이, 양말, 구두 등등―을 하겠죠.

앞서 단어 수준에서는 언어형식과 의미 사이에 필연적인 관련성이 전혀 없다는 것을 살펴보았습니다. 하지만 그런 단어가 모여 '복합어(compound word)'가 생성될 때에는 수긍이 가는(to make a sense) 방식으로 만들어집니다. 예를 들어, <발>이 'foot'이 되거나 <공>이 'ball'이 되어야할 이유는 없습니다. 즉, 개념과 단어 사이의 관계는 자의적인 것이죠. 하지만 '공'을 '발'로 차는 게임을 'football'이라고 하는 것은 수긍이 가죠. 이런 식으로 복합어가 만들어지는 방식은 수긍이 가도록 만들어집니다. 수긍이 가는 표현을 사용하여야 화자와 청자 사이의 의사소통이 쉽게 이루어지기 때문이겠죠. 한국어의 '축구'도 마찬가지입니다. 공(구(球), ball)을 발로 차(축(蹴), kick)는 게임이라고 '축구'라고 합니다. 수긍이 가는 표현이죠. ('football'과 '축구'와 같은 표현의 차이점과 같은 논의는 아래 4.2.2에서 있을 예정입니다.)

다음 절로 넘어가기 전에, 여기서 '의미적 투명성(semantic transparency)'이란 개념에 대해 살펴보고자 합니다. 유리(glass)같은 물체는 투명(transparent)하죠. 그래서 유리 건너편의 모습을 쉽게 확인할 수 있습니다. 반면 벽(wall)은 불투명(opaque)합니다. 그래서 벽의 건너편의 모습을 짐작하기가 어렵습니다. 이처럼 의미가 쉽게 짐작이 되는 언어표현을 의미적으로 투명하다(semantically transparent)고 합니다. 반면 의미가 쉽게 짐작이 되지 않는 표현을 의미적으로 불투명하다(semantically opaque)고 합니다. (완벽하게 같지는 않지만, 일반적으로 수긍이 가는 표현이 의미적으로 투명한 표현이라고 할 수 있습니다.)

사람들은 불투명한 표현에서도 투명성을 발견하려는 노력을 합니다. 그 노력이 비록 과학적이거나 정확하지는 않을 지라도.... 이런 노력은 소위 '민간어원(folk etymology)'을 통해 알 수 있습니다. 여러분은 '꽃제비'란 북한말을 들어본 적이 있습니까? '꽃제비'는 유랑민을 뜻하는 러시아어 '코체브니크(кочевник)'에서 유래했는데, 러시아말을 모르는 사람들에게는 '코체브니크'라는 단어는 전혀 의미적으로 투명하지 않은 표현이죠. 그래서 사람들은 러시아어 발음을 자기 나름대로 의미적으로 투명하도록 '꽃제비'란 표현으로 재해석을 한 것이지요. 이런 나름대로의 해석은 전혀 과학적이지 않지만 의미적으로 투명하도록 사람들이 재해석을 한 것입니다. '빨치산'이란 표현도 마찬가지입니다. '빨치산'은 게릴라라는 뜻의 러시아어 '파르띠잔(партизан)'에서 유래했는데, 러시아말을 모르는 사람들에게는 이 러시아어 발음이 의미적으로 불투명하겠죠. 그래서 사람들이 의미적으로 투명하도록 재해석한 것이 '빨치산'이랍니다.

☞ '밥버거'나 '김치버거'라는 표현을 들어 보았나요? 이런 표현이 어떻게 만들어졌을까요? 원래 '햄버거(hamburger)'란 표현이 있었습니다. 이 이름은 독일에 함부르크(Hamburg)라는 지명에서 유래하였습니다. 이 지역의 사람들이 빵 속에 고기와 야채를 넣어서 즐겨 먹었는데, 이 지역의 사람들이 즐겨먹는 것이란 의미에서 'Hamburger'란 표현을 사용하였는데, 독일어와 이런 유래를 모르는 영어권 사람들에게는 이 표현은 의미적으로 불투명한 표현이 되겠죠. 그래서 영어권 화자들은 이 표현을 의미적으로 투명한 방식으로 나름대로 재해석을 하기 시작한 것입니다. 햄(ham)이 들어 있는 빵(burger)으로…. 이렇게 재해석을 하고나니, 치즈를 넣으면 '치즈버거'가 되고, 밥을 넣으면 '밥버거'가 되고, 김치을 넣으면 '김치버거'가 되는 것이죠.

☞ '중딩, 초딩'과 같은 말을 들어본 적이 있나요? 각 단어의 뜻은 '중학생'과 '초등학생'입니다. 이런 단어는 어떻게 만들어졌을까요? "당연하지"란 의미의 속어적인 표현으로 "당근이지"란 표현이 있습니다. 이 표현은 단순히 발음만 닮았을 뿐인데 '당연'이란 말 대신에 채소인 '당근'이란 말로 교체해서 말장난(pun)을 친 것입니다. 이처럼 '고등학생'이란 표현 대신에 발음이 비슷한 '고등어'로 대체하여 말장난을 치기 시작하였습니다. 이런 표현을 자주 사용하다가 보니 발음이 축약되어 '고딩'으로 바뀌었습니다. 그러나 '고딩'이란 표현이 의미적으로 불투명해지고, 따라서 투명한 식으로 재해석을 하게됩니다. '고'는 고등학교를 의미하고, '딩'은 학생을 의미하는 것으로…. 이런 재해석이 이루어지고 나니, 중학교 학생은 '중딩'이 되고, 초등학교 학생은 '초딩'이 되었습니다. 독자 여러분은 대부분 '대딩' (대학교 학생)이 되거나, '직딩'(여기서 '딩'의 의미는 '사람'의 의미로

확장이 되고 '직'은 직장을 나타내어 '직장인'이란 의미로 사용됨)이
될 것입니다.

　지금까지 언어형식과 의미의 관련성에 대해 살펴보았습니다. 다
음 절에서는 언어와 언어의 사용자와의 관련성에 대해 살펴보도록
하겠습니다.

4.2.2. 언어와 사용자(users): 세상과 해석(construe)

　우리는 흔히 언어는 세상을 객관적으로 묘사한다고 믿습니다. 과
연 언어는 세상을 객관적으로 묘사할까요? 여러분은 아래와 같은 그
림을 어떻게 묘사하겠습니까?

<그림 3> 강아지와 탁자

"강아지가 탁자 위에 있다."라고 하는 표현이 위의 사진을 객관적으로 묘사한 것일까요? 아마 여러분들 중의 다수가 그렇다고 답을 할지 모르겠습니다. 하지만 그것은 위의 그림을 여러분들이 그렇게 해석을 한 것입니다. 위의 그림을 다르게 해석하면 "탁자가 강아지 아래에 있다."라고 할 수도 있습니다.

유사하게, 아래 그림은 어떻게 묘사할까요? 컵에 물이 반쯤 찬 것일까요? 아니면 컵에 물이 반쯤 빈 것일까요?

<그림 4> 컵과 물

화자가 그림을 해석하기에 따라 반쯤 찬 것일 수도 있고, 반쯤 빈 것일 수도 있습니다. 언어는 세상을 객관적으로 묘사하는 것이 아니라 언어의 사용자가 세상을 해석하는 방식대로 묘사하는 것입니다. 이렇듯 언어는 사용자의 역할이 매우 중요합니다. 그래서 여기서는 언어의 사용자와 세상을 해석하는 방식과 관련하여 살펴보고자 합니다.

A. 인간중심적 관점(anthropocentric viewpoint)

언어의 사용자가 사람들이기 때문에 우리는 인간중심적인 관점에서 세상을 이해하는 경향이 있습니다. 사물이나 개념과 같은 추상적인 것 보다는 사람이 주어자리에 오는 것이 선호됩니다. 아래의 한국어와 영어의 예문을 보세요. (예문 앞에 표시된 '*'는 언어학에서 문장이 비문법적(ungrammatical)임을 나타내기 위해 사용하는 기호입니다.)

(16)   a. <u>내가</u> 콘택트렌즈를 잃어버렸다.

           b. *<u>콘택트렌즈가</u> 나에 의해 잃어버려졌다.

(17)   a. <u>I</u> lost my contact lenses.

           b. *<u>My contact lenses</u> were lost by me.

위의 예에서 사람이 주어자리에 온 능동문은 우리가 자주 사용하는 문장이지만, 사람을 두고 굳이 사물을 주어자리로 이동시켜 만든 수동문은 우리가 잘 사용하지 않는 이상한 문장이 됩니다. (물론 수동태 문장에서 사물이 주어자리에 오는 경우도 있습니다. 이와 관련된 논의는 5.1.2.1에서 있을 예정입니다.)

사람과 사물은 소유격을 만드는 문법 현상에서도 차이를 보입니다. 아래의 영어의 예를 보세요.

(18)   a. (사람) the <u>man's</u> coat

           b. (사물) *the <u>house's</u> roof

           c. (사물) the roof <u>of the house</u>

사람은 (18a)처럼 's의 구조를 이용하지만, 사물의 경우는 (18c)처럼 of의 구조를 이용합니다.

사람과 사물은 목표지점을 나타내는 격표지(case marker)에서도 차이점이 나타납니다. (이 격 표지와 관련된 언어들 간의 차이에 관한 자세한 논의가 5.1.1.1에서 있을 예정입니다.) 아래의 한국어 예문을 보세요.

(19)   a. 그는 <u>아이에게</u> 물을 뿌렸다.
        b. *그는 <u>아이에</u> 물을 뿌렸다.
        c. 그는 <u>벽에</u> 물을 뿌렸다.
        d. *그는 <u>벽에게</u> 물을 뿌렸다.

위의 예에서 보듯이, 사람은 '-에게'가 사용되는 반면 사물에는 '-에'가 사용됩니다.

사람과 사물은 복수(plural) 표지의 사용에서도 차이를 보입니다. 한국어의 복수표지 '들'은 사람과는 잘 어울리지만 사물과 함께 사용할 때는 어색하거나 평상시에 잘 사용하지 않습니다.

(20)   a. (사람) 학생들, 사람들, 아이들, 노인들
        b. (사물) 지우개들, 연필들, 거울들, 의자들

일상대화에서 "교실에는 학생들이 많다."와 같은 표현은 자연스럽지만, "책상에는 지우개들이 많다."와 같은 표현은 결코 자연스럽지

않습니다. "책상에는 지우개가 많다."와 같이 표현하는 것이 훨씬 자연스럽게 들립니다.

우리는 (우리가 사람이기 때문에) 사물보다는 사람에게 관심을 더 가집니다. 그래서 사람들에게는 각자의 이름이 있죠. 철수, 영희, John, Mary.... 하지만 하늘에 떠있는 수많은 별은 이름이 그냥 '별'이죠. (물론 천문학자들은 각 별에 이름을 붙이겠지요. 하지만 일반인들에게는 그냥 별이죠. 물론 일반 사람들도 별 중의 일부는 이름을 알기도 합니다. 북두칠성, 오리온, 남십자성....) 우리가 관심을 가질수록 이름을 세분화하여 부릅니다. 문법에서도 마찬가지 현상이 나타납니다. 아래의 예문을 보세요.

(21)   (사람) 남성 he   vs. (사물) it
        여성 she

사람—동물도 포함; 사물보다는 동물이 사람과 더 가깝기 때문에 사람들이 동물에 더 많은 관심을 가짐—은 성(gender)을 구분하여 남성대명사(he)와 여성대명사(she)를 구분하여 사용하지만, 사물의 경우는 성의 구분이 없이 하나의 대명사(it)만 사용합니다.

이러한 구분은 대명사의 격(case)에서도 나타납니다. 아래 영어 대명사의 예를 보세요.

(22)   (사람) 주격   who   vs. (사물) 주격   which
        목적격 whom   목적격 which

사람은 격이 달라짐에 따라 다른 대명사—즉, 주격(nominative case)
은 'who', 목적격(accusative case)은 'whom'—를 사용하지만, 사물은
격의 구분이 없이 'which'만 사용합니다.

지금까지 사람들이 인간중심적 관점에서 세상을 바라보는 문법현
상을 살펴보았습니다. 아래에서는 인간 중에서도 자기 자신을 중심
으로 세상을 바라보는 현상에 대해 살펴보도록 하겠습니다.

B. 자기중심적 관점(egocentric viewpoint)

'여기(here)'가 어디일까요? 필자가 글을 쓰는 이 순간은 연구실에
있기 때문에 '여기'는 연구실이 되겠지요. 하지만 쇼핑을 하려고 백
화점에 와서 '여기'라고 한다면 '여기'는 백화점이 되겠지요. 이처럼
'여기'란 표현은 말하는 사람이 위치한 곳을 의미합니다. '여기'란
표현은 자기중심적 관점에서 말하는 것입니다.

'지금(now)'이란 언제일까요? '지금'이란 시간도 화자가 말을 하
는 시간에 따라 '지금'이 변합니다. 필자가 이 글을 쓰고 있는 '지금'
은 2017년 10월 7일 오후 11시 54분입니다. 하지만 하루 전에 필자
가 '지금'이란 표현을 사용하였다면, '지금'이 2017년 10월 6일이
되겠지요. '지금'이란 표현도 화자가 발화하는 순간을 의미하는 것
으로 자기중심적 관점에서 이루어지는 표현이라고 하겠습니다.

'나(I)'는 누구일까요? 현재 필자가 '나'라고 했을 때의 '나'는 이
글을 쓰고 있는 필자를 지시(refer)합니다. 하지만 여러분이 '나'라고

할 때는 '나'가 여러분 자신을 지시하겠죠. '나'라는 표현도 화자가 누구냐에 따라 달라지는 자기중심적 표현이라고 할 수 있습니다.

'오다(come)'라는 표현은 어디로 움직이는 것을 뜻하나요? '오다'라는 동사도 특정한 장소로 이동하는 것을 의미하지 않고, 화자가 있는 위치로 이동을 하는 것을 의미합니다. 즉, '오다'도 화자의 위치에 따라 달라지는 자기중심적 표현이라고 할 수 있습니다.

지금까지 살펴본 '여기, 지금, 나, 오다'와 같이 발화상황을 이해해야만 그 표현의 의미를 이해할 수 있는 표현을 '직시적(deictic) 표현'이라고 부릅니다. 그런데 우리는 일상생활에서 이 '직시적 표현'을 제대로 이해하지 못해 발생하는 의사소통의 문제를 종종 겪습니다. 필자는 학생들로부터 전자메일을 종종 받습니다. 그런데 이런 편지를 받게 되면 매우 당황하게 됩니다. 편지가 이렇게 시작됩니다. "교수님, 접니다.... 오늘은 사정이 있어서 수업을 참석하지 못했습니다." '저'와 '오늘'이란 표현은 얼굴을 마주하는―즉, 발화의 맥락을 이해할 수 있는―상황에서만 이해할 수 있는 표현입니다. 하지만 전자우편에서 '저'라고 한다면 수많은 학생들 중에서 '저'가 누구인지 어떻게 알 수 있을까요? 그리고 '오늘'이 언제인지는 어떻게 알 수 있을까요? 전자우편을 며칠 지나서 읽는다면 읽는 사람의 '오늘'과 편지를 쓴 사람의 '오늘'은 서로 다른 날짜가 될 수밖에 없겠죠. 이와 같은 '직시적인 표현'을 정리하면 다음과 같습니다.

(23)   a. (장소) 여기, 거기, 저기; here, there, over there

　　　　b. (시간) 지금, 그때, 어제, 내일; now, then, yesterday, tomorrow

　　　　c. (사람) 나, 우리, 너, 그, 그녀, 그들; I, we, you, he, she, they

　　　　d. (동사) 오다, 가다; come, go

☞ 학교 건물의 게시판에도 직시적인 표현을 제대로 이해하지 못해서 발생하는 의사소통의 문제가 발견됩니다. 예를 들면, 행사에 관한 내용을 안내하면 '오늘 늦은 6시'와 같이 적혀있는 게시물을 종종 발견하게 됩니다. 글을 적은 사람은 '오늘'이 언제인지를 알지만 게시물을 보는 사람은 '오늘'을 언제로 이해해야하는 것일까요? 며칠이 지나서 본다면 모처럼 마음먹고 모임에 갔는데 아무도 없는 비극이 발생하고 말겠죠.

☞ 필자가 받은 전자우편 중에는 이런 편지도 있었습니다. "교수님, 수업 듣는 학생인데요. 중간고사 언제 치나요?" 편지를 받고서 적지 않게 당황할 수밖에 없었습니다. 여러 과목을 가르치고 있는데 어느 과목을 이야기하는 것인지? 편지나 글을 쓸 때에는 꼭 읽는 사람의 입장을 고려하여 써야 하겠죠.

☞ 여기서 심리학 얘기를 잠깐만 할까요? 최인철(2007)에 의하면, 사람들은 세상을 바라볼 때 '프레임(frame)'을 통해 바라봅니다. 세상의 객관적인 모습은 바깥에 있지만 우리가 어떤 창(window)을 통해 바깥을 내다보느냐에 따라 세상의 모습은 달라 보이겠죠.

<그림 5> 프레임을 통해 본 세상

창을 통해 세상을 바라보듯이 사람들은 마음의 '프레임'을 통해서 세상을 바라봅니다. 사람들은 모두 '나(I)'라는 '프레임'을 가지고 있고, '나'라는 '프레임'을 통해 세상을 바라봅니다. 우리 모두는 자신이 세상의 중심에 있고, 자신이 하는 생각과 행동이 가장 일반적인 것으로 믿습니다. 예를 들어, 빨리 차를 모는 운전습관을 가진 사람은 자기가 가장 모범적인 운전자라고 생각하고 차를 천천히 모는 사람을 못마땅하게 생각합니다. 교통은 흐름인데 천천히 가면 교통체증을 유발한다고.... 차를 천천히 모는 운전습관을 가진 사람도 자기가 가장 모범적인 운전자라고 생각합니다. 그리고 차를 빨리 모는 사람들이 교통사고를 유발한다고 못마땅하게 생각합니다. 운전자 모두가 자신이 모범적인 운전자라고 생각하는 것이죠. 이처럼 사람들은 자신의 생각과 행동이 가장 일반적이라는 생각을 갖습니다. 여러

분들은 결혼자금으로 얼마가 적당하다고 생각하십니까? 친구들이나 주변의 사람들은 모두가 여러분의 생각에 동의할까요? 여러분이 결혼자금으로 너무 많거나 적게 예산을 잡았다고 생각하는 사람들 자신들도 그런 생각을 할까요? 아마 자신들이 생각하는 예산이 가장 적절하다고 생각할 것입니다. 친구들끼리 자신의 생각과 맞지 않을 때, "쟤는 참 이상해."라고 하죠. 하지만 그 친구의 입장에서는 여러분이 이상한 애가 될 수 있습니다.

☞ '프레임'이란 Fillmore(1985)의 용어로 언어학에서도 중요하게 사용됩니다. 세제(detergent)의 포장(상자)의 크기를 예로 들어 보겠습니다. 'large' 사이즈는 원래 '큰' 사이즈여야 하지만, 세제를 이야기할 때는 '작은' 사이즈가 됩니다. 세탁물이 늘어나면서 소비자들이 점점 더 큰 사이즈를 찾다보니 새로운 크기의 포장이 만들어졌습니다. 'economy' 사이즈, 'family' 사이즈, 'jumbo' 사이즈.... 새롭게 더 큰 사이즈가 만들어지다 보니 'large'사이즈가 가장 작은 사이즈가 되어버린 것이죠. 세제 포장에 적혀있는 'large'의 의미를 이해하기 위해서는 세제라는 '틀(frame)'에서 바라보아야 한다는 것입니다. 셔츠의 크기도 셔츠라는 틀에서 이해를 해야 합니다. 몸집이 평균정도인데 셔츠를 살 때 Medium이 아닌 Large를 구입해야하죠. 권투나 격투기에서 Middle급은 여러 체급들 중에서 가운데 체급을 의미할까요?

☞ 정치에서도 '프레임'이란 개념이 중요하게 사용됩니다. '프레임 전쟁'이라는 말까지 생겨났습니다(Lakoff 2006). 미국 정치에서 사용된 프레임 전쟁의 예를 들어 보겠습니다. 세금을 많이 거둘 것

이냐 아니면 적게 거둘 것이냐는 선거 때마다 가장 중요한 이슈 중의 하나입니다. 2000년 미국 대통령 선거 당시 Bush 후보자는 '세금 구제(tax relief)'라는 용어를 들고 나왔습니다. 세금을 덜 내는 것을 '구제'라고 규정함으로써 세금을 올리는 것은 자연스럽게 '억압'이 되어버린 것이죠. 이런 프레임이 먹혀들자 증세를 주장하는 어떤 논리도 유권자의 마음을 움직일 수 없었습니다. 결국 Bush 후보자가 프레임 전쟁에서 승리하면서 대통령에 당선되었습니다. 여러분들 중에 정치에 관심이 있는 사람이 있다면 프레임을 잘 이해하고 이용해 보세요. '친북'이라는 용어가 있습니다. 여러분이 만약 진보 진영 또는 보수 진영에 속해있다면 프레임 전쟁에서 이기기 위해 어떻게 할 수 있을까요?

이 절에서 지금까지 살펴본 인간중심적 관점과 자기중심적 관점은 (앞서 4.2.1에서 도상성의 원리와 더불어) 언어의 보편적인 특성 또는 공통점에 초점을 맞춘 것이라면 아래에서 살펴볼 내용은 동양과 서양의 차이 또는 한국어와 영어의 차이에 초점을 맞춘 것입니다.

C. 세상의 해석(construal)

앞서 언어의 사용자에 따라 세상을 바라보는 모습이 다를 수 있다는 것을 살펴보았습니다. 위 <그림 4>의 컵을 보고 화자에 따라 컵에 물이 반쯤 찬 것으로 해석할 수도 있고, 물이 반쯤 빈 것으로 해석할 수도 있습니다. 이런 현상은 동일한 문화권에 속한 화자들도 서로서로 해석의 차이를 보일 수 있습니다. 하지만 동일한 문화권 (또는 언어권)에 속한 화자들은 대체로 동의하지만 다른 문화권에 속한 화자들은 다른 해석을 보이는 경우가 많습니다. 여기서는 동일한 세상이 문화권에 따라 해석이 달라지는 현상에 대해 살펴보도록 하겠습니다.

비가 온 후 자연현상으로 하늘에 생기는 아름다운 무늬를 무엇이라고 하죠?

<그림 6> 무지개 vs. rainbow

한국어로는 '무지개'라고 하고, 영어로는 'rainbow'라고 합니다. '무지개'는 '물'이라는 의미의 '무'와 '문틀'이라는 의미의 '지개'로 만들어진 단어로, 물로 만들어진 문틀이라는 의미입니다(천소영 2000). 'rainbow'는 '비'의 의미를 지닌 'rain'과 '활'의 의미를 지닌 'bow'로 이루어진 복합어로, 비가 온 후 하늘에 새겨지는 활(모양)이란 의미입니다. 이렇듯 한국어 화자들과 영어 화자들은 동일한 대상에 대해 다른 해석을 할 수 있습니다. 우리는 단어나 표현을 통해 서로 다른 문화권에서 세상을 어떻게 다르게 해석하는지를 이해할 수도 있습니다.

이제 아래 전자제품의 이름을 비교해볼까요?

<그림 7> 전화 vs. telephone

위 그림의 전자제품을 한국어로는 각각 '전화'라고 하고, 영어로는 'telephone'이라고 합니다. '전화'는 '전기'를 의미하는 '전(電)'과 '말'을 의미하는 '화(話)'로 구성이 되어, 전기 힘으로 말을 전달하는 기계란 의미가 됩니다. 반면 'telephone'은 '멀리'라는 의미의 'tele'와 '소리'의 의미를 지닌 'phone'이 결합되어, 소리를 멀리까지 전달하는 기계란 의미가 됩니다. 여기서도 동일한 물체에 대해 다른 해석이 이루어진 것을 확인할 수 있습니다.

☞ 'television'은 멀리서(tele)도 볼(vision) 수 있도록 하는 기계란 의미입니다. 한국어는 영어를 그대로 차용하여 사용합니다. 하지만 중국어는 영어를 차용하지 않습니다. 그렇다면 'television'을 중국어로 뭐라고 할까요? 전기(電) 힘으로 보는(視) 기계란 의미로 '전시(電視)'라고 합니다. ('전시'는 독자의 편의를 위해 중국에서 사용하는 한자를 사용하였지만, 중국 발음이 아닌 한자어 발음으로 적은 것입

니다.)

이제 가구(furniture)에 대해 살펴볼까요? 아래 그림의 가구를 한국어와 영어로 각각 무엇이라고 하나요?

<그림 8> 책상과 식탁 vs. desk와 table

한국어로는 각각 '책상'과 '식탁'이라고 하고, 영어로는 'desk'와 'table'이라고 합니다. 한국어는 책을 놓는 곳(평상)이라는 의미에서 '책상'이라고 하고, 식사를 하는 탁자라는 의미에서 '식탁'이라고 합니다. 한국어는 이처럼 용도에 따라 이름이 붙여진 반면, 영어는 용도보다는 구조적인 측면으로 구분을 합니다. 일반적으로 서랍이 있는 것은 'desk'로 그렇지 않은 것은 'table'로 구분합니다. 이처럼 물체를 구분할 때도 초점을 어디에 두느냐에 따라 다른 해석이 가능합니다.

☞ 아래 그림의 가구를 우리는 '밥상'이라고 합니다. 이 표현에서도 용도에 초점을 둔 한국인들의 해석이 드러납니다.

<그림 9> 밥상

'밥상'을 영어로 직역을 하면 'rice table'이 되겠죠. 하나 흥미로운 것은 바닥에 앉아서 식사를 하는 <그림 9>의 전통적인 상은 순수한 한국어 '밥'과 한자어 '상'을 결합하여 '밥상'이라고 하는 반면 의자에 앉아서 식사를 하는 <그림 8>의 서구식 상은 모두 한자어로 이루어진 '식탁'이라는 표현을 사용합니다.

이제 신체부위를 살펴볼까요? 한국어의 '머리'와 '목' 그리고 영어의 'head'와 'neck'과 관련된 단어를 살펴보겠습니다.

(24)		한국어	영어
	a.	머리 – 목	head - neck
	b.	손 – 손목	hand - wrist
	c.	발 - 발목	foot – ankle

'손'과 '발'은 영어로 각각 'hand'와 'foot'이라고 합니다. 그리고 '손목'과 '발목'은 영어로 각각 'wrist'와 'ankle'이라고 합니다. 우리말의 '손목'과 '발목'을 영어로 직역하면 각각 'hand neck'과 'foot neck'이 됩니다. 우리말은 '머리'와 '목'의 관계를 '손'과 '손목', 그리고 '발'과 '발목'의 관계와 같은 방식으로 바라보는 것이죠. 반면 영어는 머리와 목의 관계와 손과 손목 그리고 발과 발목의 관계를 다른 방식으로 바라보는 것입니다.

한국어의 '가락/카락'과 관련된 단어도 이와 유사합니다. 아래의 예를 살펴보세요.

(25)   <u>한국어</u>   <u>영어</u>
      a.   손 - 손<u>가락</u>   hand - finger
      b.   발 - 발<u>가락</u>   foot - toe
      c.   머리 - 머리<u>카락</u>   head - hair

한국어는 '손-손가락', '발-발가락' 그리고 '머리-머리카락'의 관계를 같은 방식으로 바라보는데 반해 영어는 그런 관련성을 가지고 이들 신체부위를 바라보지 않습니다.

이제 단체나 사회조직의 우두머리를 일컫는 단어를 살펴보도록 합시다.

(26)   <u>영역</u>   <u>한국어</u>   <u>영어</u>
      a. 회사   사장   president/CEO

b. 시(city)	시장	mayor
c. 학교	교장	principal
d. 연구소	소장	director
e. 대학	학장	dean
f. 반(class)	반장	president

한국어는 사회조직의 우두머리를 지칭할 때 일반적으로 위의 예에서처럼 조직에 '어른'이라는 의미의 '장(長)'을 붙여 복합어(compound word)를 만드는 반면 영어는 단체는 드러내지 않고 하나의 단어를 사용합니다.

지금까지 살펴본 것들 중에서 가구, 신체부위, 사회조직의 우두머리는 한국어의 경우 모두 다른 사물과의 관련성 속에서 이름이 지어진 것들입니다. '책상'은 책을 두는 상, '손목'은 손의 목, '사장'은 회사의 장.... 앞서 3장에서 살펴본 사물/사건을 맥락 속에서 이해하려는 동양인들의 생각이 이들 표현에도 드러난 것으로 이해할 수 있습니다.

다음은 다른 사람의 과업에 대해 이루어지는 평가(evaluation) 관련 단어를 살펴보도록 하겠습니다. 한국과 미국에서 모두 일반적으로 5단계로 평가를 합니다. 한국에서는 '수, 우, 미, 양, 가'의 체계를 사용하는데 반해, 미국에서는 'A, B, C, D, F'의 체계를 사용합니다. (한국에서도 대학에서는 미국의 체계를 따릅니다.)

(27)　　　한국　　　　　　　　　　　　　미국

    a. 수　빼어남(秀)　　　　　A　　Excellent

    b. 우　뛰어남(優)　　　　　B　　Good

    c. 미　아름다움(美)　　　　C　　Average

    d. 양　어짊/좋음(良)　　　D　　Poor

    e. 가　옳음/가능성(可)　　F　　Fail

한국어의 평가체계에는 나쁜 의미가 하나도 없습니다. '빼어나고, 뛰어나고, 아름답고, 좋고, 가능성이 있다'고 표현합니다. 미국에서는 '뛰어나고, 좋고, 평균이고, 못하고, 실패'라고 표현합니다. 미국 사람들이 객관적으로 평가하는 반면 한국인들은 집단문화에 비롯된 다른 사람들과의 갈등을 피해 두루뭉술하게 표현하려는 경향이 반영된 결과라고 볼 수 있습니다.

　☞ (특히 어린) 학생들에게 결과가 좋지 못하더라도 못했다고 하기 보다는 잘 한다고 칭찬을 해줌으로써 더욱 분발하여 학문에 정진하도록 만든다는 취지를 이해할 수 있습니다. 하지만 모든 학급 학생들이 상을 받는 현실은 어떻게 받아들여야할지 모르겠습니다. 자칫 아무런 노력 없이도 상을 받을 수 있다는 인식을 심어주는 것이 아닌지 의아하기도 합니다. 그리고 일부 단체에서 주는 상은 과연 어떤 상이 최고의 상인지 이름만으로는 알 수 없는 경우도 있습니다. '금상', '최우수상', '대상'....

　이제 식물의 열매와 관련된 표현을 살펴보고자 합니다. 아래의 그림을 한국어와 영어로 각각 무엇이라고 부르나요?

<그림 10> 호박, 수박, 참외 vs. pumpkin, watermelon, Asian melon

한국어로는 각각 '호박, 수박, 참외'라고 부르고, 영어로는 'pumpkin, watermelon, Asian melon'이라고 부릅니다. 위 그림에서 가운데 있는 열매의 이름이 흥미롭습니다.

(28)   <u>한국어</u>   <u>영어</u>
     a. 호박   pumpkin
     b. 수박   watermelon
     c. 참외   Asian <u>melon</u>

한국어에서는 '수박'으로 왼쪽의 열매 '호박'과 같은 '박'으로 분류가 됩니다. 반면에 영어에서는 'watermelon'으로 오른쪽의 열매 'Asian melon'과 같은 'melon'으로 분류됩니다. 같은 열매라도 보는 시각에 따라 다르게 분류될 수 있다는 것을 보여줍니다. 영어권 화자들은 왜 수박과 참외를 하나의 범주 'melon'으로 볼까요? 호박과의 차이점이 무엇일까요? 수박과 참외는 그 속이 달고 맛있는 과즙이 있는 한 마디로 '과일'로 요리를 하지 않고 생것으로 먹습니다. 반면에 호박은 '채소'로 요리를 해서 먹습니다. 그런데 한국에서는 왜 호박과 수박을 하나의 범주 '박'으로 볼까요? 참외와의 차이점이 무엇일까요? 호박과 수박은 크기가 참외보다는 많이 더 크고, 또 껍질이 참외보다 훨씬 더 단단합니다. 참외는 씻어서 껍질째 먹을 수 있지만 수박이나 호박은 껍질째 먹을 수가 없습니다. 영어는 열매의 내용물을 보기 때문에 수박과 참외가 같은 범주에 속하는 반면, 한국어는 열매의 크기와 껍질이라는 구조적인 측면을 보기 때문에 수박과 호박이 같은 범주에 속합니다. 언어 사용자가 세상을 어떻게 해석하느냐에 따라 언어 표현이 달라질 수 있는 것이죠. (이와 관련된 논의는 아래 4.4에서 살펴볼 범주화와도 관련이 됩니다.)

☞ '참외'는 미국에는 없는 열매(과일)입니다. 그래서 미국 사람들이 이해할 수 있는 방식으로 옮긴 표현입니다. 'Asian melon' 대신에 'oriental melon' 또는 'Korean melon'이라고도 할 수 있겠습니다. 그런데 '참외'의 직역은 'real melon'이 되겠죠. '외' 중에서 진짜—또는 가장 전형적인—'외'라서 '참외'라고 부른답니다. 마찬가지로, '참새'는 영어로 'sparrow'라고 합니다. 한국어 '참새'의 직역은 'real bird'가 되겠죠. '새' 중에서 가장 전형적인 '새'라서 '참새'라고 부른답니다.

☞ 혹시 독자 여러분은 수박과 호박을 필자가 과일로 분류함으로써 혼동이 생기지는 않았습니까? 예전에 중고등학교 시절 생물 시간에 수박과 호박은 채소로 분류한다고 배웠는데.... 여기서 '과학적 지식(scientific knowledge)'과 '민간지식(folk knowledge)'을 구분할 필요가 있습니다. 감나무나 배나무처럼 다년생(perennial) 나무가 아닌 일년생 식물에서 나는 열매를 채소라고 부르는 (생물 시간에 배운) 지식은 '과학적 지식'입니다. 예를 들어 할머니에게 수박과 참외를 드리면서 "과일 드세요."라고 하면 할머니가 좋아하시겠지요. 반면

호박을 드리면서 "과일 드세요."라고 한다면 할머니가 늙었다고 놀리느냐고 역정을 내시겠지요. 이처럼 일반 사람들이 평상시에 알고 있는 지식을 '민간지식'이라고 합니다. 언어는 일반 사람들의 생각과 행동을 담는 그릇이니까 우리가 언어를 분석할 때는 '민간지식'을 더 중요하게 생각해야 한답니다.

지금까지 같은 사물이라도 다른 관점에서 바라 볼 수 있기 때문에 언어에 따라 다른 표현으로 나타날 수 있음을 살펴보았습니다. 다음 절로 넘어가기 전에 같은 사물 혹은 개념이 언어에 따라 다른 품사(parts-of-speech)로 나타날 수 있음을 마지막으로 살펴보도록 하겠습니다.

'비(rain)'라고 하는 것이 명사(noun)일까요? 아니면 동사(verb)일까요? 아래 한국어와 영어의 문장을 보세요.

(29) a. 비가 매일 온다.   (명사)
      b. It rains everyday.   (동사)

한국어에서는 '비'가 명사로 사용되는 반면 영어에서는 일반적으로 동사로 사용됩니다. (물론 "Look at that rain."에서처럼 영어에서도 명사로 사용하는 경우도 있습니다. 영어는 명사와 동사를 형태적인 구분 없이 바꾸어 사용하는 경우가 많습니다. 예를 들면, 'water'라는 명사도 "I watered the flower."에서처럼 동사로 사용할 수 있습니다.) 동일한 자연현상에 대해 한국어 문화권에서는 명사로, 영어 문화권에서는 동사로 인식을 하는 것이지요.

☞ 명사로만 알고 있는 '비'가 영어를 배우면서 동사로 나타나는 것이 마냥 신기했었습니다. 영어표현에 익숙해지자 '비'를 명사로 사용하는 것이 오히려 이상한 것이 아닌지 의아해지기도 했습니다. 언어학자가 되기 전까지는.... 세계의 많은 언어들이 우리말처럼 "비가 오다" 또는 "비가 내리다"와 같은 표현을 사용한답니다. 어느 표현이 이상한 것이 아니고, 단지 세상을 바라보는 관점이 다른 것이지요.

언어에 따라 품사가 바뀌어 나타나는 것은 명사와 동사에만 국한된 것이 아닙니다. 부사와 동사도 바뀌어 나타나기도 합니다. "계속해서 공부하세요."를 영어로 어떻게 옮길까요?

(30)　　a. <u>계속해서</u> 공부하세요.

　　　　b. <u>Keep</u> studying.

한국어는 '계속해서'라는 부사가 사용된 반면, 영어는 'keep'이라는 동사가 사용되었습니다. (물론 영어도 "Study continuously."라고 할 수는 있겠지만 일반적인 표현이라고는 할 수 없습니다.)

언어에 따라 부사와 형용사가 바뀌어 나타나는 경우를 살펴보도록 하겠습니다. 아래 예문에서는 한국어에서는 부사가 사용된 반면, 영어에서는 형용사로 나타난 예입니다.

(31)　　a. 그녀는 문을 <u>파랗게</u> 칠했습니다.

　　　　b. She painted the door <u>blue</u>.

(32)   a. 그녀는 쇠를 <u>납작하게</u> 망치질(을) 하였습니다.

        b. She hammered the iron <u>flat</u>.

한국어는 '파란, 납작한'과 같은 형용사대신에 '파랗게, 납작하게'와 같은 부사를 사용한 반면, 영어는 'blue, flat'과 같은 형용사를 사용하였습니다.

그런데 아래의 예문을 보면 비슷하게 보이는 상황에서 한국어 문장의 부사가 영어 문장에서도 그대로 부사로 나타나는 경우도 있습니다. 이상하지 않나요? 아무런 원칙이 없는 우연일까요? 아니면 (31, 32)와 아래 (33)과는 어떤 차이점이 있을까요?

(33)   a. 그녀는 감자를 <u>얇게</u> 썰었습니다.

        b. She sliced the potato <u>thinly</u>.

위의 (31, 32)는 칠하거나 망치질을 한 결과 문과 쇠가 각각 파랗게 되거나 납작하게 되었다는 것을 의미합니다. 이런 구문을 '결과구문 (resultative construction)'이라고 합니다. 그런데 (33)은 그 의미가 다릅니다. 썬 결과 감자가 얇아졌다는 의미가 아니고, 칼과 같은 도구를 이용하여 감자를 자를 때마다 얇은 조각의 감자를 썰어낸다는 뜻입니다. 다르게 표현하면, (31, 32)는 주어가 목적어에 한 어떤 행위로 인해 목적어의 최종 단계에서의 모습이 형용사로 묘사되는 것입니다. 결국, 'the door is blue' 또는 'the iron is flat'이라는 등식이 성립합니다. 하지만 (33)의 경우는 주어가 목적어에 하는 행위의 양태를 부사로 표현한 것입니다. (33)의 의미는 썰고 난 후의 감자의 모습이 얇다는 의미가 아닙니다. 감자의 일부만 잘려나간 상태─즉, 여전히 두꺼운 상태─라도 (33)의 표현을 사용할 수가 있습니다. 결국, 'the potato is thin'이라는 등식이 성립이 되지 않습니다. 영어에서는 이런 '결과'를 이야기 하느냐, 아니면 '양태'를 이야기 하느냐의 차이가 중요하다고 인식하여 두 개의 구문을 구분하여 표현하는 반면, 한국어에서는 이런 구분이 중요하지 않다고 인식하여 하나의 구문으로 표현하는 것입니다.

지금까지 언어 사용자와 언어의 관계를 살펴보았습니다. 언어 사용자가 사람이므로 언어는 인간중심적이고, 그 중에서도 화자의 입장에서 자기중심적이 됩니다. 그리고 언어 사용자의 문화권에 따라 세상에 대해 다른 해석을 할 수 있고, 또 그 해석에 따라 같은 대상이라 하더라도 언어마다 다른 표현이나, 다른 범주나, 다른 품사로 나타날 수 있음을 살펴보았습니다. 다음 절에서는 언어의 본질을 좀 더 이해하고, 또 의사소통에서 장애요인이 발생할 수 있는 원인에 대해 알기위해 '다의성(polysemy)'에 대해 알아보도록 하겠습니다.

4.3. 다의성(polysemy)

한 단어가 두 개 이상의 의미를 지니는 특성을 '다의성(polysemy)'이라고 합니다. 그리고 두 개 이상의 의미를 지닌 단어를 '다의어(polyseme)'라고 합니다. 다의어는 동음어(homophone)와 겉으로 보기에는 비슷하지만 완전히 다른 개념입니다. 다의어와 동음어가 어

떻게 다른지 예를 들어 살펴보도록 하겠습니다. 다음 그림의 사물을
영어로 무엇이라고 하나요?

<그림 11> bat (박쥐 vs. (야구)방망이)

<그림 12> mouse (생쥐 vs. (컴퓨터)마우스)

위의 그림에서 'bat'도 두 개의 의미―즉, 박쥐와 방망이―를 지니고,
'mouse'도 두 개의 의미―즉, 생쥐와 마우스―를 지닙니다. 하지만
'bat'은 동음어이고, 'mouse'는 다의어입니다. 겉으로 보기에는 비슷
하게 보이지만 서로 어떻게 다를까요? 다의어는 두 의미들끼리 서로
의미적으로 연관성이 있습니다. 원래 'mouse'는 생쥐를 뜻했지만 컴
퓨터의 주변기기로 마우스를 만들었을 때, 그 모양이 생쥐모양 같다
고 해서 이름을 'mouse'라고 부른 것입니다. 즉, 두 물체 간에는 생
김새가 닮았다는 점에서 서로 의미적으로 연관성이 있다고 할 수 있
습니다. 반면 'bat'도 박쥐와 방망이라는 두 개의 의미를 지녔지만,

이 둘 사이에는 서로 아무런 의미적인 관련성이 없습니다. 그야말로 우연의 일치로 인해 같은 이름(발음)을 지니게 된 것일 뿐입니다. 마치 'snow'의 뜻을 지닌 '눈'과 'eye'의 뜻을 지닌 '눈'이 아무런 관련성이 없이 우연히 같은 이름을 지닌 것과 같습니다.

다의어는 두 개 이상의 의미를 지녔지만 그 뜻이 서로 연관이 되어있기 때문에 본질적으로 하나의 단어입니다. 반면 동음어는 서로 관련이 없는 두 단어가 우연히 소리만 같은 것이죠. 동음어는 본질적으로는 전혀 다른 단어입니다. 따라서 다의어와 동음어는 사전에서 제시되는 방법도 다릅니다.

(34)　　다의어
　　　　mouse　　　① 생쥐
　　　　　　　　　　② (컴퓨터) 마우스

(35)　　동음어
　　　　bat^1　　　박쥐
　　　　bat^2　　　(야구) 방망이

다의어는 위 (34)처럼 하나의 표제어(entry) 아래에 관련된 의미를 분류하여 나열합니다. 반면 동음어는 표제어를 따로 두고 각 표제어 아래에 관련된 의미를 제시합니다. 여기서 하나의 용어를 더 소개하고자 합니다. 다의어에서 분류된 각 의미들을 '의의(sense)'라고 부릅니다. (34)의 예를 들면, 'mouse'는 두 개의 의의—즉, '생쥐'와 '마우스'—를 가진다고 할 수 있습니다.

☞ '생쥐'의 복수형은 'mice'이죠. 그러면 '(컴퓨터) 마우스'의 복수형은 무엇일까요? 'mice'일까요? 아니면 'mouses'일까요? 둘 다 사용이 됩니다. 영어의 방대한 자료를 모아놓은 말뭉치(corpus)인 Corpus of Contemporary American English[16]를 조사한 결과 'computer mice'가 10회, 'computer mouses' 1회의 빈도로 나타났습니다. 아마, 시간이 흘러 생쥐와 컴퓨터 마우스 사이의 의미적인 관련성이 멀어질수록 computer mouses와 같은 표현의 빈도가 높아지겠지요. computer mice란 표현을 더 빈번하게 사용한다는 것은 더 많은 영어 원어민들이 두 의의들 사이에 의미적 관련성이 있다고 생각한다는 것을 암시합니다.

과학자들은 다의어에 관심을 가질까요? 아니면 동음어에 관심을 가질까요? 과학자들은 우연적인 현상에는 관심이 없습니다. 그러니까 과학자들은 동음어보다는 의미적 연관성이 있는 다의어에 관심을 갖습니다. 아래에서는 다의성의 본질과 의사소통의 문제, 다의어를 만드는 기제(mechanism), 다의어의 구조의 순서로 살펴보고자 합니다.

☞ 'homophone'을 '동음이의어(同音異議語)'로 번역하는 경우도 간혹 있는데, 굳이 '동음이의어'라고 길게 번역할 필요는 없습니다. 왜냐하면 '동음동의어'라고 한다면, 즉 소리도 같고 의미도 같다면 완벽히 같은 동일한 단어일 뿐이니까요. '동음어'란 표현 속에는 당연히 의미는 다르다는 것이 암시되어 있다고 볼 수 있습니다. 'homonym'이란 개념도 있습니다. 이는 '동철어(同綴語)'라고 번역합니다. '동철어'는 철자가 같고 뜻은 다른 단어를 지칭합니다. 위의

---

16) https://corpus.byu.edu/coca/

예 'bat'은 발음도 같고 철자도 같기 때문에 동음어도 되고 동철어도 됩니다. 동음어만 되는 예는 'bear'와 'bare'입니다. 같은 발음이면서 철자는 다르고, 당연히 의미도 다른 예이죠. 동철어만 되는 예는 'tear(눈물)'과 'tear(찢다)'입니다. 같은 철자이지만 발음은 다른 경우이죠. '찢다'는 [teər]로, '눈물'은 [tɪər]로 발음됩니다. 눈물이 티(튀)어 나와서 '티어'라고 한다는 우스갯소리(아재개그)가 있습니다.

☞ 동음어가 과학적인 연구의 대상은 아니지만 우리의 일상생활에는 많은 영향을 미치기도 합니다. 어떤 병원의 건물에는 '사층(fourth floor)'이 없습니다. '사'가 동음어로 숫자 'four'와 'death'를 동시에 의미할 수 있기 때문입니다. 소위 아재 개그에도 동음어가 자주 활용됩니다. 'Q: 발이 두 개 달린 소는? A: 이발소.' '정삼각형 동생의 이름은? A: 정삼각.' 예전에 '사과(apology)'하라고 요구를 하니까, '사과(apple)'를 보낸 정치 개그도 실제로 있었습니다. 요즘은 영어와 한국어를 혼용하여 동음어를 활용하기도 합니다. "Let me in"이라는 영어 발음을 활용하여 'Let미인(美人)'이라는 TV 프로그램의 제목을 만들어 사용합니다.

4.3.1. 다의성의 본질과 의사소통의 문제

다의어는 하나의 단어가 두 개 이상의 의의를 지닙니다. 'mouse'와 같은 다의어는 의의들끼리의 구분이 어렵지 않습니다. 'mouse'가 사용된 문맥을 통해 '생쥐'를 의미하는지, '마우스'를 의미하는지 쉽게 짐작할 수 있습니다. 하지만 의의들의 수가 많고, 의의들끼리의 구분이 쉽지 않은 다의어도 많이 있습니다. 그리고 어떤 다의어를 보거나 듣게 될 때, 언어 사용자마다 다른 의의를 떠올리게 되는 경우도 있습니다. 영어의 단어를 예로 들어보겠습니다. 여러분은 'simple'이라는 단어를 들었을 때, 긍정적인 이미지가 떠오르나요? 아니면 부정적인 이미지가 떠오르나요? 개인적인 조사에 의하면, 긍정적으로 생각하는 사람과 부정적으로 생각하는 사람의 비율이 거의 비슷합니다. 긍정적으로 생각하는 사람들은 아마 '꾸밈없는, 소박한, 검소한'과 같은 의의가 떠올랐을 것입니다. 반면 부정적으로 생각하는 사람들은 '평범한, 하찮은'과 같은 의의가 떠올랐을 것입니다. 이것이 바로 의사소통의 장애요인이 됩니다. 화자는 긍정적인 의미로 'simple'이라는 표현을 사용하였는데, 청자가 만약 부정적인 의미로 받아들인다면 제대로 의사소통이 이루어진 것이 아니겠지요. 이렇듯 언어가 갖는 다의성이라는 특성이 의사소통의 장애요인이 될 수 있음을 인식할 필요가 있습니다.

☞ 우리는 3.1에서 불립문자(不立文字)란 말에 대해 알아보았습니다. 깨달음은 마음에서 마음으로 전하는 것이지 말이나 글에 의지할 수 없다는 뜻의 불교(동양)의 지혜입니다. 자신이 경험한 바를 말로 전하려고 해도 말의 다의성으로 인해 상대방이 다른 식으로 받아들인다면.... 말이 필요 없는 것이죠. 자신의 생각을 다른 사람에게 전달하려고 하는데, 상대방이 도대체 알아듣지를 못하면 "내가 네한테 무슨 말을 하겠니?"라고 체념을 해버리죠. 눈으로 볼 수 있는 대상이나 객관적인 사실을 전달하는 데에도 어려움이 있을 수 있는데, 하물며 영적(spiritual) 탐구와 같이 추상적 행위나 개념을 상대방에게 전달한다는 것이 결코 쉬운 일이 아니겠지요?

위 단락에서 살펴본 것처럼 다의성으로 인해 한 언어 내에서도 의사소통의 문제가 발생하기도 하지만, 다의성으로 인해 언어들 사이에서도 의사소통의 문제가 발생하기도 합니다. 아래 영어와 한국어 예문을 각각 한국어와 영어로 어떻게 번역할까요?

(36) He won his wife in a card game.

(37) 그는 역경을 이겨냈습니다.

(36)을 "그는 카드게임에서 아내를 이겼다."로, 그리고 (37)을 "He won the adversity."로 번역한다면 제대로 된 번역이 아닙니다. (36)은 "그는 카드게임으로 아내를 얻었습니다."로, 그리고 (37)은 "He overcame the adversity."로 옮겨야 합니다. (이것과 관련된 깊이 있는 논의는 5.1.3.2에서 있을 예정입니다.) 우리는 아마 쉽게 'win'은 '이기다'와 같은 의미라고 믿어버리는 경향이 있는 것 같습니다. 하지만 'win'도 다의어이고, '이기다'도 다의어입니다. 'win'과 '이기다'가 갖는 의의들이 서로 다르기 때문에 의의에 대한 고려 없이 무조건 'win'을 '이기다'로 생각하는 것은 잘못된 것입니다. 언어의 다의성이라는 특성의 이해를 통해서 우리는 의사소통에서 발생할 수 있는 장애를 극복할 수 있습니다.

4.3.2. 다의어를 만드는 기제

한 언어에서 다의어는 얼마나 많을까요? 다의어는 무척 많습니다. 거의 모든 단어—혹은, 표현—은 다의어입니다. 한 단어가 하나의 의

의만 지니는 것은 매우 드뭅니다. 물론 작은 사전을 보면 한 단어에 하나의 의의만 제시된 경우도 많을 수 있지만, *Oxford English Dictionary*처럼 큰 사전에 수록된 단어들은 하나의 의의만 갖는 경우는 매우 드뭅니다. 그런데 이런 다의어는 어떻게 만들어지는 것일까요? 다의어를 만드는 가장 중요한 기제는 바로 '은유(metaphor)'와 '환유(metonymy)'입니다. 아래에서 자세히 살펴보겠지만, '은유'는 '유사성(similarity)'에 기초하고, '환유'는 '인접성(contiguity)'에 기초한 것입니다.

A. 은유

여러분은 '메뚜기'를 알고 있습니까? 아래 그림의 곤충을 이르는 말이죠. 그런데 오른쪽에 보이는 국민MC로 알려진 개그맨 유재석의 별명 또한 '메뚜기'이죠. 원래 '메뚜기'는 곤충을 의미하는 것이었지만, '유재석'을 지칭하는 말도 되었습니다. (물론 사전에 등재된 의의는 아닙니다.)

<그림 13> 메뚜기와 유재석

'메뚜기'란 단어가 다의어가 된 셈이죠. 첫 번째 의의는 곤충 'grasshopper' 이고, 두 번째 의의는 개그맨 유재석입니다. 그런데 어떻게 유재석이 메뚜기로 불리게 되었을까요? 유재석의 얼굴이 메뚜기를 닮아서 생긴 별명이죠. 이렇게 닮은 것에 기초해서 이름을 다른 대상에다 붙임으로써 단어의 의의가 추가되는 것을 '은유적 확장(metaphoric extension)'이라고 합니다. 원래 곤충의 의의를 지닌 '메뚜기'란 단어는 은유적으로 확장이 되어 '유재석'이라는 의의를 가지게 된 것입니다.

은유적으로 확장되는 또 다른 예를 살펴볼까요? 아래 그림에서 신발 끈 위로 쳐져있는 '혀'처럼 생긴 부분을 영어로 무엇이라고 할까요?

<그림 14> 신발의 혀(tongue)

영어로 'tongue'이라 합니다. 혀가 입 속에 있고 말랑말랑하게 잘 움직이며 입 밖으로 내밀 수 있듯이, 그 부분은 신발 속에 있고, 말랑말랑하게 잘 움직이며 신발 밖으로 내밀 수 있다는 점에서 닮았습니다. 그래서 그 부분을 영어로 'tongue'이라고 합니다. 입속 신체부위의 의의를 지닌 'tongue'이 은유적으로 확장되어 신발의 특정 부분

이라는 의의도 지니게 되어 다의어가 되었습니다.

도로의 '갓길'을 영어로 무엇이라 할까요? 'shoulder'라고 합니다.

<그림 15> 도로의 갓길(shoulder)

위의 그림에서 비상시에 이용하는 도로의 맨 오른쪽 차선을 '갓길'이라고 합니다. '갓길'은 어떤 점에서 '어깨'와 닮았을까요? 사람의 상체 몸과 다리는 일직선상으로 연결이 되어있습니다. 반면 어깨 부위는 상체 옆에 붙어있습니다. 어깨에서 아래로 일직선상으로 내려오면 손을 끝으로 더 이상 연결되는 신체부위가 없습니다. 이런 점이 도로의 '갓길'과 닮았습니다. 사람의 상체와 다리가 마치 도로 같고 그 옆에 있는 '어깨'는 '갓길' 같죠. 가다보면 갓길이 없어지게도 하고.... 'shoulder'란 표현이 은유적으로 확장이 되어 '갓길'이라는

의의를 새롭게 가지게 된 것입니다.

☞ '갓길'의 한자어(중국어)식 표현인 '노견(路肩)'의 '견'도 '어깨'란 뜻입니다.

아래 그림에서 도로 위에 설치된 불빛처럼 보이는 '반사장치'를 영어로 무엇이라고 할까요? 'cat's eye'라고 합니다.

<그림 16> 도로의 반사장치(cat's eye)

'반사장치'는 어떤 점에서 '고양이 눈'을 닮았을까요? 고양이를 관찰해본 적이 있나요. 어둠 속에서 고양이 눈은 불빛처럼 반짝입니다. 반사장치도 자동차의 불빛을 반사하여 어둠속에서 불빛처럼 반짝인

다는 점에서 닮았습니다. 'cat's eye'란 표현이 은유적으로 확장이 되어 '반사장치'라는 의의를 추가적으로 갖게 된 것입니다. 'cat's eye'의 경우는 위에서 살펴본 모양이나 구조가 닮은 예들과는 달리 기능적인 측면에서 닮았다고 할 수 있습니다.

☞ '핵우산(nuclear umbrella)'이란 표현이 있습니다. "The US is providing Korea with nuclear umbrellas." "미국은 한국에 핵우산을 제공하고 있다."란 의미죠. 여기에 사용된 '(핵)우산'도 은유적으로 확장된 것입니다. 비가 올 때 사용하는 우산과 핵우산이 무엇이 닮았을까요? 핵우산이 우산 모양을 한 것은 아닙니다. 우산이 비로부터 우리를 보호해주듯이 핵우산은 핵으로부터 우리를 보호한다는 기능적인 측면에서 우산과 핵우산은 서로 닮아있습니다.

지금까지의 은유적인 표현(metaphoric expression)을 한국어와 영어라는 개별 언어의 관점에서 정리해보면, '핵우산(nuclear umbrella)'과 같은 표현은 한국어와 영어에서 공히 사용됩니다. 하지만 'shoulder'의 경우는 영어에는 사용되지만 한국어에서는 은유적 표현이 아닌 문자적 의미 그대로의 표현인 '갓길'이 사용됩니다. 아래에서는 한국어와 영어에서 둘 다 은유적 표현이 사용되지만 그 은유가 서로 다른 경우의 예를 살펴보도록 하겠습니다.

아래 시계 그림에서 시(o'clock)와 분(minute)을 가리키는 긴 모양의 물체를 한국어와 영어로 각각 무엇이라고 하나요?

<그림 17> (시계의) 침(needle) vs. hand

한국어로는 각각 '시침'과 '분침'이라고 합니다. '침(needle)'이란 동
양의학에서 사용하는 주사바늘과 유사한 뾰족한 기구를 말합니다.
반면 영어로는 각각 'hour hand'와 'minute hand'라고 합니다. 한국
어에서는 의료기구인 '침'과 해당 시계의 부속품이 모양에서 서로
닮았기 때문에 의료기구의 의미를 지닌 '침'을 은유적으로 확장시켜
시계의 부속품까지 지칭하게 된 것입니다. 반면에 영어에서는 사람
의 손이 무엇을 가리킬 때 사용한다는 기능적인 측면에서 해당 시계
의 부속품과 닮았기 때문에 '손'을 은유적으로 사용하여 시계 부속
품까지 지칭하게 된 것입니다. 이 예를 통해 보여주고자 하는 바는
동일한 물체(또는 대상)도 문화권(언어권)에 따라 다른 은유가 사용
될 수 있다는 것입니다.

은유적으로 확장되는 단어는 명사에만 국한된 것이 아닙니다. 여기서는 동사가 은유적으로 확장되는 양상을 살펴보도록 하겠습니다. 먼저 'get over'라는 표현에 대해 살펴볼까요? 아래 예문에서 하나의 표현이 두 개의 다른 의미를 나타냅니다. (38a)는 '넘어가다'의 의미이고, (38b)는 '극복하다'의 의미입니다. 그런데 이 두 개의 의미는 어떤 연관성이 있을까요?

(38)   a. He got over the hill.

           b. He got over the sorrow.

'슬픔'을 '언덕'처럼 생각하는 은유입니다. 그럼 '슬픔'과 '언덕'은 어떤 점에서 서로 닮았을까요? 작게 시작된 슬픔이 시간이 지날수록 점점 강도가 강해지고 마침내 절정에 달하고, 그 절정이 지나면 슬픔의 정도가 점점 작아지는 것이 마치 언덕 같습니다. 이런 닮은 점 때문에 '넘어가다'의 의미를 지닌 'get over'가 은유적으로 확장되어 '극복하다'의 의미를 지니게 된 것입니다.

☞ 'get over'와 같은 표현에서 'get'의 의미를 정확하게 모르는 독자를 위해 'get'의 의미를 잠깐 살펴보겠습니다. 'get'은 원래 이동을 의미합니다. 'go'와 'come'은 이동과 함께 방향이 나타나지만, 'get'은 방향이 나타나지 않습니다. (한국어에는 'get'에 해당하는 단어가 없기 때문에 우리들에게 어렵게 느껴집니다.) 따라서 우리말로 옮길 때는 문맥을 보고 적절하게 '가다'나 '오다'로 옮길 수 있습니다. 'over'의 의미는 '넘어'라는 의미가 있기 때문에 'get over'를 '넘어가다'라고 옮기면 되겠습니다. 위의 (38)도 "그는 언덕을 넘어갔다."

그리고 "그는 슬픔을 넘어갔다."라고 번역할 수 있습니다.

☞ 'get over'를 굳이 '극복하다'로 번역할 필요가 없습니다. 우리도 유사한 은유를 사용하기 때문에.... 우리말에도 병원에 수술한 환자에게 "이제 한 고비를 넘겼다."와 같은 표현을 사용하죠. '고비'란 '언덕'과 유사한 의미입니다.

이제 다른 은유를 살펴볼까요? 아래의 예문에서 사용된 'step down'도 은유입니다. (39a)는 기차에서 '계단을 밟고 내려가다'란 의미이고, (39b)는 왕좌에서 '하야하다'란 의미입니다. 그런데 두 의미가 어떤 점에서 서로 닮았을까요?

(39) a. He stepped down from the train.
      b. He stepped down from the throne.

'계단(step)'에는 눈으로 보는 구체적인 계단도 있지만, 사회조직의 위계를 의미하는 계단도 있을 수 있습니다. 회사에서 평사원에서 대리로 승진하는 것을 한 계단 올라간 것으로 볼 수 있죠. 사장은 제일 높은 계단에 있는 사람으로 생각할 수 있겠죠. 그렇다면 왕의 자리에서 일반 평민의 자리로 내려오는 것을 제일 높은 계단에서 내려오는 것으로 볼 수 있겠죠. 'step down'도 원래는 구체적인 계단을 내려가는 의미이지만 은유적으로 확장되어 왕좌와 같은 높은 신분에서 평민으로 내려가는 것을 의미하게 된 것입니다.

☞ 'Step Up'이라는 제목을 가진 영어회화 책이 있습니다. 여기서

사용된 'step up'의 의미는 무엇일까요? 그냥 '계단을 올라가다'란 뜻은 아니겠지요? 영어회화의 수준(실력)도 일종의 계단으로 본 은 유이죠. 초급에서 중급으로 한 계단 올라간다고 볼 수 있겠죠. 이 책 을 사용하여 실력을 한 계단 올리라는 뜻이겠지요.

또 다른 은유를 하나 살펴보도록 하겠습니다. 'look back'은 아래 의 예에서와 같이 '뒤돌아보다'란 의미와 '회상하다'란 의미를 지닙 니다. 이 두 의미는 어떻게 닮았을까요?

(40)   a. She <u>looked back</u> to him.
        b. She <u>looked back</u> on her childhood.

<그림 18> '뒤돌아보다(look back)'의 은유

길(path)이라는 공간(space)을 걷는다고 가정해봅시다. 뒤에서 누군 가가 부르면 뒤돌아보겠죠. 마찬가지로 우리는 인생이라는 길을 걷 는다고 가정해봅시다. 인생의 길에서 앞으로 나아가야 할 길은 미래 가 되겠고, 지나온 길은 과거가 되겠지요. 따라서 인생의 길에서 뒤 돌아본다는 것은 과거 쪽으로 본다는 의미가 됩니다. 이런 닮은 점 으로 인해 공간개념이 시간개념으로 은유적으로 확장이 된 것입니

다. 한국어에서도 동일한 은유를 사용합니다. "어린 시절을 뒤돌아 보세요."와 같은 표현에서 "뒤돌아보다"는 시간개념으로 사용된 은유이지요.

☞ '휴식시간'을 영어로 'break'라고 하지요. 이것도 공간개념이 시간개념으로 은유적으로 확장된 것입니다. 'break'는 원래 '깨다'라는 동사인데, (물체가 깨어져서 생긴) '틈'이라는 명사로도 사용이 됩니다. 공간적인 의미의 '틈'이 시간적인 의미의 '틈'으로 은유적으로 확장이 된 것이지요. 예를 들어, 1교시와 2교시 사이의 갈라진 (시간적인) '틈'이 곧 '휴식시간'이지요.

이제 은유에 대해 좀 더 깊이 있는 논의를 하도록 하겠습니다. 아래 Lakoff와 Johnson(1980)의 유명한 예문을 보고, 밑줄 친 표현이 어떤 은유인지를 생각해봅시다. 밑줄 친 표현은 다양하지만 모두 하나의 같은 은유입니다.

(41)　a. I don't <u>have</u> the time to <u>give</u> you.
　　　 b. You're <u>wasting</u> my time.
　　　 c. How do you <u>spend</u> your time these days.
　　　 d. I've <u>invested</u> a lot of time in her.
　　　 e. That flat tire <u>cost</u> me an hour.
　　　 f. This gadget will <u>save</u> you hours.

위의 표현들은 모두 '시간(time)'에 관한 이야기들입니다. 시간을 갖고, 시간을 주고, 시간을 허비하고, 시간을 써버리고, 시간을 투자하고, 한 시간의 비용이 들고, 시간을 절약하고.... 그런데 '시간'이라는 것을 가만히 생각해보세요. 시간을 어떻게 소유(have)할 수가 있습니까? 소유할 수 없는 시간을 어떻게 다른 사람에게 줄 수가 있죠? 다른 사람에게 준 똑 같은 시간을 돌려받을 수 있을까요? 위의 밑줄 친 표현들은 현실적으로는 모두 불가능한 것입니다. 그럼 밑줄 친 표현들은 원래 어떤 것과 관련이 있는 표현일까요? 모두 '돈(money)'하고 관련된 표현들입니다. 돈을 소유하고, 돈을 주고, 돈을 허비하고, 돈을 써버리고, 돈을 투자하고, 만원의 비용이 들고, 돈을 절약하고.... '돈'과 관련된 표현들이 은유적으로 확장되어 '시간'을 표현하는 데에 사용된 것입니다. 그렇다면 '돈'과 '시간'이 어떤 점에서 닮았을까요? 현대생활에서 '돈'은 매우 소중하면서 또 무한대로 가질 수 없는 특성이 있습니다. 마찬가지로 '시간'은 현대생활에서 매우 소중하며 또 우리에게 주어진 시간은 제한적이라는 특성이 있습니다. 더욱이, 일상생활 속에서 시간이 곧 돈이라는 경험을 하게 됩니다. 예를 들어, 전화를 이용한 시간만큼 요금을 지불해야합니다. 아르바이트를 할 때도 근무한 시간에 비례해서 수당을 받습니다. 월급도 마찬가지죠.

[시간은 돈이다]라는 은유를 이용하여 중요한 개념과 용어를 소개하고자 합니다. 위 (41)에서 다양한 표현들이 있지만, 이들이 나타내고자하는 개념은 모두 '시간'입니다. 은유를 단순히 언어의 문제가 아니라 개념의 문제로 생각하게 된 것은 Lakoff와 Johnson의 공입니다. 그들은 은유의 본질을 다음과 같이 정의하고 있습니다.

(42) The essence of metaphor is understanding and experiencing one kind of thing in terms of another. (Lakoff와 Johnson 1980: 5)

은유는 '한 종류의 것(one kind of thing)'을 '다른 종류의 것(another kind of thing)'의 '관점에서(in terms of)' 이해하고 경험하는 것이 그 본질입니다. 여기서 '한 종류의 것(개념)'을 '목표개념(target concept)'이라고 부르고, '다른 종류의 것(개념)'을 '근원개념(source concept)'이라고 부릅니다. '관점에서(in terms of)'란 표현에서 '관점(terms)'이란 단어를 좀 더 주의 깊게 살펴봅시다. 우리는 흔히 'in terms of'를 '관점에서'로 번역합니다. 그런데 'term(s)'이란 단어는 '용어, 말'이란 뜻이죠. 그렇다면 은유의 본질은 '목표개념'을 '근원개념'의 용어나 말로서 이해하거나 경험하는 것이라고 이해할 수 있겠죠. 위 (41)의 예를 이용하여 설명하면, 우리는 '시간'이라는 '목표개념'을 나타내기 위해서 '돈'이라는 '근원개념'의 단어(용어, 말)로써 표현하는 것입니다. (41)의 은유를 정리하면 아래와 같습니다.

(43) [시간(time)은 돈(money)이다]
　　　목표개념　　　근원개념

'목표개념'과 '근원개념'이란 용어를 이용하여 앞서 살펴본 은유 표현을 다시 살펴보도록 하겠습니다. 은유에 따라 근원개념이 문화권마다 다를 수도 있고, 같을 수도 있습니다. 위 (41)의 예문을 한국어로도 영어와 같은 방식으로 번역할 수 있습니다. 이는 '시간'이라는 목표개념을 나타내기 위해 영어와 한국어에서 동일한 '돈'을 근원개념으로 사용한다는 것을 의미합니다. 반면에 위 <그림 17>과 관련된 은유는 시간을 가리키는 시계부품이라는 목표개념을 나타내기 위해 한국어와 영어는 각기 다른 근원개념을 이용하였습니다. 한국어는 '침'을 이용한 반면, 영어는 'hand'를 이용하였습니다. 이렇게 문화권에 따라 다른 은유가 나타난다는 말은 근원개념이 다르다는 것을 의미합니다. 시계가 발명이 되고 시간을 가리키는 시계부품을 지칭할 이름이 필요할 때, 한국문화에서는 동양의학 덕분으로 '침'과 닮은 것으로 인식이 된 반면, 영어문화권에서는 (그런 침의 문화가 없었기 때문에) 가리키는 역할을 하는 '손'과 유사한 것으로 인식을 한 것입니다. 은유를 통해 언어를 이해할 수 있을 뿐만 아니라, 이처럼 은유를 통해 해당 언어의 문화를 이해할 수도 있습니다.

은유를 통하여 해당 언어의 문화를 이해할 수 있는 예를 하나 더 살펴보도록 하겠습니다. '죽음'을 의미하는 아래의 한국어와 영어의 예를 살펴봅시다.

(44)   a. 그의 할아버지께서 <u>돌아가셨습니다</u>.
        b. His grandfather <u>passed away</u>.

'죽음'을 나타내기 위해 한국어는 '돌아가(시)다'란 표현을 사용한 반면 영어는 'pass away'란 표현을 사용하였습니다. '죽음'이라는 목표개념을 나타내기 위해서 각 언어는 어떤 근원개념을 사용한 것일까요? '돌아(back) 가다(go)'는 영어로 직역하자면 'go back'이 되겠지요. 죽음을 왜 'go back'이라는 표현을 사용하였을까요? 동양에는 인도의 힌두교에서 생겨난 '윤회사상(samsara; the eternal cycle of birth)'이 있습니다. 삶과 죽음이 돌고 돈다고 생각하는 것이지요. 사람이 죽으면 우리가 왔던 곳으로 돌아간다는 생각을 합니다. (그리고 또 다른 생명으로 태어나고....) 반면, '지나쳐서(pass) 멀리(away) 가다'라는 의미의 'pass away'는 서양(기독교) 사람들의 삶은 한 번 뿐이라는 생각을 담고 있습니다. 이 세상으로 왔다가 죽으면 심판의 날에 천국으로 가든지 지옥으로 가든지 결정이 됩니다. 더 이상 다른 생명으로 태어난다는 생각을 하지 않습니다. 이 세상을 지나쳐서 멀리 가버리는 것이죠. 죽음이라는 목표개념이 다른 근원개념으로 비유된 것이죠. (동양과 서양은 삶과 죽음을 공간의 이동에 비유하는 것은 같지만) 동양에서는 고향과 같은 곳으로 돌아가는 것으로, 서양에서는 여행처럼 지나쳐서 또 다른 곳으로 가버리는 것으로 생각을 한 것입니다.

☞ 'pass away'를 단순히 'die'를 점잖게 표현한 것에 불과한 것으로 받아들이면 우리는 그릇(언어)에 담긴 깊은 생각(사고)을 놓쳐버리게 됩니다. 은유는 언어표현을 통해 사람들의 생각을 읽을 수 있는데 크게 도움이 됩니다.

☞ 영어와 한국어의 은유를 하나만 더 비교해볼까요? 아래의 예문에서 '일어나다(=발생하다)'와 'break out'은 어떤 은유일까요?

(45)   a. 625전쟁이 1950년에 일어났습니다.
         b. The Korean War broke out in 1950.

'일어나다'는 누운 자세에서 앉거나, 앉은 자세에서 서는 것을 말합니다. 전쟁을 사람에 빗대어 표현한 것입니다. 전쟁을 일시적으로 멈추는 것을 우리는 '휴전(休戰)'이란 표현을 사용하는데, 이 때 '휴'는 '쉬다'의 의미입니다. 일어나서 힘이 드니까 잠시 쉬는 것에 비유한 것이죠. 반면 영어의 'break out'은 '깨(부수)고 나가다'란 의미입니다. 식물의 싹이 트는 것을 'break out'이라고 하는데, 씨앗이 적절한 공기, 수분, 온도 등이 갖추어지면 덮여있던 새싹이 흙을 깨(뚫)고 세상 밖으로 나오는 것에 빗대어 표현한 것입니다. 새싹 위에 돌멩이나 바위가 있다면 새싹이 그것을 깨고 세상 밖으로 나오기가 힘이 들겠죠. 마찬가지로 전쟁도 돌멩이 같은 단단한 평화가 누르고 있다면 세상 밖으로 나오지 못하겠죠. 평화가 충분히 단단하지 못할 때, 전쟁이라는 새싹이 세상 밖으로 고개를 내밀겠죠. 영어에는 '쉬다'라는 의미의 '휴전'이란 표현은 없습니다. '사격을 멈추다'는 의미의 'cease fire'란 표현을 사용합니다.

☞ 은유는 목표개념을 근원개념에 빗대어 표현하는 것입니다. 그런데 어떤 근원개념에 빗대어 표현하느냐에 따라 사람들을 효과적으로 설득할 수도 있고, 또 원수로 만들 수도 있습니다. 예를 들어보겠습니다. 대학에는 학생, 교수, 직원이라는 세 주체(집단)가 있습니다. 그런데 세 주체 중에서 국립대학의 주인은 과연 누구인가―좀 더 정확하게는, 학교의 중요한 의사를 누가 결정할 것인가―라는 논쟁이 간혹 있습니다. 교수들은 다음과 같은 은유를 사용합니다. 한 가정에는 아버지, 어머니, 자녀들이 있다. 아버지는 가장으로서의 역할, 어머니는 집안 살림을 하는 역할, 자녀들은 집안의 미래로서 부모의 보호를 받는 역할을 한다. 이런 가정에서 집안의 중대한 사안을 결정할―혹은 의견이 서로 일치하지 않을―때는 가장인 아버지의 결정을 존중하고 따르는 것이 순리이다. 교수는 아버지와 같고, 직

원은 어머니와 같고, 학생은 자녀와 같다. 그러니까 교수의 결정을 존중하고 따르는 것이 순리이다.... 근원영역을 '가정'으로 설정을 하니까 이런 주장이 맞는 것처럼 보이지요. 이런 것이 은유가 갖는 설득의 힘이라고 할 수 있습니다. (그런데 과연 국립대학의 주인은 누구일까요? 필자의 생각으로는 세 주체 모두 주인이 될 수 없습니다. 주인은 바로 국가입니다.)

☞ 반대로 잘못된 은유의 사용으로 상대방의 마음을 상하게 할 수도 있습니다. 예전에 어떤 정당(political party)이 선거의 실패로 당이 두 개로 쪼개질 위기에 처한 경우가 있었습니다. 한 그룹은 분당을 원했고, 다른 그룹은 분당에 반대하였습니다. 그 당시 분당에 반대한 그룹의 대변인이 다음과 같은 은유를 사용하였습니다. 항해하고 있는 배가 난초에 부딪혀 배가 침몰하게 되면 쥐(rat)들이 가장 먼저 알아차리고 배를 떠난다고.... 동물들이 환경의 변화에 사람들보다 더 민감하게 반응하여 위기에 대처하는 것에 빗대서 표현한 것이죠. 그런데 상대방은 그 대변인이 자기들을 쥐라고 했다며 분개했고, 갈등의 골은 되돌릴 수 없을 정도로 더욱 더 깊어졌습니다. "말 한마디에 천 냥 빚도 갚는다."는 속담이 있습니다. 어떤 은유를 사용하느냐에 따라 상대의 마음을 얻을 수도 있고, 상대의 마음을 잃을 수도 있습니다.

☞ 은유는 우리의 믿음(belief)을 만들기도 합니다. 근원개념으로 위(up)나 아래(down)와 같은 방향(orientation)을 사용하는 은유를 '방향은유(orientational metaphor)'라고 하는데, '방향은유'를 통해 우리의 믿음이 형성되는 것을 살펴보도록 하겠습니다.

우선 '행복'과 '슬픔'과 관련된 방향은유의 예부터 살펴보겠습니다. (여기서는 영어와 한국어 모두 같은 방향은유로 나타납니다.)

(46) [HAPPY IS UP]; [SAD IS DOWN]
   a. I am feeling up. (<u>날아갈 듯이</u> 기분이 좋다.)
   b. I am feeling down. (기분이 <u>처진다</u>.)
   c. He is really low these days. (요즘 그는 <u>저기압</u>이다.)

행복은 'up'이나 '날아갈 듯이'처럼 위쪽으로 표현되는 반면, 슬픔은 'down', low' 또는 '저기압'처럼 아래쪽으로 표현됩니다. 이 은유는 사람들이 슬플 때는 휴식을 위해 앉거나 눕고, 행복할 때는 즐거운 마음으로 돌아다니는 우리들의 경험에 근거한 것입니다.

둘째, '건강/아픔'과 '삶/죽음'과 관련된 은유입니다.

(47) [HEALTH AND LIFE ARE UP];
   [SICKNESS AND DEATH ARE DOWN]
   a. He is at the peak of health. (그의 건강은 <u>최정상</u>에 있다.)
   b. Lazarus rose from the dead. (나사로가 죽음에서 <u>일어났다</u>.)
   c. He came down with the flu. (그는 독감으로 <u>몸져누웠다</u>.)
   d. He dropped dead. (그는 죽음의 나락으로 <u>떨어졌다</u>.)

'건강'과 '삶'은 위쪽으로 표현되는 반면, '아픔'과 '죽음'은 아래쪽으로 표현됩니다. 이는 건강하거나 살아있는 경우는 일어서서 활동을 하는 반면, 아프거나 죽을 때는 눕거나 쓰러지는 경험에 기초한 은유입니다.

셋째, '수(number)'와 관련된 은유입니다.

(48)   [MORE IS UP]; [LESS IS DOWN]
        a. My income <u>rose</u> last year. (봉급이 <u>올라갔다</u>.)
        b. His income <u>fell</u> last year. (봉급이 <u>내려갔다</u>.)

'많은 수'는 위쪽으로, '적은 수'는 아래쪽으로 표현됩니다. 이는 물건이 많으면 쌓아놓게 되는데, 물건이 많은 만큼 쌓인 높이가 올라가는 경험을 바탕으로 한 은유입니다.

넷째, '지배(control)'와 관련된 은유입니다.

(49)   [HAVING CONTROL IS UP];
        [BEING SUBJECT TO CONTROL IS DOWN]
        a. I have control <u>over</u> her. (나는 그녀의 <u>상관</u>이다.)
        b. He is <u>under</u> my control. (그는 내 <u>지배하에</u> 있다/<u>부하</u>이다.)

'지배하는 것'은 위쪽으로, '지배당하는 것'은 아래쪽으로 표현됩니다. 이는 일반적으로 싸움에서 이기거나 지배하는 쪽이 덩치가 큰 동물들이라는 경험에 기초한 것입니다.

다섯째, '지위(status)'와 관련된 은유입니다.

(50)   [HIGH STATUS IS UP]; [LOW STATUS IS DOWN]
        a. She <u>rose</u> to the <u>top</u>. (그녀는 <u>최고</u>의 자리로 <u>승진했다</u>.)
        b. He is at the <u>bottom</u> of the social hierarchy. (그는 <u>밑바닥</u> 인생이다.)

'높은 지위'는 위로, '낮은 지위'는 아래로 표현됩니다. 이 은유는 위에서 살펴본 '지배' 은유와 관련이 있습니다. 일반적으로 사회적 지위가 높은 사람은 일을 시키거나 지배하고, 지위가 낮은 사람은 시키는 일을 하거나 지배당하는 우리의 경험이 반영된 결과입니다.

여섯째, '이성(reason)'과 '감정(emotion)'과 관련된 은유입니다.

(51) [RATIONAL IS UP]; [EMOTIONAL IS DOWN]
       a. The discussion <u>fell</u> to the emotional level, but I <u>raised</u> it back
          <u>up</u> to the rational plane. (토의가 감정의 차원으로 <u>떨어졌지만</u>,
          곧 이성의 차원으로 <u>올려놓았다</u>.)

'이성'은 위쪽으로, '감정'은 아래쪽으로 표현됩니다. 이는 서양(기독교)세계의 세계관이 반영된 결과인데, 서양에서는 신(God)이 가장 높은 위계에 위치하고, 천사는 그 아래 위계에, 사람은 천사 아래 위계에, 동물은 사람 아래 위계에 위치한다고 믿습니다. 그리고 이성은 신의 영역에 속한 것이고, 감정은 동물의 영역에 속한 것이라고 믿습니다. 그러니까 신의 영역에 속한 이성은 높은 것이고, 동물의 영역에 속한 감정은 낮은 것으로 이해하게 되는 것입니다. (중세시대는 신의 영역에 속한 '이성'을 존중하고, 동물의 영역에 속한 '감정'을 억압한 시대라고 할 수 있습니다. 성경에 인간이 신의 형상을 닮았다는 말이 나옵니다. 신의 형상이 무엇을 의미하는 것일까요?)

마지막으로, '좋은 것'과 '나쁜 것'에 대한 은유입니다.

(52) [GOOD IS UP]; [BAD IS DOWN]
       a. He does <u>high</u>-quality work. (그는 <u>고급</u>/질 <u>높은</u> 일을 한다.)
       b. He does <u>low</u>-quality work. (그는 <u>저급한</u>/질 <u>낮은</u> 일을 한다.)

'좋은 것'은 위쪽으로, '나쁜 것'은 아래쪽으로 표현됩니다. 이 은유는 앞서 살펴본 은유와 관련이 됩니다. 위쪽으로 표현된 것은 전부 좋은 것들입니다. 행복하고, 건강하거나 살아있고, 많고, 지배하고, 사회적 지위가 높은 것입니다. 반면 아래쪽으로 표현된 것은 전부 나쁜 것들입니다. 불행하고, 아프거나 죽고, 적거나, 지배당하고, 사회적인 지위가 낮은 것입니다. 좋은 것들은 위쪽에, 나쁜 것들은 아래쪽에 있다는 개별 은유들이 모여 또 다른 은유를 만든 것입니다.

이제 은유가 우리의 믿음을 만드는 것에 대해 생각해봅시다. 원시종교에는 선악(good and evil)의 개념이 없었습니다. 독일의 철학자 니체에게도 영향을 미친 페르시아의 종교 개혁가(창시자)인 조로아스터(Zoroaster)—우리에게는 자라투스트라(Zarathustra)로 더 알려진 인물—에 의해 '선'과 '악'의 이분법적인 개념이 생겨나게 되고, 이런 개념들이 이웃하는 지역의 종교로도 전파됩니다. 예를 들어, 기독교에 '천국'과 '지옥'이라는 이분법적인 개념이 생기게 됩니다. 그런데 '천국'은 하늘에 있고, '지옥'은 지하세계에 있을 것이라는 믿음은 어디에서 비롯된 것일까요? 좋은 것은 위쪽, 나쁜 것은 아래쪽이라는 은유 때문에 좋은 것인 천국은 위쪽에 있고, 나쁜 것인 지옥은 아래쪽에 있을 것이라는 믿음이 생겨나게 된 것입니다. 우리의 일상적인 경험이 은유를 만들고, 그런 은유들이 모여서 또 다른 은유와 믿음을 만들기도 한답니다. 이런 은유와 믿음은 불교에서도 그리스로마 신화에서도 마찬가지로 적용됩니다.

〜〜〜〜〜〜〜〜〜

지금까지 은유가 다의어를 생성하는 기제로서 역할을 하는 것과 문화에 따라 다른 은유를 사용할 수도 있음을 살펴보았습니다. 이와 더불어 은유를 통해 다른 문화권(언어권)의 사고방식을 이해할 수 있고, 은유가 설득의 도구로서 이용되기도 하고, 인간의 믿음을 형성할 수도 있음을 살펴보았습니다. 아래에서는 다의어를 생성하는 다른 기제로서 환유를 살펴보겠습니다.

B. 환유

"나는 어제 머리를 (짧게) 잘랐다."란 표현이 있습니다. 머리를 잘 랐는데 어떻게 살 수가 있지요? 사실은 머리(head)를 자른 것이 아니 고 머리카락(hair)을 자른 것이겠지요. '머리카락'을 지칭하기 위해 '머리'란 표현을 사용하는 것을 '환유'라고 합니다. 머리카락은 머리 에 붙어있습니다. 이처럼 어떤 대상을 지칭하기 위해 그 대상과 인 접한 것으로 표현하는 것이 '환유'입니다. 앞서 살펴본 '은유'가 '유 사성'에 기초한 것이라면 '환유'는 '인접성'에 기초한 것이라 할 수 있습니다. '은유'가 '목표개념을 근원개념의 관점에서 이해하는 것' 이라면, '환유'는 '어떤 대상을 그 대상과 인접한 표현으로 대신 (represent)하는 것'이라 할 수 있습니다.

☞ 유명 연예인을 닮은 친구가 있다면 그 연예인의 이름으로 친구 를 부르는 것을 은유라고 한다면, 특정 사물을 늘 지니고 다니는 친 구를 그 사물의 이름으로 부르는 것―예, 김삿갓―을 환유라고 할 수 있습니다.

일상생활 속에서 흔히 들을 수 있는 환유의 예를 하나만 더 들어 볼까요? 아래 대화를 보세요.

(53)　A: 엊저녁에 소주를 얼마나 마셨어?
　　　B: 이제 <u>두 병</u> 마셨어.

'병(bottle)'을 마실 수는 없습니다. '소주'를 지칭하기 위해 인접한 '병'이란 표현을 이용한 것입니다. 다른 말로 하면, '소주'란 대상을 소주와 인접한 '병'이란 표현으로 대신한 것입니다.

대상을 지칭하기 위해 어떤 인접한 것들이 사용되는지 알아보기 위해 아래 영어의 예를 통해 살펴보도록 하겠습니다. 먼저, '전체'가 '부분'을 대신하는 경우의 예를 살펴봅시다.

(54) England beat Australia in the 2003 Rugby World Cup final.

"영국이 호주를 물리쳤다."라고 표현하였는데, 실제로 이기거나 진 것은 나라 전체가 아니라 럭비팀입니다. 영국의 럭비팀이 호주의 럭비팀을 이긴 것입니다. 럭비팀이라는 부분을 나타내기 위해 나라 전체로 표현한 환유입니다.

☞ 위에서 살펴본 '머리를 잘랐다'라는 표현을 다시 살펴봅시다. '머리카락'을 '머리'의 일부라고 본다면 이 예 역시 전체가 부분을 대신한 환유라고 할 수 있습니다. '차를 고치다'란 표현도 마찬가지입니다. 예를 들어, 차의 엔진을 고쳐도 우리는 일반적으로 차를 고쳤다고 합니다. 이 예 역시 전체(차)가 부분(엔진)을 대신한 환유입니다.

둘째, '부분'이 '전체'를 대신하는 경우를 살펴보겠습니다.

(55) Lend me a hand.

우리도 "일손이 부족하다"와 같은 표현을 사용합니다. 부족한 것이 꼭 '손'이라기보다는 '일꾼'이 부족한 것을 일컫는 말입니다. 이 예는 부분(손)이 전체(사람)를 대신하는 환유입니다.

☞ "오늘 학교에 버스를 타고 왔다."라는 표현도 '부분'이 '전체'를 대신하는 환유입니다. 어떻게 부분이 전체를 대신한 것일까요? 학교로 올 때 버스만 탄 것은 아니겠지요. 걷기도 하고, 승강기도 타고, 버스에서 앉기도 하고, 서서 기다리기도 하고.... 버스를 타는 부분이 학교로 올 때 사용한 다양한 이동 수단 전체를 대신한다는 측면에서 이 역시 부분이 전체를 대신하는 환유라고 할 수 있습니다.

셋째, '장소'가 '기관'을 대신하는 경우의 예를 살펴보겠습니다.

(56) <u>Paris</u> and <u>Washington</u> are having a spat.

승강이를 벌인 것은 파리와 워싱턴이라는 도시가 아닙니다. 프랑스정부(기관)와 미국정부(기관)가 각각 파리와 워싱턴에 소재해있죠. 정부(기관)를 지칭하기 위해 정부기관이 있는 장소(도시)를 사용한 것입니다.

넷째, '장소'가 '사건'을 대신하는 경우입니다.

(57) American public opinion fears another <u>Vietnam</u>.

미국의 여론이 두려워하는 것은 베트남이라는 나라가 아닙니다. 베트남에서 있었던 사건—즉, 다른 나라의 전쟁에 개입했다가 실익이 없이 끝나버린 사건—이 두렵다는 말입니다. 즉, 사건을 지칭하기 위해 그 사건이 일어난 장소를 사용한 환유입니다.

다섯째, '생산자'가 '생산품'을 대신한 경우를 살펴보겠습니다.

(58) She likes eating Burger King.

그녀가 먹는 것은 생산자인 Burger King이 아니라 Burger King에서 만든 햄버거이겠지요.

☞ 혹시 "학식 먹었어."라는 표현을 사용하거나 들어본 적이 있습니까? '학식'은 '학교식당'의 줄임말입니다. 학교식당의 음식을 먹었다는 것을 지칭하기 위해 학식을 먹었다고 표현하니까, 이 예도 생산자가 생산품을 대신하는 환유라고 할 수 있겠습니다.

여섯째, '결과'가 '원인'을 대신하는 경우입니다. 지금까지 살펴본 환유는 공간적인 측면에서의 인접성에 기초한 것인데 반해, '결과'가 '원인'을 대신하는 것은 시간적인 측면에서 인접성에 기초한 것이란 점에서 차이가 납니다. (시간개념을 공간개념으로 이해하는 것은 은유입니다. 따라서 이런 예는 은유와 환유가 함께 작용된 것으로 볼 수 있습니다.)

(59) He has a long face.

이 표현은 슬픈 마음이 얼굴표정으로 드러나는 것에 기초한 것입니다. 슬픈 마음이라는 원인을 지칭하기 위해 (슬퍼서) 얼굴이 길어진 모습이라는 결과로 표현한 환유입니다.

일곱째, '원인'이 '결과'를 대신하는 환유를 소개하겠습니다.

(60) She turned on the light.

'turn on'이란 표현은 원래 스위치와 같은 장치를 돌려서(turn) 붙이거나 연결하는(on) 의미에서 비롯된 것입니다. 스위치를 돌려서 전선이 연결되도록 하면 전기가 통해서 불이 밝혀지는 것이지요. 'turn on'은 '원인'이고 불이 밝혀지는 것은 '결과'입니다. '결과'를 나타내기 위해 '원인'을 사용한 환유라고 할 수 있습니다.

☞ 한국어의 '켜다'란 표현도 원인이 결과를 대신하는 환유라고 할 수 있습니다. 원래 '켜다'란 의미는 바이올린을 켜는 것과 같은 의미로 '문지르다(strike)'의 의미입니다. 부싯돌이나 성냥을 켜면(문지르면) 불이 밝혀지겠지요. 불을 밝히는 것을 나타내기 위해 원인으로 표현한 것입니다.

ᄀᄀᄀᄀᄀᄀᄀᄀᄀᄀ

이후 전기(electricity)가 발명되어 전깃불이 생겼을 때도 우리는 '전깃불을 켜다'란 표현을 계속 사용하였습니다. 실제로 전깃불을 켤 때 문지르는 행위가 없음에도 불구하고 '켜다'라는 표현을 계속 사용할 수 있었던 이유가 바로 환유 때문입니다. '켜다'란 원인이 '밝히다'란 결과를 대신하는 표현으로 오랫동안 사용하다보니, 사람들이 원래 '켜다'의 의미를 잊어버리고 새로운 의미로만 알고 있게 됩니다. 그래서 바이올린을 켜는 것과 전깃불을 켜는 것 사이에는 아무런 의미적인 연관성이 없는 것으로 보이기도 합니다. 아무런 의미적인 연관성이 없는 것으로 판단이 되는 경우는 다의어가 아닌 동음어로 분류됩니다. 실제로 국립국어원의 『표준국어대사전』에서도 전깃불을 켜는 것과 바이올린을 켜는 것을 동음어로 분류하고 있습니다.

시간을 돌이켜보면 바이올린을 켜는 것과 전깃불을 켜는 것이 의미적으로 서로 연관성이 있지만, 현 시점에서 보면 의미적 연관성을 찾기가 힘들 수도 있습니다. (의미적 투명성과 관련한 앞선 논의를 생각해보세요. 예전에는 투명했던 표현이 (물질)문화의 변화로 인해 불투명한 표현으로 변할 수 있다는 것을 아래 4.4.1에서 살펴보게 될 것입니다.) 언어를 바라볼 때, 현재의 시점에서만 바라볼 수도 있고, 과거에서 현재로 시간의 흐름을 따라 바라볼 수도 있습니다. 현재의 시점에서만 바라보는 견해를 '공시적 (synchronic) 견해'라고 하고, 시간의 흐름을 따라 보는 견해를 '통시적 (diachronic) 견해'라고 합니다. 공시적 견해와 통시적 견해가 서로 다른 예는 한자(Chinese character)에도 나타납니다. 예를 들어, '사람'을 나타내는 한자 '人(인)'의 형상이 현재의 모양이 된 것은 사람들이 혼자서 살기 힘들고 서로 의지해서 살아야하기 때문이라고 주장하는 것은 한자의 현재 모습만 바라본 일종의 공시적 견해입니다. '人'은 사람이 서있는 (다른 동물과 구분되는) 자세의 원래 모양에서 머리와 팔의 모습은 세월이 흐르면서 빠져버리고 두 다리의 모습만 남은 것입니다. 이렇게 시간의 흐름을 따라 바라보는 것이 통시적인 견해입니다.

〰〰〰〰〰〰

☞ 인터넷에서 '정보를 찾다'라는 의미로 '찔러보다'란 표현을 가까운 지인이 사용하는 것을 보았습니다. "네이버에 한번 찔러볼래?"

네이버에서 어떤 정보를 찾아보라는 의미로 사용한 말입니다. '찔러 보다'가 어떻게 '정보를 찾다'의 의미로 확장되었을까요? 은행자동 인출기를 주로 이용하던 지인은 은행카드를 찔러(넣어)서 잔고 및 입금 내역 등의 정보를 찾았습니다. 결국, (적어도 그 지인에게는) 찌르는 원인이 정보를 찾는 결과를 대신한 환유로 인해 '찌르다'는 표현이 '정보를 찾다'라는 의미로 확장된 것이라 할 수 있습니다.

마지막으로, 원인과 결과로 구분 짓기가 힘이 들지만 두 사건(상황)이 서로 '상호관련성'을 맺는 경우를 살펴보겠습니다.

(61) I have not played tennis <u>since</u> it rained.

'since'는 크게 '-이래로'와 '-때문에'라는 두 가지의 의의를 지닙니다. 어떻게 원래 '-이래로'란 의미를 지닌 'since'가 '-때문에'라는 의미도 가지게 된 것일까요? 'A since B'란 표현에서 B는 항상 선행한 사건이 되고 그 이후에(since) 발생한 사건이 A가 됩니다. 그런데 일반적으로 먼저 일어난 사건은 나중에 일어난 사건의 원인이 되는 경우가 많습니다. '먼저 발생한 사건'과 '원인'이 서로 상호관련성을 맺기 때문에 결국, 접속사 'since'가 두 가지 의미를 갖게 된 것입니다. (Grady(1997, 1999)는 이를 '경험적 상관관계(experiential correlation)' 라고 부릅니다. '경험적 상관관계'와 환유의 관계에 대한 더 깊은 논의는 Panther and Radden(1999)을 참고하기 바랍니다.) 앞으로 이 마지막 환유를 '경험적 상관관계 환유'라고 부르도록 하겠습니다.

☞ Pavlov의 조건(stimulus)-반사(response) 실험을 아십니까? 개에게 종을 울리면서 고기를 반복적으로 줍니다. 그러면 나중에 개는 고기를 주지 않더라도 종을 울리면 침을 흘리면서 고기를 기대하게 됩니다. 여기서 말하고 싶은 것은 '종소리'는 원래 '고기'란 의미가 없습니다. 그런데 '종소리'와 '고기'가 상호관련성을 맺기 때문에 개에게는 '종소리'는 곧 '고기'의 의미를 지니게 되는 것입니다.

☞ '징크스(jinx)'라는 것이 있죠? 생일과 시험 날이 겹쳐 아침에 '미역국'을 먹고 시험을 쳤는데, 우연히 시험을 망치게 되었습니다. 이런 경험적 상관관계를 경험하게 되면, 이런 경험을 한 (일부) 사람들에게는 시험을 치는 날 미역국을 먹으면 시험을 망친다는 징크스가 생기게 되지요. 다른 말로 하자면, 경험적 상관관계로 인해 '(생일의) 미역국'은 '시험의 실패'라는 의미가 생기게 되는 것입니다. '징크스'라는 것도 결국 경험적 상관관계 환유라고 볼 수 있습니다.

지금까지 다양한 종류의 환유를 살펴보았습니다. 여기서 마지막으로 환유는 문화(언어)권에 따라 동일하게 나타날 수도 있지만 다르게 나타날 수도 있음을 살펴보고자 합니다. 예를 들어, 위에서 살펴본 "Lend me a hand."와 "일손이 부족하다."와 같이 사람을 지칭하기 위해 신체의 일부를 사용하는 환유는 영어와 한국어에서 같이 사용됩니다. 반면, "머리를 자르다"의 경우는 한국어는 전체가 부분을 대신하는 환유를 사용하지만 영어로는 "I got a haircut."에서처럼 환유를 사용하지 않습니다. 이런 경우, 영어권화자들이 '머리를 자르다'라는 표현을 환유의 의미가 아닌 문자적인 의미로 받아들인다면 끔찍하고 화들짝 놀랄 수 있는 말이 되겠지요. 문화에 따른 환유의 사용여부가 의사소통에 지장을 초래할 수 있는 예입니다.

이번에는 우리는 환유를 사용하지 않는데 영어에서 환유를 사용하는 경우를 살펴봅시다. 아래의 예를 어떻게 번역할까요?

(62) You need to pick up your office.

사무실을 어떻게 집어들 수가 있겠습니까? 이 표현은 사무실을 정리정돈 할 필요가 있다는 뜻입니다. 어떻게 정리정돈을 하다는 의미가 생기게 된 것일까요? 사실은 사무실을 집어 드는 것이 아니라 사무실에 어질러져있는 사무실의 집기나 물건을 집어 드는 것으로 정리정돈의 의미가 생기게 된 것입니다. 사무실이라는 '전체'가 사무실의 집기나 물건이라는 '부분'을 대신하는 환유입니다. 영어는 환유를 사용하는데 반해 우리는 환유를 사용하지 않기 때문에 이런 표현을 이해하기가 쉽지 않습니다.

☞ "I am too tired to play tennis now."를 왜 "나는 지금 너무 피곤해서 테니스를 못 치겠어요."처럼 번역하는 것일까요? 두 표현의 차이는 무엇일까요? 영어 표현을 직역하면, "지금 테니스 치기에는 내가 너무 지쳐있습니다." 정도가 되겠죠. 이 번역―그리고 영어문장―은 '원인'에 초점을 둔 표현인데 반해, 앞의 번역문은 '결과'에 초점을 둔 표현입니다. 같은 언어 내에서 원인과 결과를 서로 환유적인 표현으로 사용하듯이, 다른 언어로 번역할 때도 우리는 환유적인 표현을 이용하기도 합니다.

지금까지 다의어를 만드는 기제로서의 은유와 환유에 대해 자세히 살펴보았습니다. 다음 절에서는 다의어가 어떤 구조로 이루어지는지에 대해 살펴보도록 하겠습니다.

4.3.3. 다의어의 구조

다의어의 의미구조를 이해하기 위해 하나의 비유를 들어보겠습니다. 사회에는 여러 모임(친목단체)이 있을 수 있습니다. 예를 들어, 동창회와 같은 모임이 있을 수 있고, 또 친한 친구들끼리의 계모임도 있을 수 있습니다. 동창회모임은 회원들끼리 같은 학교출신이라는 공통점을 공유합니다. 반면 친한 친구들끼리의 계모임은 반드시 회원들끼리 공통점을 공유할 필요는 없습니다. 필자가 속한 한 계모임의 경우 대다수 회원이 같은 학교 출신이지만, 회원 중에는 한 회원의 고향친구도 포함되어있습니다. 친구들끼리 어울리다보니 친구의 친구도 함께 친구가 된 것입니다. 이런 계모임의 경우는 모든 회원들이 공유하는 공통점은 없지만 하나의 모임이 형성된 경우입니다. 다의어도 마찬가지입니다. 동창회모임처럼 의의들끼리 공통점을 공유하는 다의어도 있고, 계모임처럼 의의들끼리 공통점을 공유하지 않는 다의어도 있습니다. 전자와 같은 다의어는 '핵심의미(core-meaning) 구조'를 지닌 것이고, 후자와 같은 다의어는 '의미연쇄(meaning chain) 구조'를 지닌 것입니다. 아래에서 핵심의미 구조와 의미연쇄 구조에 대해 자세히 살펴보도록 하겠습니다.

A. 핵심의미 구조

핵심의미 구조란 모든 의의들이 핵심이 되는 의의를 공유하는 구조를 말합니다. 핵심의미 구조를 그림으로 나타내자면 다음과 같습니다.

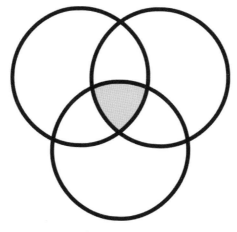

<그림 19> 핵심의미 구조

세 개의 원은 회색으로 표시된 핵심부분을 공유합니다. 많은 다의어들은 이처럼 핵심의미 구조로 이루어져있습니다. 'paper'라는 다의어를 예로 들어보겠습니다. 'paper'는 '신문, 서류, 논문, 시험지'와 같은 다양한 의의를 지닙니다. 이들 다양한 의의들은 모두 '종이'라는 핵심이 되는 공통점이 있습니다. 핵심의미 구조를 갖는 다의어는 아래에서 살펴볼 의미연쇄 구조에 비해 비교적 쉽게 의의를 파악할 수 있습니다.

B. 의미연쇄 구조

의미연쇄 구조란 아래 그림에서 볼 수 있듯이 모든 의의들이 핵심이 되는 의의를 공유하지 않습니다.

<그림 20> 의미연쇄 구조

첫 번째 원과 두 번째 원은 공유하는 부분이 있고, 두 번째 원과 세 번째 원도 공유하는 부분이 있습니다. 반면 첫 번째 원과 세 번째 원은 공유하는 부분이 전혀 없습니다. 하지만 두 번째 원을 중간 매개로 해서 첫 번째 원과 세 번째 원은 서로 연결이 됩니다. (마치 계모임에서 친구를 매개로 친구의 친구가 내 친구가 되듯이....)

의미연쇄 구조를 지닌 다의어를 살펴보도록 합시다. 먼저 아래의 예에서 'climb'이 무슨 의미인지, 의의들 사이에 공통점이 있는지 살펴보세요.

(63)   a. The helicopter <u>climbed</u> to 30,000 feet.

b. He <u>climbed</u> down the ladder.

(63a)는 헬리콥터가 3만 피트까지 '올라갔다'라는 의미인 반면, (63b)는 계단을 '(손으로) 붙잡고 내려갔다'는 의미입니다. 한 의의 는 '올라가다'의 의미인 반면, 다른 의의는 '내려가다'의 의미로 핵 심 공통의의가 전혀 없습니다. 즉, 두 의의들 간에는 아무런 연결고 리가 없음에도 하나의 단어로 표현된다는 것을 어떻게 이해할 수 있 을까요? 이 두 의의들은 아래 예문에서 사용된 의의를 중간 매개로 서로 의미적으로 연결이 될 수 있습니다.

(64) He <u>climbed</u> the rock.

(64)의 'climb'은 두 가지 의의—즉, i) 꼭대기(위) 쪽으로 움직이는 것과 ii) (두 손과 두 발을 이용하여) 조심스럽게 움직이는 것—를 모 두 갖고 있습니다. 반면 (63a)는 꼭대기 쪽으로 움직인다는 의미만, 그리고 (63b)는 (두 손과 두 발을 이용하여) 조심스럽게 움직인다는 의미만 있습니다. 따라서 (63a)와 (63b) 사이에는 공통된 핵심의미가 없지만 (64)를 매개로 보면 세 가지 의의 모두 의미적으로 연결이 됩니다. 일반적으로 의미연쇄 구조를 지닌 다의어를 외국인의 입장 에서 이해하기가 쉽지 않습니다.

의미연쇄 구조를 가진 영어의 다의어를 좀 더 살펴보도록 하겠습 니다. 다수의 영어 전치사(preposition)가 의미연쇄 구조로 이루어져 있습니다. 아래 전치사 'at'의 의의들을 살펴보세요. 이 의의들이 의 미적으로 어떻게 관련이 되어있을까요?

(65)　a. He is <u>at</u> the library.　　　(장소)

　　　b. She shouted <u>at</u> him.　　　(목표물)

　　　c. She was surprised <u>at</u> him.　　　(원인)

‘at’의 의미가 (65a)는 ‘장소(place)’를 나타내고, (65b)는 ‘목표물 (target)’을 나타내고, (65c)는 ‘원인(cause)’을 나타냅니다. 이들 세 의의에는 어떤 공유된 의미특징이 있을까요? 공유된 핵심의미를 찾기는 힘이 듭니다. 그렇다면 이들 세 의의들은 어떻게 관련이 되어 있을까요?

　먼저 ‘장소’의 의의부터 살펴보겠습니다. 그런데 영어에서 장소를 나타내는 전치사는 ‘at’ 외에도 다른 전치사가 있습니다. 거의 대부분의 전치사가 장소의 의미를 지니지만, 가장 대표적인 전치사로 ‘on’이나 ‘in’이 있습니다. ‘at’의 의미를 살펴보기 전에, ‘in’과 ‘on’의 차이점을 비교해보도록 하겠습니다. (두 전치사 모두 한국어로는 ‘-에’로 번역할 수 있기 때문에 ‘in’과 ‘on’의 의미를 쉽게 파악하기가 힘이 들 수도 있습니다. ‘in’은 ‘안에’로, ‘on’은 ‘위에’로 번역하면 너무 쉽게 구분할 수 있다고요? 계속된 논의를 보게 되면 결코 쉽지만은 않다는 것을 알게 될 것입니다. 정말 영어를 잘하는 독자를 제외하고....) 아래의 그림처럼 ‘in’은 공간의 안쪽에 위치한 것을 의미하고, ‘on’ (표)면(surface)에 붙어있는(touch) 것을 의미합니다.

(66)　a. The ball is <u>in</u> the box.

　　　b. The ball is <u>on</u> the table.

<그림 21> in과 on의 의미

☞ 위 (66a, b)를 각각 '공이 박스 안에 있다.'와 '공이 테이블 위에 있다.'처럼 번역할 수 있습니다. 하지만 'on'이 반드시 위쪽 면에 접할 필요는 없습니다.

(67)　　a. The TV is on the wall.

　　　　b. The fly is on the ceiling.

<그림 22> on the wall과 on the ceiling

'on'을 항상 '위에'로만 번역해서는 안 되겠지요.

☞ 테니스와 같은 경기에서 "The ball is on the line."이라고 하면 아래 그림의 공(ball) 중에서 어떤 것이 해당될까요?

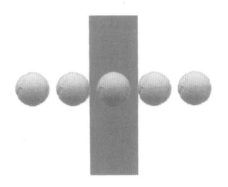

<그림 23> on the line

가운데 공만 해당될까요? 'on'을 '위에'라고 생각하면 맨 가운데 공만 해당되겠지요. 하지만 가운데 세 개의 공을 모두 'on the line'이라고 할 수 있습니다. 왜냐하면 'on'이 (면에) '붙어있다'는 의미이기 때문입니다. 물론 맨 왼쪽과 맨 오른쪽 공은 'off(떨어진) the line'에 해당됩니다.

☞ 'in'과 'on'의 의미를 이해하기 위해 (추상적인 의미로 사용된) 다음의 예문을 살펴봅시다. 아래의 예문에서 왜 'in'과 'on'을 사용하였는지 설명할 수 있겠습니까?

(68)　　a. Keep it <u>in your mind</u>.
　　　　b. What is <u>on your mind</u>?

왜 동일한 명사 mind 앞에 다른 전치사를 사용하였을까요? (68a)는 소중한 물건을 금고 속에 보관하라는 것을 "Keep it in the safe."라고 하듯이, 꼭 명심하여야할 소중한 말씀을 마음속에 보관하라는 의미입니다. 반면 (68b)는 "무슨 걱정되는 일이 있으세요?(What is worrying you?)"와 같은 의미입니다. 마음에 걱정스러운 일이 있으면 마음속 깊은 곳에 넣어두기가 쉽지 않죠. 일반적으로 걱정스러운 일은 마음의 표면으로 드러납니다. (그래서 우리는 얼굴표정만 보고도 상대방이 걱정하는 일이 있음을 알 수가 있는 것이죠.) 이런 의미적인 차이점을 이해하고 보면, 위의 예문에서 왜 'in'과 'on'이 각각의 예문에서 적절한 전치사인지를 알 수 있습니다.

☞ 'in'과 'on'이 의미적으로 구분되는 방식이 형용사 'empty'와 'blank'를 구분하는 데에도 적용이 됩니다. (한국어로는 두 형용사 모두 '빈' 혹은 '비어있는'으로 번역되어 그 구분이 한국 사람들에게는 쉽지 않을 수도 있습니다.) 아래 예문의 '빈'을 영어로 옮기면 'empty'가 될까요? 아니면 'blank'가 될까요?

(69) 빈 병, 빈 칸, 빈 종이, 빈 서랍

'empty'는 'in'과, 'blank'는 'on'과 관련된 의미라고 할 수 있습니다. 'empty'는 'in'처럼 공간(3차원)개념을 나타내는 반면, 'blank'는 'on'처럼 표면(2차원)개념을 나타낸다고 할 수 있습니다. 아래의 예문에서 볼 수 있듯이, 위의 예에서 공간개념을 나타내는 것은 'empty'로, 표면개념을 나타내는 것은 'blank'로 옮길 수 있습니다.

(70)　　a. empty bottle, empty drawer

　　　　b. blank (space), blank paper

☞ 'on'과 'in'의 의미구분을 염두에 두고 앞에서(4.2.2)에서 살펴본 언어사용자의 세상에 대한 해석의 문제를 다시 짚어볼 시간을 잠시 갖도록 하겠습니다. 웹사이트를 방문하여 일종의 등록하는 절차를 'log in'이라고 하나요? 아니면 'log on'이라고 하나요? 둘 다 맞는 표현입니다. 단지 생각의 차이일 뿐입니다. 웹사이트에 들어간다고 생각하면 'log in'이 맞고, 웹사이트에 접속—즉, 일종의 접촉—한다고 생각하면 'log on'이 맞는 표현이겠지요. 우리가 웹사이트에 들어간다고도 하고 접속한다고도 하듯이, 영어 원어민들도 두 가지 표현을 다 사용합니다.

이제 다시 'at'의 의미로 돌아와서 'at'과 'in/on'을 비교해보도록 하겠습니다. 다음 그림을 영어로 표현하려면, 아래 예문의 빈칸에 'at, on, in' 중에서 어떤 전치사가 가장 적합할까요?

<그림 24> at the table

(71) They are ＿＿＿ the table.

'in'은 테이블 안으로 들어가는 것이 불가능하니까 이런 상황에서 'in'을 사용하는 것은 불가능하겠지요. 'on'은 가능은 하겠지만 이런 상황에서는 어색합니다. 왜냐하면 일반적으로 테이블에 붙어있을 수 있는 방법은 테이블 윗면에 위치하는 것을 의미하는데, 사람이 테이블 위에 있다는 것은 이상한 일이지요. 만약 이런 상황에서 굳이 'on'을 사용하려면, "They are on the chairs around the table."처럼 표현해야겠지요. 사람들이 붙어있는 곳은 의자이기 때문에.... 그런데 우리는 일반적으로 큰 사물과 작은 사물이 함께 있는 경우, 큰 사물을 중심으로 얘기하는 것이 일반적입니다. "지금 어디 있니?"라고 물으면, "식탁에 있어요."라고 대답하는 것이 일반적입니다. 우리는 좀처럼 "식탁에 딸린 의자 위에 있어요."라고는 말하지 않습니다. 큰 물체를 중심으로 생각하는 이런 상황에서, 테이블의 공간 안도 아니고, 표면에 붙어있는 것도 아닌, 테이블이 있는 어떤 '지점(point)'이란 의미로 사용할 때 'at'이 가장 적합한 표현입니다.

☞ '나는 도서관에 있어요.'란 표현을 영어로 옮기면 아래 예문의 빈칸에 어떤 전치사를 사용하는 것이 좋을까요?

(72) I am ＿＿＿ the library.

우선 'on'은 적절하지 않습니다. 도서관 건물의 면에 붙어있다는 의미가 되기 때문입니다. 'in'과 'at'은 둘 다 가능한 표현입니다. 'in'은 도서관 건물의 안에 있다는 의미입니다. 그렇다면 'at'은 언제 사용할까요? 우리가 친구를 찾기 위해서 전화를 걸어서 묻습니다. "지금 어디 있니?" 이 질문은 보통 도서관 건물의 내부에 있는지, 아니면 도서관 외부에 있는지를 묻는 질문은 아닙니다. 이때는 비록 커피를 한 잔 마시기 위해 도서관 건물 밖에 나와 있더라도 "도서관에 있다"라고 대답하지요. 한국어와 마찬가지로 건물의 안과 밖이 중요하지 않은 상황에서, 도서관이 있는 지점에 있다는 의미로 사용할 때는 'at'을 사용합니다.

☞ "나는 삼성에서 근무합니다."란 표현을 할 때 동사 'work' 뒤에 어떤 전치사가 적합할지 잠깐 생각해볼까요? 직장이 삼성이라는 의미로 사용할 때 사용하는 가장 일반적인 표현은 "I work for Samsung." 입니다. "I work in Samsung."이라고 표현하면 마치 '삼성'이라는 회사의 건물 내부에서 일한다는 느낌을 주기 때문에 적합한 표현은 아닙니다. "I work at Samsung."이란 표현은 가능합니다. 하지만 'work at'은 'work for'와는 다소의 의미적인 차이점이 있습니다. 예를 들어, 청소용역업체 소속의 근로자가 삼성에서 근무를 한다면 "I work at Samsung."이란 표현을 사용할 수는 있지만, "I work for Samsung."이라고 하지 않습니다.

☞ 공간을 나타내는 전치사가 시간의 의미도 함께 나타내는 것은 아래의 예에서 볼 수 있듯이 매우 일반적인 현상입니다.

(73)　　a. 그는 식탁에 있다.
　　　　b. 결혼식이 12시에 있다.

(74)   a. She is <u>at</u> the table.

        b. The wedding is <u>at</u> 12.

그런데 위의 (74b)에서 많은 전치사들 중에서 왜 'at'이 사용된 것일까요? 공간을 나타내는 전치사가 은유적으로 확장되어 시간의 의미를 나타낼 때도 일반적으로 원래의 특성은 그대로 유지가 됩니다. 'at'은 원래 '점'을 의미하는 것이어서 시간을 나타낼 때도 시간(duration of time)이 아닌 시점(point of time)을 나타냅니다. 12시라는 것은 길이가 있는 시간이라기보다는 시간 선상의 한 점을 의미하는 것이죠. 그래서 위의 (74b)는 'at'이 적합한 표현이 됩니다. 'on'과 'in'은 각각 '면'과 '공간'을 나타내기 때문에 상대적인 크기에 따라 적절한 시간을 나타냅니다. 'on'은 주로 하루(day)를, 'in'은 그보다 큰 주일(week), 달(month), 년(year) 등을 나타냅니다.

이제 'at'의 원래 의미인 '점'이 어떻게 두 번째 의의인 '목표물'과 관련이 되는지 알아보도록 하겠습니다. 목표물을 향해 창을 던지거나 총을 쏠 때, 물체의 가운데 한 '점'을 겨냥합니다. '공간'이나 '면'이 아닌 '점'이 목표물이 되는 것이지요. 이런 경험들로 인해 '점'이 '목표물'이라는 의미를 나타내게 됩니다. 아래의 예는 한국어로 번역하면 모두 "그녀는 공을 그에게 던졌다."처럼 번역할 수 있지만, 목표물의 의미를 지닌 (75b)는 (75a)와 의미가 다릅니다.

(75)   a. She threw the ball <u>to</u> him.

        b. She threw the ball <u>at</u> him.

(75a)가 공놀이를 위해 받으라고 공을 던져준 것을 의미하는 반면, (75b)는 그를 목표물로 해서—즉, 그를 맞추기 위해—공을 던진 것을 의미합니다. 연인들끼리 눈싸움(snow fight)을 할 때는 아래의 예와 같이 'at'을 사용하는 것이 적절하겠지요.

(76) She threw the snowball <u>at</u> him.

☞ 위 (75)에 대한 이해를 바탕으로 다음 예문의 의미적인 차이점이 무엇인지 말할 수 있을까요?

(77)　　a. The dog went <u>to</u> him.
　　　　b. The dog went <u>at</u> him.

(77a)는 개가 (예를 들어, 그 사람이 불러서) 그에게로 갔다는 의미이지만, (77b)는 개가 그를 목표물로 삼아—즉, 물거나 공격하기 위해—그에게 달려들었다는 의미입니다.

'to'와 'at'의 의미적 차이점을 보기 위해 예문을 하나 더 살펴봅시다.

(78) I wish he could talk <u>to</u> me, rather than <u>at</u> me.

'talk to'는 공놀이를 하듯이 대화를 주고받는—즉, 의사소통적인—방식인데 반해, 'talk at'은 공으로 상대방을 맞추려고 하듯이 일방적으로—즉, 상대방의 얘기를 듣지 않고—자기의 얘기만 하는 방식을 의미합니다.

이제 'at'의 마지막 의의인 '원인'에 대해 살펴보겠습니다. '원인'
이라는 의의는 어떻게 앞서 살펴본 의의들과 의미적으로 관련되어
있을까요? '점'과 관련이 될까요? 아니면 '목표물'과 관련이 될까요?
아니면 어떤 것과도 아무런 관련이 없는 것일까요? 만약 아무런 관
련이 없다면 동음어로 분류해야겠지요? '원인'은 '목표물'과 경험적
상관관계 환유로 의미적 관련성이 발생합니다. 아래의 예문을 자세
히 살펴봅시다.

(79) She is angry at him.

화를 내는 대상(목표물)이 그 사람이란 의미입니다. 그런데 사람들
은 특별한 이유 없이 아무에게나 화를 내지는 않습니다. (정신이 이
상한 사람을 제외하고....) 일반적으로 사람들은 어떤 화를 낼만한 원
인을 제공한 사람을 대상으로 화를 냅니다. 이런 경험적 상관관계로
인해 '목표물'이 '원인'의 의미도 지니게 됩니다. 일단 '원인'의 의의
가 생기고 나면, 아래 예문과 같이 '목표물'의 의미가 전혀 없이 '원
인'의 의미로만 사용되는 경우가 사용되기 시작합니다.

(80) She was surprised at him.

'원인'이란 의의는 '목표물'이라는 매개를 통해 '점'이란 의의와 서
로 의미적 관련성을 맺습니다. 즉, 'at'은 의미연쇄 구조를 갖는 다의
어라고 할 수 있습니다.

지금까지 다의성의 본질, 다의어를 만드는 기제, 그리고 다의어의

구조에 대해 살펴보았습니다. 다음 절에서는 원리상 다의성과도 밀접하게 관련이 된 범주화(categorization)에 대해 살펴보도록 하겠습니다.

4.4. 범주화

배추, 상추, 시금치, 무, 브로콜리는 모두 채소(vegetable)라는 '범주(category)'에 들어갑니다. '범주화(categorization)'란 배추, 상추, 무 등을 채소라는 범주로 분류하는 행위를 의미합니다. 우리 인간들은 의식적이든 무의식적이든 끊임없이 세상을 범주화합니다. 생물과 무생물로, 생물은 다시 동물과 식물로, 동물은 다시 사람과 기타 동물로 분류를 합니다. 사람을 피부 색깔로 범주화하기도 하고, 또 혈액형(blood type)으로 분류하기도 하고, 성(gender)별로 분류하기도 합니다. 또한 우리는 살아가면서 주변의 사람들을 아군(friend)과 적군(enemy)으로 구분하기도 하고, 좋은 사람과 나쁜 사람으로 구분하기도 합니다. 이들 모두 범주화의 예라고 할 수 있습니다. 아래에서는 범주화의 방식, 원형과 문화, 원형효과, 범주화와 다의어의 관련성을 살펴보도록 하겠습니다.

4.4.1. 범주화의 방식

세상을 범주화하는 방식에는 크게 두 가지—즉, 고전모형(classical model)과 원형모형(prototype model)—가 있습니다. 아래에서 순서대로 살펴보겠습니다.

A. 고전모형

홀수(odd number)와 짝수(even number)의 범주를 생각해봅시다. 자연수(natural number)를 홀수와 짝수로 구분하는 방법을 기억하나요? 자연수를 2로 나누어 나머지(remainder)가 1이 남으면 홀수가 되고, 나머지 없이 나누어지면 짝수가 됩니다. 그리고 홀수와 짝수는 분명하게 구분이 됩니다. 어떻게 보면 홀수 같고, 다르게 보면 짝수 같은 자연수는 없습니다. 그리고 홀수면 홀수이지 홀수 중에서 더 홀수 같은 수는 없습니다. (물론 짝수도 마찬가지입니다.) 홀수와 짝수와 같은 이런 특징을 지닌 범주가 범주화의 고전모형에 해당됩니다.

고전모형의 특징을 좀 더 명시적으로 살펴보면 다음과 같습니다.

(81)   고전모형
   a. 범주의 조건: 범주에 들어가기 위한 필수적인 조건—좀 더
                   정확히 표현하면, 필요충분조건—이 있다.
   b. 범주의 경계: 범주 사이의 경계가 분명(clear-cut)하다.
   c. 구성원의 자격: 같은 범주에 속한 구성원은 모두 동등한 자
                   격을 갖는다.

첫째, 범주의 조건으로 홀수가 되거나 짝수가 되는 필수적이면서 또 (그것으로) 충분한 조건이 있습니다. 예를 들어, 홀수가 되기 위해서는 2로 나누어 나머지 1이 반드시 있어야하는 것이 필수조건입니다. 그리고 나머지 1이 있는 것으로 홀수가 됨을 또 충분히 알 수 있습니다. 이런 것을 필요충분조건이라고 합니다. 짝수가 되기 위한 필요충분조건은 나머지가 없이 나누어져야 합니다. 둘째, 홀수와 짝수

사이의 경계는 분명합니다. 어떤 자연수가 홀수인지 아니면 짝수인지 구분하기가 힘든 경우는 없습니다. 아무리 큰 자연수도 쉽게 구분이 됩니다. 예를 들어, 123,456은 짝수이고, 654,321은 홀수가 됩니다. 셋째, 홀수면 홀수이지 어떤 홀수가 더 홀수다운 홀수는 없습니다. 어떤 홀수라고 2로 나누면 모두 나머지가 1이 되기 때문입니다.

☞ '삼각형(triangle)'이라 부르는 범주도 고전모형에 해당됩니다. 첫째, 삼각형이 되기 위한 필요충분조건은 닫힌 평면 도형이면서 세 개의 선과 내각의 합이 180가 되는 것입니다. 둘째, 삼각형과 다른 각형은 경계가 분명하여 쉽게 구분이 됩니다. 셋째, 삼각형이면 모두 삼각형이지 어떤 삼각형이 다른 삼각형에 비해 더 삼각형다울 수는 없습니다.

그런데 이런 고전범주모형이 세상의 모든 범주를 설명하지는 못합니다. 아래에서 고전범주모형으로는 설명이 불가능한 예들을 살펴볼 것입니다.

B. 원형모형

원형모형의 특징을 살펴보면 다음과 같습니다.

(82)　원형모형
　　　　a. 범주의 조건:　　　같은 범주에 속한 모든 구성원들이 필요 충분조건을 공유할 필요가 없다. 구성원들 간에는 가족닮음(family resemblance)으로 서로 관련될 수 있다.

b. 범주의 경계:　　　범주 사이의 경계가 불분명(fuzzy)하다.

c. 구성원의 자격:　　　같은 범주에 속한 구성원의 자격이 동등하지 않다. 어떤 구성원은 다른 구성원에 비해 좀 더(more) 전형적이거나(prototypical), 덜(less) 전형적이다.

위 세 가지 특징들을 순서대로 자세히 살펴보도록 하겠습니다. 첫째, '범주의 조건'에 대해 알아보겠습니다. '스포츠(sports)'라 정의할 수 있는 필요충분조건이 있을까요? 예를 들어, '역도(weight-lifting)', '농구(basketball)', '테니스(tennis)', '바둑(go)' 중에서 어떤 것이 스포츠이고 어떤 것이 스포츠가 아닐까요? 네 종목 모두 스포츠에 속합니다. 아마 여러분들 중에는 바둑이 어떻게 스포츠가 될 수 있느냐는 의문을 가진 분이 있을 수도 있습니다. 하지만 '대한바둑협회'는 '대한체육회'의 지원을 받으며 다른 체육단체와 더불어 '대한체육회'의 회원기관입니다. 아시안게임에서도 바둑이 다른 스포츠종목과 더불어 정식종목으로 등록되어 있습니다.

바둑이 어떻게 스포츠가 될 수 있을까요? 예를 들어, '역도'와 '바둑'이 어떤 공통점을 지니고 있을까요? '역도'와 '바둑'은 공통점을 찾기가 힘이 듭니다. 그럼에도 불구하고 '바둑'은 '역도'와 더불어 스포츠에 포함됩니다. 이 둘은 서로 어떻게 연관되어 있을까요? (현명한 독자들은 앞서 살펴보았던 '의미연쇄구조'를 떠올릴 것입니다. 그렇습니다. 잠깐만 앞서 배운 다의어의 구조를 다시 살펴보겠습니다. 다의어는 '핵심의미구조' 또는 '의미연쇄구조'로 구성되어있다는 사실이 생각납니까? 다의어의 '핵심의미구조'는 범주화의 고전모형에 속하는 것인 반면, 다의어의 '의미연쇄구조'는 범주화의 원형 모형에 속하는 것이라고 할 수 있습니다.) '바둑'과 '역도'는 직접적으로 관련을 짓기는 힘이 듭니다. '역도', '농구', '테니스'는 서로 유사한 점이 있습니다. 이들은 모두 체력증진을 위해 하는 운동이란 점이 비슷합니다. 물론 차이점도 있습니다. 역도는 혼자서 하는 운동인 반면, 농구와 테니스는 공을 가지고 상대방과 경쟁하는 운동입니다. 농구는 팀에게 공을 여러 차례 패스할 수도 있는 반면, 테니스는 한 번에 공을 쳐서 상대에게 넘겨주어야 합니다. 바둑은 이런 면에서 테니스와 비슷합니다. 즉, 상대가 있어서 그 상대와 경쟁하고, 내가 한 번의 기회를 가진 다음 상대에게 기회를 넘깁니다. 테니스가 육체적인 게임이라면 바둑은 정신적인 게임이라는 점에서 서로 다르지만 같은 점도 있습니다. 결국, 역도는 체력증진을 위한 게임이란 점에서 테니스와 비슷하고, 바둑은 상대와 경쟁에서 이기려고 노력하는 게임이라는 점에서 테니스와 비슷합니다. 역도와 바둑은 서로 공통점이 없지만 스포츠 범주에 포함시킬 수 있는 것은 바로 중간 매개인 테니스의 존재 때문입니다. (친구의 친구가 같은 친목회모임의 회원이 될 수 있는 것처럼....) 이를 '가족닮음(family resemblance)'이라고 부릅니다. 할아버지와 손자는 서로 닮지 않았지만 중간 매개인 아버지를 보면 서로 가족이라는 것을 인지할 수 있듯이.... 즉, 할아버지와 아버지가 닮고, 아버지는 아들과 닮고, 결국 할아버지와 손자가 닮은 모습을 볼 수 있게 되는 것입니다.

☞ 고전모형으로 바라본다면 대한바둑협회는 대한체육회는 결코 회원단체가 될 수 없고 재정적인 지원을 받기도 힘이 들었을 것입니다.

둘째, '범주의 경계'를 살펴보겠습니다. 무지개(rainbow)를 살펴볼까요? 무지개의 색 중에서 예를 들어, 빨강(red)과 주황(orange)의 경계가 분명한가요? 빨강과 주황의 경계를 나누라고 하면 사람들마다 다른 경계를 말할 가능성 높습니다. 이름으로는 빨강과 주황이 명백히 구분되지만 실제 무지개에서는 그 경계가 불분명합니다. 휠체어(wheelchair)는 의자(chair)인가요? 운반수단(vehicle)인가요? 휠체어를 둘 중 어느 한 범주에 넣기는 쉽지 않습니다. 의자이면서 동시에 운반수단도 될 수가 있습니다. 이처럼 범주의 경계가 흐릿한 경우가 세상에는 많이 있습니다.

☞ 고래(whale)는 어류(fish)일까요? 아니면 포유류(mammal)일까요? 여러분들은 아마 생물 시간에 배운 지식을 바탕으로 고래는 포유류라고 자신 있게 말할 것입니다. 물론 알이 아닌 새끼를 낳는다는 점에서는 포유류가 맞습니다. 그런데 일상생활에서 느끼는 고래는 어류입니다. 포유류라는 개념을 모르는 어린아이나 어른들에게 물어보세요. 고래가 물고기를 더 닮았는지 포유류(중의 어떤 것을 특정해서)를 더 닮았는지. 아마 물고기를 더 닮았다고 할 것입니다. 고래 고기를 사려면 포유류를 판매하는 곳으로 가야할까요? 아니면 어시장—물고기를 파는 시장—으로 가야할까요? 사실 고래를 물고기와 포유류 어느 하나의 범주로 분류하기는 어렵습니다. 새끼를 낳는다는 점에서는 포유류이고, 물에 산다는 점에서는 어류입니다. 고래는 포유류와 어류의 특성을 다 지니고 있다고 할 수 있습니다. 여기서 이야기 하고 싶은 것은 어류와 포유류의 경계가 생각만큼 그렇게 분명하지 않다는 것입니다.

☞ 서양 학문에서 가장 중요하게 생각되어온 전통적인 학문은 바로 '분류학(taxonomy)'입니다. 사물에 대한 관찰과 분석을 통해 범주로 나누는 것입니다. 사물을 범주화하기 위해서는 필요충분조건과 같은 엄격한 기준이 필요합니다. 그래서 고전범주모형이 아리스토텔레스(Aristotle)부터 내려온 서양의 전통적인 범주화모형입니다. 하지만 Rosch(1973, 1977, 1983)를 시작으로 원형모형이 시작됩니다. 어쩌면 동양 사람들은 처음부터 세상은 복잡한 인과관계로 서로 얽혀 있는 복잡한 곳으로 사물을 범주화할 수 있는 필요충분조건이 있을 수 없다고 믿었는지 모르겠습니다. 동양에서는 비록 원형모형과 같은 범주화의 모형을 개발하지는 못했지만 고전모형으로 모든 세상의 사물을 범주화할 수는 없다는 것을 깨닫고 있었던 것 같습니다.

셋째, 같은 범주에 속하더라도 '구성원의 자격'은 서로 다를 수 있습니다. '새(bird)'의 범주를 예로 들어보겠습니다. '새'라고 하면 여러분은 어떤 새가 머릿속에 가장 먼저 떠오르나요? 아마, 참새(sparrow), 비둘기(dove).... 혹시 닭(chicken)이나 오리(duck)를 떠올린 분도 있나요? 아마 없을 것 같습니다. 참새나 비둘기는 닭이나 오리에 비해 더 전형적인 새라고 볼 수 있습니다. 닭이나 오리보다도 덜 전형적인 새들도 있습니다. 타조(ostrich), 펭귄(penguin) 또는 키위(kiwi)는 닭이나 오리보다도 덜 전형적인 새에 속합니다. '새'라고 해서 모든 종류의 새들이 동등한 자격을 가지는 것은 아닙니다. 전형적인 새들은 일반적으로 다음과 같은 특성을 지닙니다.

(83)　'새'의 전형적인 특징
　　　a. 날개를 이용하여 날 수 있다.

b. 덩치가 작다.

c. 둥지(nest)를 나무에 짓는다.

참새와 비둘기는 이 세 가지 특징을 모두 지닙니다. 따라서 참새와 비둘기는 새의 원형(prototype)이라고 볼 수 있습니다. 반면 닭과 오리는 잘 날지 못하고 둥지가 나무 위에 있지 않다는 점에서 원형에서 다소 멀어진 것으로 볼 수 있습니다. 즉, 닭과 오리는 참새와 비둘기에 비해 덜 전형적인 새입니다. 타조는 날지도 못하고 둥지가 나무에 있지 않으며 덩치도 너무 크다는 점에서, 펭귄은 날지 못하고 둥지가 나무에 있지 않으며 마치 물고기처럼 물속을 헤엄쳐 다닌다는 점에서, 키위는 날개가 퇴화되어 날개 자체가 없다는 점에서 원형에서 상당히 멀어진 것으로 볼 수 있습니다. 타조와 펭귄 그리고 키위는 닭이나 오리보다도 덜 전형적인 새라고 할 수 있습니다.

☞ 원형이론(Prototype Theory)에서는 '더 전형적인(more prototypical)' 혹은 '덜 전형적인(less prototypical)'이라는 용어를 사용합니다. 어떻게 보면, 세련된 학술적인 용어처럼 들리지 않을 수 있습니다. 하지만 원형이론에서는 '비전형적인'과 같은 용어를 사용하지 않는데, 그 이유는 '전형적인/비전형적인'과 같은 용어가 이분법적인 특성을 드러내기 때문입니다. 같은 범주에 속하더라도 구성원의 자격은 다양한 정도로 다를 수 있다는 것이 원형이론이기 때문에 '더' 또는 '덜'과 같은 용어를 사용하는 것이 타당합니다.

☞ '키위'는 세 가지 의미가 있습니다. 첫째는 뉴질랜드에만 서식하는 날개가 퇴화된 새입니다. 뉴질랜드에는 뱀이 없습니다. 천적이

없기 때문에 굳이 날지 않아도 땅에 있는 먹이만으로도 생존이 가능하기 때문에 날개가 퇴화되어버린 것이죠. 둘째는 뉴질랜드 사람들을 의미합니다. 인접성으로 인해 환유적으로 의미가 확장된 결과입니다. 셋째는 우리가 먹는 열매 키위입니다. 뉴질랜드에서 새로운 품종으로 개발한 열매로 이름을 무엇으로 지을까 고민을 하다가 가장 뉴질랜드다운 이름을 붙인 것이 키위입니다. 이 또한 환유적으로 의미가 확장된 것입니다.

☞ 차도는 차가 다니도록 만든 도로인 반면, 인도(sidewalk)는 보행자를 위한 도로입니다. 승용차와 버스는 당연히 차도로 다녀야겠죠. 또 사람은 당연히 인도로 다녀야합니다. 오토바이도 차도로 다니는 것이 맞습니다. 그러면 자전거는 어떻습니까? 차도를 이용해야할까요? 아니면 인도를 이용해야할까요? 아마 차도를 이용하는 것이 옳다고 생각하는 사람들이 많을 것 같습니다. 하지만 일부 자전거는 인도를 이용하기도 하는 것 같습니다. 심지어 인도를 질주하는 오토바이도 간혹 봅니다. 혼란스러운 일을 피하기 위해 차도와 인도를 이용하는 규정을 만들 필요가 있지 않을까요? ("그때그때 알아서 하면 되지, 규정은 무슨 규정"이라고 생각하면 매우 동양적인 사고를 하는 사람입니다.) 만약 규정을 만든다면, 여러분은 어떻게 규정을 만들까요? "바퀴가 달린 운송수단(vehicle)은 차도를 이용해야한다"는 규정을 만든다면, 어떤 일이 발생할까요? 유모차(stroller)는 바퀴가 있으니까 차도를 이용해야하는 일이 발생하게 됩니다. 휠체어도 마찬가지가 되겠죠. 꼬마들이 신는 바퀴달린 운동화도 마찬가지로 차도를 이용해야하겠죠. 규정을 "전동장치의 힘으로 움직이는 운송수단은 차도를 이용해야한다"로 고치면 될까요? 이렇게 되면, 자

전거는 차도를 달리지 못합니다. 반면 최근 개발된 '세그웨이'나 '마이크로 킥보드'는 차도를 이용하여야 합니다. 이 새로운 기구를 이용하여 차도로 달린다면 위험하지 않을 까요? (그렇다고 인도를 이용하게 하면 보행자가 위험하겠지요.) 도로는 두 종류 밖에 없는데 생각보다 다양한 이용자들이 있습니다. 누가 차도를 이용하고 누가 인도를 이용할 것인지 구분 짓기가 쉽지 않죠. 범주화하는 것이 쉽지 않다는 뜻입니다. 세상에는 분명히 이와 같이 경계를 구분 짓기가 쉽지 않은 경우가 많습니다.

다음으로 넘어가기 전에 꼭 지적하고 싶은 말은 이런 현상에 대한 태도에서 동서양의 차이를 보인다는 것입니다. 동양에서는 앞서 짧게 이야기한 것처럼 범주화하여 규정짓는 일에 무관심하거나 잘 하려고 하지 않습니다. (물론 정치인들의 무능함과 패거리 싸움을 하는데 정신이 팔려있는데 이런 일에 관심이나 있겠습니까?!) 하지만 서양 사회에서는 어려움이 있음에도 불구하고 최선을 다해 범주화하여 누가 차도를 이용할지, 또 누가 인도를 이용할지 명문화합니다. 이런 식으로 제도화함으로써 책임이나 분쟁의 소지를 최소한으로 줄이려고 노력합니다. 우리는 미리 예방하기 위해 노력하기보다는 그때그때 알아서 하면 되지 하면서 손 놓고 있다가 큰 일이 터지면 그제야 "세상에 이를 수가 있어!"하면서 분개하고 마녀사냥을 하다가 시간이 지나면 또 잊어버립니다. 제도의 개선은 없이 울분을 희생양을 통해 풀면 그만입니다.

☞ "산은 산이요, 물은 물이로다."란 성철 스님의 말씀이 생각이 납니다. (종교적인 해석을 떠나서) 순수하게 언어학적인 입장에서

이 말씀을 생각해볼까요? 자연 속에는 산(mountain)도 있고 계곡도 있습니다. 그런데 산과 계곡의 경계를 어디로 정해야할까요? 어디까지가 산이고 어디서부터 계곡일까요? 이분법적으로 정확하게 그 경계를 정하는 것은 힘이 듭니다. 그 경계는 모호하기 때문입니다. 어떻게 보면 산과 계곡은 연장선상에 놓여있기 때문에 산은 계곡의 연장으로, 계곡은 산의 연장이라고 볼 수 있습니다. 경계는 불분명할지라도 전형적인 산과 전형적인 계곡은 분명히 존재합니다. 산은 산이고, 물은 물인 것이지요.

이제 원형모델이 언어현상을 설명하는 데에는 어떻게 적용되는지 살펴보도록 하겠습니다. 먼저, 범주의 조건부터 살펴봅시다. 앞서 논의한 'at'의 예로 설명하겠습니다.

(84) a. She is <u>at</u> the table.   (지점)
       b. She is angry <u>at</u> him.   (목표물)
       c. She is surprised <u>at</u> him.   (원인)

위 세 가지 의의가 공유하는 핵심의미는 없습니다. 이 말을 다르게 표현하면, 'at'이 되기에 필요충분조건은 없다고 할 수 있습니다. 'at'의 의의들 중에서 목표물은 지점과 관련이 되고, 원인은 목표물과 관련이 되는 의미연쇄구조를 하고 있습니다. 즉, 지점과 원인은 목표물이라는 매개를 통해 가족닮음으로 관련이 됩니다.

둘째, 범주의 경계를 살펴보겠습니다. 아래 예문에서 'on'과 'over'에는 어떤 차이점이 있을까요?

(85)   a. The book is <u>on</u> the table.

          b. The tablecloth is <u>over</u> the table.

<그림 25> on vs. over

위의 그림에서 볼 수 있듯이, 'on'은 단순히 책이 테이블 위에 있다는 의미인 반면에, 'over'는 식탁보가 책상 위에 덮여있다는 의미입니다. 논의의 편의를 위해 'X is on/over Y'라는 기호를 사용하면, 일반적으로 X가 Y보다 커서 Y 전체를 덮고 있는 경우는 'over'를 사용하고, X가 Y보다 작아서 덮거나 가리는 것과는 거리가 먼 경우에 'on'을 사용합니다. 그런데 문제는 X와 Y의 상대적인 비율이 어느 정도가 되어야 'over' 또는 'on'을 사용할 수 있는지 그 경계는 불분명합니다. 즉, X가 Y 표면적의 몇 퍼센트를 가려야 'over'를 사용할 수 있는지 단정하여 말하기는 곤란합니다. 화자가 X가 Y를 덮고 있다고 생각하면 'over'를, X가 단순히 Y 위에 있다고 생각하면 'on'을 사용합니다. 'on'과 'over' 사이의 경계는 흐릿합니다.

경계가 불분명한 언어현상의 예를 하나만 더 살펴보겠습니다. 탈 것(vehicle)에 타는 행위를 지칭할 때, 경우에 따라 'get on'을 사용하기도 하고 'get in'을 사용하기도 합니다.

(86)　　a. I got on the bus/train/ship/plane.

　　　　b. I got in my car.

일반적으로 'get on'은 버스, 기차, 배, 비행기와 같이 크기가 큰 교
통수단을 이용할 때에 사용합니다. 반면, 승용차와 같이 크기가 작
은 교통수단을 이용할 때에는 'get in'을 사용합니다.

☞ 그런데 여기서 잠시 'get on'이란 표현에 대해 살펴보겠습니다.
가만히 논리적으로 생각해보면, 승용차뿐만 아니라 버스, 기차, 배,
비행기를 탈 때도 그 안으로 들어가기 때문에 'get in'이라는 표현이
더 적합할 것 같습니다. 그럼에도 불구하고 'get on'이라는 표현을
사용하는 이유는 이런 현대적인 교통수단이 발명되기 이전의 교통
수단인 말(horse)을 생각해보세요. 말을 타는 것은 말의 등위에 타는
것이므로 'get on'이라는 표현이 적합한 표현이겠지요. 그런데 세월
이 흐르면서 교통수단이 바뀌었음에도 불구하고 언어표현은 바뀌지
않고 예전의 표현을 그대로 사용함으로써 의미적으로 불투명하게
된 것입니다. 그런데 앞서 살펴보았듯이 사람들은 의미적인 투명성
을 찾으려는 노력을 합니다. 버스, 기차, 배, 비행기와 같이 넓은 교
통수단에서는 잘 못 느낄 수 있지만, 승용차와 같이 좁은 교통수단
을 타면 자유롭게 걷거나 움직일 수 없어서 공간 안에 들어왔다는
느낌이 강하게 듭니다. 이런 느낌을 나타내기 위해 좁은 공간의 교
통수단에는 'get on' 대신에 'get in'이라는 표현을 사용하게 되었습
니다.

☞ 혹시 소설이나 다른 글을 읽다가 "He got in the bus."와 같은 표현을 본 적이 없습니까? 이 표현은 버스가 낡아서 더 이상 교통수단으로 사용하지 않는 방치된 버스로 들어갔다는 의미로 사용할 수 있습니다. 예를 들어, 강도가 경찰의 추격을 피해 폐차된 버스 안으로 숨어들어 가는 경우에 이 표현을 사용할 수 있습니다. 왜냐하면 이런 버스는 교통수단이라기보다는 (이동이 불가능한) 단순한 공간 안으로 들어가는 것으로 볼 수 있기 때문입니다. 이런 현상은 한국어에서도 발견됩니다. '타다'라는 표현은 교통수단으로서 버스를 이용할 때만 사용합니다. 폐차되어 운행되지 않는 버스를 탄다고는 하지 않습니다. 대신에 버스 안으로 들어갔다는 표현을 사용합니다.

☞ '타다'라는 표현도 영어의 'get on'과 마찬가지로 교통수단인 말을 타는 것에서 시작되었습니다. '말을 타다, 말을 몰다(drive)'라고 하는 표현이 '자동차를 타다, 자동차를 몰다'라는 표현으로 이어졌습니다.

이제 다시 범주의 경계 문제로 돌아와서, 다음 질문을 생각해봅시다. 버스와 같은 큰 대중교통은 예전의 교통수단에서 사용하던 'get on'을 사용하는데, 승용차와 같이 작은 교통수단은 공간 안에 들어간 느낌을 표현하기—즉, 의미적 투명성을—위해 'get in'이라는 새로운 표현을 사용하게 되었습니다. 그런데 교통수단의 공간이 얼마나 작아야 'get in'이라는 표현을 사용할 수 있을까요? 예를 들어, 승강기 (elevator)의 경우는 어떨까요? 승강기는 내부로 들어가서 걷거나 움직일 수 있는 공간이 있어서 승용차보다는 다소 크게 느껴집니다. 이런 승강기는 'get on'이 어울릴까요? 아니면 'get in'이 어울릴까요?

(87) a. <u>Get on</u> the elevator.

  b. <u>Get in</u> the elevator.

영어 원어민의 말뭉치인 COCA에서 조사를 해본 결과, 승강기의 경우 'get on'과 'get in'이 비슷한 비율로—정확히는, 전자가 34회 (56%), 후자가 27회(44%)—사용되었습니다. 이것이 암시하는 바는 'get on'과 'get in'의 경계가 불분명하여 화자에 따라 다른 표현을 사용한다는 것입니다.

  셋째, '구성원의 자격'에 대해 살펴봅시다. 구성원이 동등한 자격을 지니지 않았다는 것을 동사(verb)의 예를 통해 살펴보겠습니다. 대부분의 동사는 아래 (88)처럼 진행형을 만들 수 있는데 반해, 일부 동사는 아래 (89)처럼 진행형을 만들 수 없습니다. (마치 대부분의 새들은 하늘을 날 수 있는데 일부 새들은 날 수 없듯이....)

(88) a. He kicked the table.

  b. He <u>was kicking</u> the table.

(89) a. He knew the answer.

  b. *He <u>was knowing</u> the answer.

행위(action)나 사건(event)을 나타내는 일반적인 동사와 달리 상태 (state)를 나타내는 동사는 진행형을 만들 수 없습니다. 같은 동사의 범주에 속하지만 소위 '상태동사'는 진행형을 만드는데 있어서 일반 동사와는 다른 특징을 보입니다.

☞ 그런데 상태를 나타내는 동사는 왜 진행형을 만들지 못하는지에 대해 생각해본 적이 있습니까? 원어민이 진행형을 만들어 사용하지 않으니까...?! 그렇다면 원어민은 왜 진행형을 만들어 사용하지 않을까요? 우선 동사의 본성부터 살펴볼 필요가 있습니다. 동사와 명사의 근본적인 차이점이 무엇일까요? 여러 가지 특징이 있을 수 있지만, 시간의 흐름과 관련해서 두 품사는 매우 다른 특징을 보입니다. 명사는 시간의 흐름 속에서 오랫동안 존재합니다. 시간이 흘러도 사라지거나 변하지 않는 특성이 있습니다. 예를 들어, 책이나 책상을 보세요. 세월이 흘러도 이들은 사라지거나 변하지 않습니다. 오늘도 내일도 책과 책상은 그대로입니다. 하지만 동사는 시간의 흐름 속에서 잠시 동안만 존재합니다. 시간이 흐르면 사라지거나 변하는 특성이 있습니다. 예를 들어, 차거나 때리는 행위는 아주 순간적입니다. 전형적인 동사들은 이처럼 순간적인 특성을 지니고 있습니다. 그런데 간혹은 그런 행위가 지속되는 상황이 있을 수 있습니다. 예를 들어, 탁자를 계속해서 반복적으로 차는 경우를 생각해보세요. 이처럼 행위가 순간적이지 않고 지속되는 것을 구분하여 표현하기 위해 진행형을 사용하게 된 것입니다. 그렇다면 상태를 나타내는 동사는 진행형을 만들지 못하는 이유는 무엇일까요? '상태동사'는 동사의 원형에서 멀리 떨어진 동사로 순간적이라기보다는 이미 지속적인 특성을 지니고 있습니다. 'know'를 예로 들어보겠습니다. 우리가 어떤 사실을 일단 알게 되면 그 앎이라고 하는 것은 지속됩니다. 순간적으로 알았다가 순식간에 다시 모르게 되는 경우는 거의 없습니다. 진행형은 순간적인 의미를 지속적인 의미로 바꾸는 기능을 하는 것인데, '상태동사'는 이미 지속적이라는 의미를 지니고 있기 때문에 군이 진행형으로 표현할 아무런 이유가 없는 것입니다. 이런

이유로 '상태동사'는 진행형을 만들어 사용하지 않는 것입니다.

☞ 지적 호기심이 강한 독자를 위해 여기서 퀴즈를 하나 내겠습니다. 아래의 두 문장 중에서 하나는 올바른 문장인데 반해 다른 하나는 올바르지 않은 문장입니다. 어떤 문장이 올바른 문장일까요? ('tall'은 '(키가) 큰'이라는 의미의 형용사이고, 'obnoxious'는 '역겨운, 불쾌한, 아주 기분이 나쁜'을 의미하는 형용사입니다.) 시간의 흐름에 따른 변화에 주목해보세요.

(90)   a. He is being tall.
        b. He is being obnoxious.

정답은 (90b)입니다. 'tall'은 순간적이지 않습니다. 키는 커졌다가 줄어들었다가 하지 않습니다. 반면 'obnoxious'는 순간적입니다. 사람의 역겹거나 불쾌한 감정은 시간이 흐르면 쉽게 바뀌는 것입니다. (90b)는 순간적인 감정의 특성을 지닌 'obnoxious'가 지속된다는 것을 나타내기 위해 진행형을 만든 것입니다. (90a)는 'tall'이 이미 지속적인 특성을 지니고 있는데 진행형을 만들어 비문법적인 문장이 된 것입니다.

구성원 간의 자격이 동등하지 않은 현상을 명사(noun)에서 살펴보겠습니다. 다음의 예문에서 밑줄 친 명사에 주의를 기울여 보세요.

(91)   a. We needed a new telephone.   (전형적인 명사)
        b. We called the telephone company.   (기관)

c. They installed it in the <u>afternoon</u>.　　　(시간)

d. They did a lousy <u>job</u>.　　　(행위)

e. I am still amazed at their <u>stupidity</u>.　　　(특성)

'telephone'은 공간과 시간 속에 실체로 존재하는 가장 전형적인 명사입니다. 'company'는 조직과 같은 개념을 포함한 전화보다는 다소 더 추상화된 명사입니다. 'afternoon'은 공간 속에서는 존재하지 않고 오직 시간 선상에서만 존재하는 명사입니다. 'job'은 어떤 행위를 나타내는 것으로 동사와 가까운 특성을 지닙니다. 'stupidity'는 사람들의 특성을 나타내는 것으로 형용사와 가까운 특성을 지닙니다. 같은 명사라는 범주에 속한 것이라도 전형적인 명사가 있는가 하면, 원형에서 멀어진 명사도 있습니다.

　형용사(adjective)의 경우도 마찬가지입니다. 전형적인 형용사가 있는가 하면, 원형에서 멀어진 덜 전형적인 형용사도 있습니다.

(92)　　a. the beautiful girl　　　(전형적인 형용사)

　　　　b. The girl is beautiful.

(93)　　a. the main event　　　(덜 전형적인 형용사)

　　　　b. *The event is main.

'beautiful'처럼 전형적인 형용사는 (92a)처럼 수식어(modifier)로도 사용되고, 또 (92b)처럼 서술어(predicate)로도 사용이 됩니다. 하지만 'main'처럼 덜 전형적인 형용사는 (93a)처럼 수식어로는 사용되지만 (93b)처럼 서술어로는 사용되지 않습니다. 같은 형용사라는 범주에 속하더라도 그 특성은 개별 단어에 따라 달라질 수 있습니다.

지금까지 두 가지 범주화의 모형에 대해 살펴보았습니다. 세상에는 고전모형으로 설명이 가능한 현상도 있지만, 고전모형으로 설명이 불가능한 현상도 있음을 살펴보았습니다. 고전모형의 대안으로서 원형모형이 언어를 포함한 다양한 현상을 설명할 수 있음도 살펴보았습니다. 그런데 '원형'이라고 하는 것이 어떤 방식으로 정해지는 것일까요? 아래에서는 이 질문을 포함하여 원형과 문화와의 관련성을 논의하도록 하겠습니다.

4.4.2. 원형과 문화

A. 원형

원형이란 한 범주에 속한 구성원들 중에서 가장 전형적인 구성원을 의미합니다. 그런데 한 범주 내에서 원형을 결정하는 데에는 어떤 요인들이 있을까요? 크게 두 가지 요인—즉, '빈도(frequency)'와 '습득(aquisition)'—을 들 수 있는데, 두 가지 요인은 서로 관련이 있습니다. 먼저 '빈도'부터 살펴보기로 하겠습니다. 우리가 살아가면서 가장 자주 접하게 되는 것이 그것이 속한 범주의 원형 또는 전형적인 구성원이 되는 것은 당연합니다. 의자(chair)를 예로 들어 설명하겠습니다. 아래 그림의 의자 중에서 어떤 것이 전형적인 의자일까요?

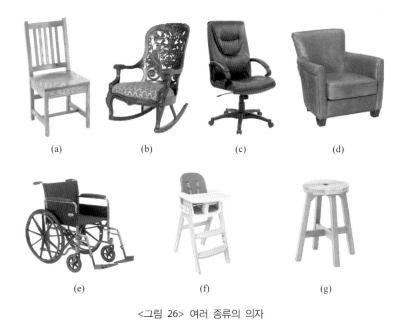

(a)   (b)   (c)   (d)

(e)   (f)   (g)

<그림 26> 여러 종류의 의자

전형적인 의자는 (a)입니다. 대부분의 사람들이 '의자'하면 제일 먼저 떠오르는 의자가 바로 (a)입니다. (a)가 가장 먼저 머릿속에 떠오르는 이유는 이런 종류의 의자를 가장 많이 접하기 때문입니다.

☞ 참고로, 위 의자의 영어 이름을 알아볼까요? 전형적인 의자인 (a)는 kitchen chair, (b)는 rocking chair, (c)는 swivel chair, (d)는 armchair, (e)는 wheelchair, (f)는 highchair, 그리고 (g)는 stool이라고 합니다.

☞ '어머니(mother)'의 원형 또는 전형적인 어머니는 누구일까요? '어머니'에는 여러 종류의 어머니가 있을 수 있습니다. 낳아준 어머

니, 키워준 어머니, 유전자를 제공한 어머니, 수유를 해준 어머니, 아버지의 배우자 등등. 그렇다면 전형적인 어머니 또는 어머니의 원형은 누가 될까요? 아마 우리주변에서 가장 자주 접하는 어머니는 방금 언급한 모든 특성을 지닌 어머니일 것입니다. 그러니까 어머니의 원형은 낳아주고, 키워주고, 유전자를 제공해주고, 수유를 해주고, 또 아버지의 배우자이신 어머니입니다. 이런 특성들을 많이 잃을수록 원형에서 멀어지는 어머니가 됩니다.

이제, 원형을 결정하는 두 번째 요인인 '습득'에 대해 살펴보겠습니다. 우리가 태어나서 가장 먼저 습득하는 구성원이 그 구성원이 속한 범주의 원형이 됩니다. 앞서 살펴본 'at'의 의의를 예로 들어 살펴봅시다. 'at'은 '장소', '시간', '목표물' 그리고 '원인'의 의의가 있습니다. 꼬마들이 태어나서 가장 먼저 습득하는 의의가 무엇일까요? '장소'의 개념을 가장 먼저 습득하기 때문에 'at'의 원형은 'He is at the table.'에서와 같은 장소의 의미가 원형이 됩니다.

그런데 가장 먼저 습득할 가능성이 높은 것은 당연히 주변에서 접할 가능성이 높은—즉, 빈도가 높은—것이겠지요. 따라서 빈도와 습득은 매우 관련성이 높다고 하겠습니다. 물론 아래 4.4.3에서 자세히 살펴보겠지만 빈도와 습득이 원형을 결정짓는 유일한 요소는 아닙니다. 하지만 빈도와 습득이 원형을 결정하는데 가장 중요한 요인임에는 틀림이 없습니다.

B. 원형과 문화

범주의 원형은 문화에 따라 달라질 수 있습니다. 왜냐하면 문화에 따라 한 범주에 속한 구성원의 빈도가 문화에 따라 달라질 수 있기 때문입니다. 새를 예로 들어보겠습니다. 한국문화권에서는 참새가 가장 전형적인 새인 반면, 영어문화권에서는 'robin(울새 또는 개똥지빠귀)'이 새의 원형입니다.

<그림 27> 새의 원형: 참새 vs. robin (울새)

집(house)은 일반적으로 동서남북 중에서 어느 방향을 향하고 있을까요? 우리는 대부분 남쪽이라고 대답할 것입니다. 물론 북반구(northern hemisphere)에 살고 있는 우리들은 대부분의 집들을 (겨울에 햇빛을 많이 받기 위해) 볕이 드는 쪽인 남쪽을 향해 짓습니다. 하지만 호주나 뉴질랜드 같은 남반구(southern hemisphere)에 위치한 나라에서는 대부분의 집들은 볕이 드는 북쪽을 향해 짓습니다. 북반구와 남반구는 집이 향한 방향에서 원형의 모습이 서로 다르게 나타나는 것입니다.

☞ 어릴 적 자주 듣던 김동환님의 시를 잠깐 감상해볼까요?

산너머 남촌에는 누가 살길래
해마다 봄바람이 남으로 오네
꽃 피는 사월이면 진달래 향기
밀 익는 오월이면 보리 내음새
어느 것 한 가진들 실어 안 오리
남촌서 남풍 불 제 나는 좋대나

아마 김동환 시인이 남반구에 사셨다면 "산너머 북촌에는 누가 살길
래, 해마다 봄바람이 북으로 오네...."처럼 표현하지 않았을까요? 또
"꽃 피는 사월이면...."도 "꽃 피는 시월이면...."으로....

☞ 호주와 뉴질랜드에서의 크리스마스를 생각해본 적이 있습니까?
우리는 12월 크리스마스하면 흰 눈 사이로 썰매를 타거나, 빨강색
외투를 입은 산타할아버지가 생각이 납니다. 그런데 남반구에서의
12월은 여름이 시작되는 무렵으로 눈, 썰매, 외투와는 어울리지 않
습니다.

<그림 28> 한국과 호주에서의 겨울(크리스마스)

☞ 선호하는 스포츠도 나라마다 다를 수 있습니다. 한국인은 야구를, 미국인은 미식축구(football)를, 영국인은 축구(soccer)를 가장 좋아합니다. 좋아하는 스포츠의 원형이 다른 것이죠.

문화에 따라 원형이 달라질 수 있듯이, 문화에 따라 범주의 경계 또한 달라질 수 있습니다. 위에서 살펴본 의자를 예로 들어보겠습니다. <그림 26>에 제시된 의자들 중에서 영어권문화에서는 'chair'의 범주에서 제외되는 것이 있습니다. 그것은 어느 것일까요? 정답은 (g)의 'stool'입니다. 그 이유는 'chair'는 일반적으로 등받이가 있어야 하는데, stool은 등받이가 없기 때문입니다. 하지만 한국에서는 등받이의 존재여부는 의자에서 크게 중요하지 않기 때문에 앉을 수 있는 'stool'도 의자의 범주에 포함시키는 것이 일반적입니다. 아마 한국인들은 '휠체어'를 의자보다는 운반도구의 범주에 포함시키는 것이 일반적일 것입니다.

☞ 여러분은 '토마토(tomato)'를 과일이라고 생각하나요? 아니면 채소라고 생각하나요? 서양 사람들은 대체로 토마토를 채소라고 생각하는 반면, 한국인들은 대체로 과일로 생각하는 것 같습니다. 다수의 한국 가정에서 사과나 오렌지와 같은 전형적인 과일처럼 후식(dessert)으로 먹습니다. (다른 채소들처럼 간혹 샐러드에 넣어 먹기도 하지만, 과일의 용도로 더 자주 사용하는 것 같습니다.)

☞ '불가사리(starfish)'는 물고기(fish)의 범주에 속할까요? 영어의 이름이 암시하듯이 영어문화권에서는 'starfish'를 'fish'의 범주에 포함시키는 반면, 한국에서는 '불가사리'를 '물고기'의 범주에 넣지 않

습니다. 그런데 '물고기'란 이름이 흥미롭지 않나요? (물고기의 입장
에서 보면 너무 슬프겠지만....) '고기'는 '식용하는 온갖 동물의 살'
을 의미합니다. '물고기'란 단어는 '물에서 얻을 수 있는 먹이'와 같
이 식용의 대상으로 바라본 표현이지요. 'fish'는 그냥 물에 사는 생
명체로 본 표현입니다. 서양 문화에서는 'fish'를 독립된 생명체로
본 것인데 반해 한국 문화에서는 사람과의 관련성 속에서 '물고기'
를 바라본 것입니다.

☞ 언어에서도 원형의 모습이 다를 수 있습니다. 예를 들어
'know'와 '알다'의 원형의미는 서로 다릅니다. 'know'는 알고 있는
상태를 의미하는 반면, '알다'는 모르던 사실을 새롭게 '깨닫다'는
의미입니다. 5장에서 자세히 다루게 되겠지만, 이 두 동사의 원형의
미가 서로 다르기 때문에 다음 예문에서처럼 문법성(grammaticality)
에서도 차이를 보입니다.

(94)   a. I know the answer.
        b. *I am knowing the answer.

(95)   a. 나는 답을 안다.
        b. 나는 답을 알고 있다.

앞서 4.4.1에서 살펴본 것처럼, (94b)는 상태동사는 진행형이 허용되
지 않음에도 불구하고 진행형으로 만들어서 비문법적인 문장이 되
었습니다. 영어와는 달리 한국어의 (95b)가 문법적인 이유는 '알다'
가 상태동사가 아니기 때문입니다. (95b)는 답을 깨닫고 깨달은 상

태가 유지된다는 의미입니다. (이와 관련하여 더 자세히 알고 싶은 독자들은 5.1.2.4를 참고하기 바랍니다.)

4.4.3. (환유에 의한) 원형효과

‘새’라고 하면 우리는 ‘원형’인 ‘참새’를, 미국인들은 ‘robin’을 가장 먼저 떠올립니다. 여러 종류의 새들 중에서 가장 빈도가 높고 가장 먼저 습득하는 특정 새를 가장 먼저 떠올리는 것이지요. ‘환유에 의한 원형효과’란 바로 이런 것을 말합니다. ‘부분이 전체를 대신하는’ 환유를 기억하나요? ‘새’라는 범주는 전체로 볼 수 있고, ‘참새’나 ‘robin’과 같은 특정 종류의 새는 ‘새’라는 큰 범주를 구성하는 부분으로 볼 수 있습니다. ‘새’라는 범주의 이미지는 가장 자주 접하는 ‘참새’나 ‘robin’이 갖는 특성에 의해 결정이 되겠지요. 이처럼 한 범주의 구성원이 갖는 특성을 전체 범주의 특성으로 이해하게 되는 것을 ‘환유에 의한 원형효과’라고 부릅니다.

전체 범주의 특성으로 이해하게 하는 구성원의 종류를 다섯 가지—즉, i) 전형적인 보기(typical example), ii) 모범적 보기(paragon), iii) 현저한 보기(salient example), iv) 이상적인 보기(ideal), v) 사회적인 판박이 보기(social stereotype)—로 나누어 볼 수 있습니다. 아래에서 각 보기에 대해 순서대로 알아보도록 하겠습니다.

첫째, ‘전형적인 보기’는 앞에서도 언급하였듯이 빈도가 가장 높고 습득을 가장 먼저 하는 구성원이 전형적인 보기입니다. ‘참새’와 ‘robin’은 한국인들과 영어권 화자들에게 새의 가장 전형적인 보기입니다.

☞ 어린 시절, 필자는 조그만 텃밭이 있는 주택에 살았었습니다. 그 텃밭에 봉선화, 채송화, 과꽃과 같은 꽃들과 더불어 채소로 상추와 배추를 키웠던 기억이 있습니다. 필자에게는 가장 자주 그리고 가장 먼저 접한 채소는 바로 상추와 배추였습니다. 상추와 배추는 필자에게 채소의 가장 전형적인 보기입니다. 그래서 상추처럼 쌈을 싸서 먹을 수 있거나 배추처럼 김치를 만들어 먹을 수 있는—즉, 밥과 함께 먹을 수 있는—특성이 필자에게는 채소의 특성이 됩니다. 토마토는 밥과 함께 (반찬으로) 먹을 수 없기 때문에 필자에게는 채소가 되지 못합니다.

둘째, '모범적인 보기'를 살펴보도록 합시다. '축구선수(soccer players)'라는 범주에는 많은 구성원들—즉, 선수들—이 있습니다. 하지만 그 중에 귀감이 되는 특정 선수가 있다면 그 선수가 바로 모범적인 구성원이 되는 것입니다. 우리나라에서는 아마 '박지성 선수'를 축구선수라는 범주의 '모범적인 보기'라고 할 수 있을 것입니다. 혹시 독자 여러분은 여러분이 속한 학교나 단체의 모범적인 예라고 할 수 있나요?

셋째, '현저한 보기'는 기억하기 쉽거나 유명한 범주의 실례를 말합니다. 특정 나라의 사람들을 접할 기회가 거의 또는 전혀 없는데, 그 나라 사람이 여행을 와서 여러분을 만나게 되면 그 사람의 특성이나 행동을 보고 그 나라 사람들 전체의 특성이나 행동으로 판단하게 되겠지요. 이런 것이 바로 '현저한 보기'입니다.

☞ 외국 여행할 때, 한 개인 각자가 모두 민간외교관이 된다는 말

이 있습니다. 이 말은 각 개인이 모두 대한민국 국민의 '현저한 보기'가 된다는 뜻입니다. 외국에 나가 한국인이라고 (자랑스레) 떠들며, 포악질을 하는 한국인들을 어떻게 해야 할까요? 이것은 (부분이 전체를 대신하는) 환유로 인한 원형효과를 발생시키기 때문에 결코 한 개인에 국한된 문제로만 볼 수 없습니다. 이런 저질의 한국인을 현저한 보기로 경험한 외국인들에게는 모든 한국인들이 다 그런 특성과 행동을 할 것이라고 생각하게 된다는 데에 심각성이 있습니다.

넷째, '이상적인 보기'는 머릿속으로 그려보는 바람직한 보기를 말합니다. 예를 들어, 정치가가 공공심이 있고 이타적이며 근면한 사람이면 정말 좋겠지요. (현실 세계에서는 존재하지 않을 수도 있지만) 공공심이 있고 이타적이면서 근면한 정치가는 정치가라는 범주의 '이상적인 보기'입니다.

다섯째, '사회적 판박이 보기'는 문화적인 규범으로 정해지는 것으로 부정확한 속성을 지닙니다. 예를 들어, '노처녀'라고 하면 능력은 있지만 히스테리(hysteria)가 있을 것이라는 문화적인 편견이 '사회적인 판박이 보기'라고 할 수 있습니다. 그런데 노처녀 중에는 실제로 착하고 이해심 많고 부드러운 사람들도 많이 있습니다. 부정확한 속성이 있다는 말이 이런 것을 의미합니다. 나라와 인종, 그리고 지역, 성별 또는 나이에 따른 사회적인 판박이 보기는 얼마든지 있습니다.

☞ 여러분은 '정치인'이라고 하면 어떤 생각이 떠오르나요? 권위적이고, 부패하고, 실권자에게 아부 잘 하고, 불법을 잘 저지르는 사

람이라는 생각이 듭니까? 이런 '정치인'에 대한 생각은 '사회적 판박이 보기'입니다. 그런데 정치가는 공공심이 있고, 이타적이며, 근면한 사람이라는 '이상적 보기'와는 너무나 대조적이지요.

☞ '사회적 판박이 보기'가 문화에 따라 다른 예를 성별과 나이의 예를 통해 살펴보겠습니다. 현재는 많이 변했지만, 동양에서는 서양에 비해 여성이 남성보다, 어린 사람이 경험이 많은 나이 든 사람에 비해 업무 능력이 떨어질 것이라고 생각하는 경향이 더 강한 것 같습니다.

지금까지 원형과 문화와의 관련성에 대해 살펴보았습니다. 아래에서는 범주화와 다의어의 관련성에 대해 살펴보겠습니다. 논의의 과정에서 다의어에서도 환유에 의한 원형효과의 발생과 유사한 효과가 나타나고 이것이 의사소통에 지장을 초래할 수 있음을 살펴볼 것입니다.

4.4.4. 범주화와 다의어

현명한 독자는 혹시 눈치를 채었을 수도 있겠지만, 범주화하는 방식과 다의어가 구성되는 방식은 유사합니다. 한 범주—예, 채소—내에 다양한 구성원들—예, 상추, 배추, 시금치, 브로콜리—이 존재하듯이, 한 다의어 내에 다양한 의의들이 존재합니다. 이런 유사한 점 때문에 범주화에 적용되는 원리가 다의어에도 그대로 적용이 됩니다. (좀 더 정확하게 표현하면, 학자들이 범주화의 원리를 먼저 밝히고 그 원리를 활용하여 다의어를 분석한 것입니다.) 아래에서 범주화의 조건, 범주의 경계, 구성원의 자격이 다의어 분석에 어떻게 활용하였는지 순서대로 살펴보겠습니다.

첫째, 범주의 조건이 어떻게 다의어 의미구조를 설명하는데 활용되었는지 살펴보겠습니다. 범주화에는 고전모형과 원형모형이 있다는 것을 상기해보세요. 아래 <표 1>에서 볼 수 있듯이, 고전모형의 필요충분조건을 활용한 것이 다의어의 핵심의미구조이고, 원형모형의 가족닮음을 활용한 것이 다의어의 의미연쇄구조입니다.

범주화 모형	고전모형	원형모형
범주의 조건	필요충분조건	가족닮음
다의어 의미구조	핵심의미구조	의미연쇄구조

<표 1> 범주의 조건과 다의어의 의미구조

고전모형의 필요충분조건으로 홀수와 짝수의 범주를 구분하듯이, 공유된 핵심의미로 다의어―예, paper (신문, 서류, 논문, 시험지)―의 의미구조를 설명할 수 있습니다. 원형모형의 가족닮음으로 역도와 바둑이 테니스를 매개로 스포츠의 범주에 들어갈 수 있음을 설명하듯이, 의미연쇄구조로 다의어 'at'의 의의들이―예, '지점'이 '목표물'을 매개로 '원인'과―서로 관련되어 있음을 설명할 수 있습니다.

☞ 다의어 'paper'가 현대의 디지털문화로 인해 종이 논문이나 신문이 디지털 형태의 논문과 신문으로 대체된다면 핵심의미구조로는 설명하기가 힘이 듭니다. 이처럼 다의어는 대체로 원형모델로 설명할 수 있는 부분이 더 많기 때문에 아래에서는 범주의 경계와 구성원의 자격에서는 원형모델이 어떻게 다의어를 설명하는데 활용되었는지에 초점을 두어 설명하겠습니다.

둘째, 원형모델의 범주의 경계가 어떻게 다의어의 의미 경계를 설명하는데 활용되었는지 살펴보겠습니다. 고래가 포유류와 어류의 특성을 모두 지니기에 (과학시간에 가르치는 지식을 떠나서) 어느 한 범주로 분류하기는 쉽지가 않습니다. 마찬가지로 신문이 책상을 반쯤 가린 채 책상 위에 놓여있는 경우에서처럼, 우리는 신문과 책상의 의미관계를 'on'의 범주에 넣어야 할지 아니면 'over'의 범주에 넣어야할지 명확하지 않을 때가 있습니다.

셋째, 원형모델의 구성원의 자격이 다의어의 의의들 간의 차이를 설명하는데 어떻게 활용되었는지 살펴보겠습니다. 새의 범주에는 참새와 같은 전형적인 새가 있는가 하면 펭귄처럼 원형에서 멀리 떨어진 새도 있습니다. 마찬가지로 다의어 'climb'의 의의에는 '손과 발을 이용하여 올라가다'란 전형적인 의의가 있는가 하면 헬리콥터처럼 손발이 없는 기계가 올라가는 의의나 손발은 이용하나 내려가는 의의처럼 원형에서 멀어진 의의도 있습니다.

이제 환유에 의한 원형효과의 발생과 유사한 효과가 다의어에서 발생할 수 있다는 것을 살펴보고자 합니다. 문화에 따라 원형이 다를 수 있고, 따라서 환유에 의한 원형효과도 달라질 수 있습니다. 예를 들어, '개(dog)'의 원형이 문화에 따라 다를 수 있습니다. 서양문화에서는 '개'의 원형은 아마 애완견(pet dog)일 것입니다. 반면 (전통적인) 동양문화에서는 '개'의 원형은 거리에 돌아다니는 소위 똥개로 불리는 잡종견일 것입니다. 원형이 다르므로 당연히 환유에 의한 원형효과도 달라지겠지요. 서양 사람들에게는 개를 식용으로 먹는다는 것은 말이 되지 않는 것인데 반해 (예전에) 동양 사람들에게는 개를 식용으로 먹는다고 이상할 것이 없었습니다. (지금은 동양 사회도 서양문화의 영향으로 많이 서구화되어 개를 식용으로 먹는 행위를 야만적인 것으로 생각하는 사람들이 대부분일 것입니다.) 만약 동양의 어떤 오지에 서양 사람이 찾아왔는데 귀한 손님이라고 개를 대접한다면 어떤 일이 발생할까요? 동양 사람의 입장에서는 최선을 다해 손님을 맞이한 것인데, 서양 사람의 입장에서는 매우 당혹해할 수밖에 없는 일이겠지요. 이처럼 문화에 따라 서로 다른 원형을 갖는 것이 의사소통에 문제가 될 수 있습니다.

다의어에서도 이런 방식으로 의사소통의 문제가 발생할 수 있습니다. 앞서 4.3.1에서 살펴본 'simple'이란 단어에 대해 다시 생각해 봅시다. 여러분에게는 이 단어가 긍정적인 의미입니까? 아니면 부정적인 의미입니까? 개인적으로 물어보면, 대략 절반 정도는 긍정적인 의미라고 말하고, 또 절반 정도는 부정적인 의미라고 대답합니다. 사실 'simple'이란 단어에는 여러 가지 의의가 있습니다. '소박한'과 같은 긍정적인 의의도 있고, 또 '모자라는'과 같은 부정적인 의의도 있습니다. 어떤 의의를 먼저 떠올리느냐에 따라 긍정적인 의미로도 또 부정적인 의미로도 판단할 수 있습니다. 그런데 어떤 화자가 긍정적인 의의를 원형의미로 생각하고 'simple'이란 단어를 사용하였지만, 부정적인 의의를 원형의미로 생각하는 청자가 'simple'이란 단어를 듣게 되면 기분이 상하겠지요. 이렇게 같은 단어를 말하고 듣지만 원형의미에 따라 의사소통에 문제가 발생할 수도 있습니다.

☞ 앞서 동양에서는 말에 대해 부정적이라는 사실을 살펴본 적이 있습니다. 어떤 진리를 깨닫고 말로 정확하게 전달하려고 하지만,

다의어의 특성 때문에 듣는 사람이 다른 의미로 받아들이게 되면 말이 소용이 없어지겠지요. 진리는 말로 깨닫는 것이 아니라 마음으로 깨달아야한다는 동양의 생각은 결국 다의어의 특성에 기인된 것으로 볼 수 있습니다.

☞ 앞서 살펴본 적이 있는 "손님은 왕이다"란 말에 대해 다시 한번 생각해볼까요? 어느 식당에서 자기 아이의 잘못으로 인해 발생한 사건인데도 불구하고 종업원을 몰아붙인 몰지각한 손님에 대한 이야기가 생각납니까? 아마 그 손님에게 '왕(king)'의 이미지―곧, 원형의미―는 백성들의 민의는 아랑곳 하지 않고 제멋대로 하는 사람인 것 같습니다. 다른 사람에게 왕의 이미지는 백성들이 잘 잘 살 수 있도록 밤낮으로 고민하는 사람일 수도 있습니다. 여러분에게 '왕'의 이미지는 어떤 것입니까?

☞ 아래 그림과 같이 생긴 '두루마리 휴지'의 원형의미도 문화에 따라 서로 다를 수 있습니다.

<그림 29> 두루마리 휴지 vs. toilet paper

우리 문화에서는 두루마리 형태로 된 휴지는 다양한 용도로 사용하는 휴지 정도로 인식이 되는 것 같습니다. 반면 영어권 문화에서는 말 그대로 화장실에서 사용하는 'toilet paper'입니다. (요즘은 많이 바뀌었지만 불과 몇 년 전만 하더라도) 대중식당의 테이블에 두루마리 휴지를 보는 것이 드문 일이 아니었습니다. 영어문화권의 사람이 식탁에 놓여있는 'toilet paper'를 본다면 어떻게 느낄까요?

☞ 우리는 앞서 4.3.1에서 "He won his wife in a card game."을 한국어로는 "그는 카드게임에서 아내를 얻었다."로 번역하는 것을 살펴보았습니다. 왜 이런 상황에서는 'win'을 '이기다'로 번역하지 않고 '얻다'로 번역해야할까요? 5장에서 좀 더 자세히 다루어지겠지만, 'win'과 '이기다'의 원형의미가 서로 다르기 때문입니다. '이기다'는 경쟁상대와의 경쟁에서 우위를 점하는 것이, 'win'은 경쟁을 통해 상품이나 전리품을 획득하는 것이 각각의 원형의미입니다. 원형의미가 다르기 때문에 미국인들은 'his wife'를 상품이나 전리품으로 이해하는 반면, 한국인들은 경쟁상대로 해석을 하게 되는 것입니다. 위의 문장의 경우에 영어 원어민의 의도를 정확하게 번역하기 위해서는 상품이나 전리품의 의미가 생겨나는 동사 '얻다'로 번역해야 합니다.

동일한 대상을 어떤 식으로 바라보느냐에 따라 다른 범주화가 가능하다는 것을 앞서 살펴본 적이 있습니다. 영어권 문화에서는 열매 안의 내용물을 보고 수박과 참외를 'melon'이란 범주에 포함시켰습니다. 반면 한국에서는 열매의 크기나 껍질의 두께를 보고 수박과 호박을 '박'의 범주에 포함시켰습니다. 이런 식의 범주화는 다의어에서도 나타납니다. 'hot'이란 다의어는 한국어에서는 다른 단어로 구분되어 표현되는 개념―즉, 온도의 개념인 '뜨거운'과 맛의 개념인 '매운'―을 모두 포함하고 있습니다. (마치 'melon'이 '(수)박'과 '(참)외'의 개념을 포함하듯이....) 한국어의 다의어가 더 많은 개념을 지니고 있는 반대의 경우도 있습니다. '잡다'란 다의어는 영어에서는 다른 단어로 구분되어 표현되는 개념―즉, 움직이는 물체를 잡는 개념인 'catch'와 잡은 상태를 유지하는 개념인 'hold'―을 모두 포함하고 있습니다.

☞ 'light'라는 다의어도 한국어로는 '햇빛'과 '햇볕'처럼 시각의 개념인 '빛'과 온도의 개념인 '볕'으로 구분하여 표현합니다.

☞ 성경(누가복음 11: 9)에 "찾으라. 그러면 찾을 것이요."란 구절이 있습니다. 이 표현을 처음 듣게 되면 다소 신기하기 들릴 수도 있습니다. 이 말이 무슨 뜻일까요? 영어로는 'Seek and you will find.' (New International Version)입니다. 우리말의 '찾다'는 찾으려고 시도하는 의미의 'seek'와 발견하는 의미의 'find'를 모두 포함하고 있습니다.

지금까지 이 장에서 범주화에는 고전모형과 원형모형이 있음을 살펴보았고, 문화에 따라 범주의 다른 원형을 가질 수 있음을 살펴보았습니다. 그리고 환유에 의한 원형효과가 발생하는 양상과 범주화의 원리가 다의어를 설명하는데 어떻게 활용되는지도 살펴보았습니다. 다음 5장에서는 언어로 이루어지는 의사소통의 문제점을 극복하기 위해 한국어와 영어의 차이점을 알아보도록 하겠습니다.

제 5 장

한국어와
영어의 차이

이 장에서는 한국어와 영어의 차이를 두 가지 측면에서 살펴보겠습니다. 첫째, 범주화의 관점에서 두 언어의 차이점을 살펴보겠습니다. 둘째, 같은 지시대상을 지칭하는데 두 언어에서 다른 표현수단을 사용하는 현상을 살펴보겠습니다.

5.1. 범주화의 차이

필자가 영어를 처음으로 접하던 시절의 이야기입니다. '쌀'을 'rice'라고 한다고 배웠는데, 시간이 흐른 후 '밥'을 'rice'라고 한다는 얘기를 또 듣게 되었습니다. '쌀'이 'rice'인데 '밥'을 'rice'라고 하다니...!? 그러면 '쌀'과 '밥'을 영어에서는 어떻게 구분하지...? 이런 질문을 마음속으로 하게 되었습니다.

<그림 1> 쌀 or 밥 vs. rice

한국어는 곡식과 음식을 구분하여 곡식일 때는 '쌀', 음식일 때는 '밥'으로 구분하는데 반해 영어는 곡식과 음식을 구분하지 않고 'rice'로 부르는 것이죠. 한국어는 곡식과 음식의 구분에 따라 다른 이름을 갖는 반면 영어는 같은 이름을 사용한 것입니다.

☞ 한국어에서 곡식(열매)과 음식에 대한 구분이 항상 이루어지는 것은 아닙니다. 예를 들어, '고구마'의 경우는 알뿌리일 때나 (삶거나 구운) 음식일 때나 같은 이름 '고구마'로 부릅니다. '쌀'과 '밥'의 경우는 우리 문화에서 매우 중요하므로 둘을 구분하여 다른 이름을 붙이게 된 것입니다. 문화에서 사물이나 개념이 중요한 것으로 간주될수록 구분되는 이름이나 단어를 갖는 것이 일반적인 현상입니다. 한국사회에서는 바다에서 나는 해조류가 매우 중요한 식량자원이기 때문에 '미역, 다시마, 파래, 김, 매생이' 등과 같이 여러 범주로 나누어 각각에 대해 다른 이름으로 부릅니다. 하지만 영어권 문화에서는 이들이 중요하지 않기 때문에 그냥 바다에서 서식하는 잡초라는 뜻에서 'seaweed'라고 부릅니다. (물론 이 식물들에 대한 학명(scientific name)은 당연히 존재하겠지만, 여기서는 일반인들의 언어지식에 관하여 논의를 하고 있다는 것을 잊지 마시기 바랍니다.)

‘쌀’과 ‘밥’처럼 영어에 비해 한국어가 범주를 더 세분화하는 경우도 있고, 반대로 한국어에 비해 영어가 범주를 더 세분화하는 경우도 있습니다. ‘악어’를 예로 들어보겠습니다. ‘악어’를 영어로 옮기면 ‘alligator’인가요? 아니면 ‘crocodile’인가요?

<그림 2> 악어 vs. alligator or crocodile

위의 그림에서 보듯이 위에서 내려다 봤을 때 U자 모양의 주둥이를 한 것(그림의 왼쪽)이 ‘alligator’이고 V자 모양의 주둥이를 한 것(그림의 오른쪽)이 ‘crocodile’입니다. 영어에서는 두 동물을 구분하여 다른 이름으로 부르는데 반해 한국어로는 그냥 ‘악어’라는 하나의 단어로 부릅니다.

　☞ 어린 시절 이솝(Aesop)의 우화 속에 나오는 ‘토끼와 거북이’ 이야기를 읽은 적이 있지요? 우화 속의 ‘토끼’는 ‘rabbit’일까요? 아니면 ‘hare’일까요?

<그림 3> 토끼 vs. rabbit or hare

'rabbit'(그림의 왼쪽)과 'hare'(그림의 오른쪽)는 비슷하게 생겼지만 크기나 습성에서 많이 다릅니다. 필자는 중학교 때 선생님으로부터 'rabbit'은 집토끼, 'hare'는 산토끼라고 배운 적이 있습니다. 선생님의 말씀을 듣고 마음속에 질문이 생겼습니다. 집에서 키우던 'rabbit'을 산에 풀어놓으면 'hare'로 바꾸어 불러야 하는지...?! 아니면 산에 사는 'hare'를 잡아다 집에서 키우면 'rabbit'으로 바꾸어 불러야 하는지...?! 우리 주변에서 보는 토끼는 모두 'rabbit'입니다. 집에서 키우든, 산에서 살든.... 'hare'는 'rabbit'에 비해 훨씬 크고 빠릅니다. 사냥개도 잡기 힘들 정도로 빠릅니다. 'rabbit'은 작고 느리기 때문에 땅굴(burrow)을 파서 도망갈 수 있는 통로를 만들고 새끼도 여러 마리를 낳습니다. 그에 비해 'hare'는 숲에 살고 새끼도 한두 마리밖에 낳지 않습니다. 이솝우화를 읽던 당시에 필자가 알고 있던 '토끼'는 집에서 키우던 'rabbit' 밖에 없었습니다. 그래서 이솝우화를 읽고 난 후에 "거북이도 느리지만 토끼도 그렇게 빠른 동물이 아닌데 무슨 자랑일까?"라는 생각이 들었습니다. 이솝우화에 나오는 '토끼'는 'hare'입니다. 그렇게 쏜살같이 빠른 'hare'를 묵묵히 걸어간 거북이가 마침내 이기니까 반전효과와 더불어 교훈을 주는 이야기가 되는 것이지요. 다음으로 넘어가기 전에 하나만 더 짚고 넘어갈까요? 'hare'와 경쟁한 '거북이'는 'turtle'이 아닌 'tortoise'입니다.

☞ '쥐'를 영어로 뭐라고 하나요? 'mouse'라고 아마 대답할 것으로 기대됩니다. 우리는 유명한 'Micky Mouse'란 만화영화를 통해 '쥐'는 'mouse'라고만 알고 있는 것 같습니다. 하지만 들 같은 곳에서 야생하는 '쥐'는 영어로 'rat'이라고 합니다.

<그림 4> 쥐 vs. mouse or rat

'쥐'의 경우도 한국어에 비해 영어에서 'mouse'와 'rat'으로 더 세분화하여 이름을 붙인 경우라 하겠습니다.

☞ '무릎'은 영어로 뭐라고 하나요? "그녀는 무릎 위에 노트북을 올려놓고 작업을 하고 있습니다."와 "그녀는 무릎이 아픕니다."를 영어로 번역하면 '무릎'을 어떻게 옮길 수 있을까요? "She is working on the notebook on her lap."과 "She has a knee injury."에서처럼 전자는 'lap', 후자는 'knee'라고 합니다. 어린 시절 어떤 선생님으로부터 무릎의 접히는 부분을 중심으로 상체 쪽으로 향하는 부분이 'lap', 그리고 정강이 쪽으로 향하는 부분이 'knee'라고 배운적이 있습니다. 그 말씀을 듣고 적지 않게 당황한 기억이 납니다. 무릎이 아픈데 정확하게 'lap'이 아픈지, 아니면 'knee'가 아픈지 어떻게 알지...? 하지만 'lap'과 'knee'는 그런 식으로 구분되는 것이 아닙니다. 'lap'은 무엇을 올려놓는 용도로 사용할 수 있는 부분을 지칭하는 것으로 서있는 자세에서는 'lap'이 없습니다. 하지만 'knee'는 신체부위를 지칭하는 것으로 자세와 상관없이 존재합니다. 무릎이 아프다고 할 때는 위아래의 방향과 관계없이 'knee'입니다.

아래에서는 이런 범주화에서 보이는 차이점이 단순하게 몇몇 단어에만 나타나는 것이 아니라 문법과 다의어에서도 체계적으로 나타난다는 점을 살펴볼 것입니다. 논의의 편의를 위해, 한국어의 범주가 세분화된 경우를 먼저 살펴보고, 영어의 범주가 세분화된 경우, 그리고 한국어의 범주와 영어의 범주가 서로 복잡하게 얽혀있는 경우의 순서로 살펴보도록 하겠습니다.

5.1.1. 한국어의 범주가 세분화된 경우

언어에 따라 범주화가 되는 방식이 다르고, 또 이로 인해 문법체계가 달라지는 것을 아래에서 살펴볼 것입니다. 논의의 편의를 위해, 격(case), 무생물 주어(inanimate subject), 유생성(animacy)과 의도성(volitionality)의 순서대로 살펴보겠습니다. (열거한 용어가 익숙하지 않은 독자들도 당황하지 마세요. 논의가 진행되고 예문과 설명을 보면 이미 알고 있거나 쉽게 이해할 수 있는 개념일 것입니다.)

5.1.1.1. 격

'격'이란 사건에 참여한 참여자(participant)—즉, 명사나 명사구—가 문장에서 묘사되는 사건에서 어떤 역할을 하는지 보여주는 문법장치를 일컫는 말입니다. 아래 예문에서 밑줄 친 부분이 격을 나타내는 표지(marker)입니다. 아래의 격표지는 사건에서 어떤 역할을 나타낼까요?

(1)   a. 철수는 영희와 서울에 갔다.   (공동격)
      b. 철수는 망치로 창문을 깼다.   (도구격)

(2) a. John went to New York <u>with</u> Mary.   (공동격)
     b. John broke the window <u>with</u> a hammer.   (도구격)

위의 (1a)와 (2a)의 밑줄 친 격표지―즉, '와'와 'with'―는 행위자가 행위를 할 때 함께 공동으로 행위에 참여하는 명사를 나타낸다고 '공동격(associative case)'이라고 부릅니다. 그리고 (1b)와 (2b)의 밑줄 친 격표지―즉, '로'와 'with'―는 행위자가 행위를 할 때 사용하는 도구 명사를 나타낸다고 '도구격(instrumental case)'이라고 부릅니다.

그런데 위의 예문의 격표지를 자세히 살펴보면, 한국어와 영어가 범주화에서 차이가 있다는 것을 알 수 있습니다. 한국어에서는 공동격과 도구격의 격표지가 서로 다른데 반해, 영어에서는 공동격과 도구격이 동일한 격표지를 사용합니다. 한국어에서는 아래의 예처럼 도구격 표지가 (공동격이 아닌) 방향(direction)을 나타내는 격표지와 같은 표지를 사용합니다.

(3) 철수는 학교로 갔다.

왜 영어는 도구격이 공동격과 같은 격표지를 하고, 한국어는 도구격이 방향격과 같은 격표지를 사용하는 것일까요? 범주화에서 차이를 보이는 이유는 무엇일까요?

☞ 앞서 살펴보았던 '호박, 수박, 참외'의 범주화를 기억하나요? 열매의 내용물을 보면 영어처럼 수박과 참외가 비슷해서 하나의 범주가 되어 'melon'이 되고, 크기나 껍질의 두께를 보면 한국어처럼 호박

과 수박이 하나의 범주가 되어 '박'이 됩니다. 이처럼 위에서 살펴본 격표지도 어떤 점을 보느냐에 따라 격표지의 범주화가 달라진 것입니다. 격표지도 세상을 바라보는 관점에 따라 달라지는 것입니다. 세상을 바라보는 그 관점에 대해 아래에서 살펴보도록 하겠습니다.

영어에서 공동격과 도구격 표지가 동일하다는 것은 둘이 공유하는 공통점에 기초한 것인 반면, 한국어에서 공동격과 도구격 표지가 다르다는 것은 둘의 다른 점에 초점을 둔 것이라고 말할 수 있습니다. 그러면 공동격과 도구격이 어떤 측면에서 공통점이 있는지 살펴보도록 하겠습니다. 김은일(2000)의 지적대로, 공동격과 도구격은 모두 '동반성(accompanyment)'이라는 공통점을 지닙니다. (1a, 2a)에서 공동격—각각, '영희와'와 'with Mary'—은 행위자—각각, '철수'와 'John'—와 함께—즉, 동반해서—서울에 갔다는 의미입니다. 이 동반성의 의미는 'and'로 연결된 아래의 문장과 비교해보면 알 수 있습니다.

(4) John and Mary went to New York.

(4)는 John과 Mary가 함께 갔을 수도, 각자 따로 갔을 수도 있음을 나타내는 반면, 위 (1a, 2a)는 반드시 함께 갔다는 의미를 나타냅니다. 도구격도 동반성의 의미를 지닙니다. (1b, 2b)에서 행위자가 창문을 깨는데 망치를 사용했다는 것은 행위자가 망치를 손에 쥐고 있었다는 것을 암시합니다. 도구격 역시 동반성이라는 의미적인 특징을 지니고 있는 것입니다. 정리하자면, 영어에서는 공동격과 도구격이 공유하는 동반성이라는 의미적인 특징을 부호화(encode)하여 같은 격표지를 사용한다고 할 수 있습니다.

그렇다면 한국어는 왜 이런 공통점에도 불구하고 공동격과 도구격을 다른 표지로 나타낼까요? 공동격과 도구격의 근본적인 차이점은 공동격은 사람(human)이라는 것과 도구격은 사물(thing) 또는 무생물(inanimate)이라는 것입니다. 한국어에서는 이 차이점이 동반성이라는 공통점보다 더 중요하다고 생각하고 이 차이점을 부호화한 것입니다.

사람과 사물은 어떤 점에서 서로 다를까요? 사람은 스스로 사건을 일으킬 수 있는 능력이 있습니다. 반면 사물은 스스로 사건을 일으킬 수 있는 능력은 전혀 없습니다. 동물과 식물은 어떨까요? 개와 같은 고등동물은 물어뜯거나 쓰레기통을 엎어버리는—똑똑한 개들은 심부름도 하는—등 스스로 사건을 일으킬 수 있는 능력이 있습니다. 하지만 사람처럼 고도의 지능적인 능력을 필요로 하는 일은 할 수 없습니다. 식물은 한 곳에서 자라기 때문에 생각하고 돌아다니는 동물처럼 사건을 유발할 수는 없습니다. 하지만 망치나 돌과 같은 무생물보다는 자란다는 점에서 다릅니다. 이런 차이점을 등급으로 나누어 보면 아래 '유생성 위계(animacy hierarchy)'와 같습니다.

(5) 사람 > 동물 > 식물 > 무생물

'유생성'이란 개념은 생명의 유무를 나타내는 용어이고, '유생성 위계'는 생명을 가진 존재 중에서 가장 고도의 능력을 가진 사람을 맨 왼쪽에 두고 생명이 없는 무생물을 맨 오른쪽에 두고 그 사이에 사람과 더 가까운 동물을 사람 옆에 두고 무생물에 더 가까운 식물을 무생물에 옆에 둔 것입니다.

아래 한국어의 예를 살펴보세요. 한국어에서는 유생성 위계에서 어떤 것이 서로 같은 격표지를 사용하고 어떤 것이 서로 다른 격표지를 사용합니까?

(6) a. 그는 아이<u>에게</u> 물을 뿌렸습니다.
　　 b. 그는 강아지<u>에게</u> 물을 뿌렸습니다.
　　 c. 그는 꽃<u>에</u> 물을 뿌렸습니다.
　　 d. 그는 벽<u>에</u> 물을 뿌렸습니다.

사람과 동물이 하나의 격표지 '에게'로 그리고 식물과 무생물이 또 다른 하나의 격표지 '에'로 표시됩니다. '*아이에, *강아지에'에서 보듯이 사람과 동물에 '에' 격표지를 사용할 수 없고, '*꽃에게, *벽에게'에서 보듯이 식물과 무생물에 '에게' 격표지를 사용할 수 없습니다. (이 격표지에 관한한) 한국어에서는 사람과 동물이 하나의 범주에, 그리고 식물과 무생물이 또 다른 하나의 범주에 속합니다.

☞ 이런 범주화가 절대적인 것은 결코 아닙니다. 미국 원주민의 언어인 Navajo의 예를 들어 보겠습니다. Navajo에서는 "말이 사람을 찼다."와 같은 말을 할 수가 없습니다. 물론 "사람이 말을 찼다."와 같은 표현은 가능합니다. 한국어나 영어 문화권에서는 얼마든지 말이 사람을 찰 수 있다고 생각합니다. 하지만 Navajo 문화권에서는 사람보다 지능이 떨어진 말이 사람을 찰 수는 없다고 믿습니다 (Witherspoon 1977). Navajo에서는 "말이 사람을 찼다."는 표현대신에 "사람이 말에 차였다."와 유사하게 표현하는데, 우리말의 수동태와 유사한 이 표현은 사람이 말보다 지능적이어서 사람의 의식적인

행동이나 부주의에 의한 행위 없이 말이 사람에게 어떤 행위를 할 수 없다는 Navajo 문화의 세계관이 담겨있는 표현입니다. Navajo의 이 표현을 영어로 옮기자면, 단순한 수동문 "The man was kicked by the horse."보다는 "The man had himself kicked by means of the horse."에 가깝습니다(Witherspoon 1977). 정리하면, Navajo는 사람과 동물을 다르게 범주화하여 부호화하는 특징을 지닌 언어라고 할 수 있습니다.

한국어와 영어가 차이를 보이는 다른 격표지를 살펴보도록 하겠습니다. 한국어는 '목표점(goal)'을 나타내는 격표지와 '수령자(recipient)'를 나타내는 격표지가 서로 다른—즉, 각각 '에'와 '에게'—반면, 영어는 목표점과 수령자의 격표지가 동일—즉, 'to'—합니다.

(7) a. 영희가 서울<u>에</u> 갔다.   (목표점)
     b. 영희가 철수를 서울<u>에</u> 보냈다.   (목표점)
     c. 영희가 철수<u>에게</u> 책을 주었다.   (수령자)
     d. 영희가 철수<u>에게</u> 책을 보냈다.   (수령자)

(8) a. Mary went <u>to</u> London.   (목표점)
     b. Mary sent John <u>to</u> London.   (목표점)
     c. Mary gave a book <u>to</u> John.   (수령자)
     d. Mary sent a book <u>to</u> John.   (수령자)

왜 영어에서는 목표점과 수령자를 나타내기 위해 동일한 격표지를 사용하는데 반해 한국어에서는 목표점과 수령자를 나타내기 위해 다른 격표지를 사용할까요? 영어는 목표점과 수령자가 공유하는 공통점에 초점을 두어 부호화한 반면 한국어는 목표점과 수령자의 차이점을 부각시켜 부호화한 것입니다. 그렇다면 목표점과 수령자의 공통점은 무엇일까요? 목표점과 수령자 모두 서술어(predicate)가 묘사하는 이동 행위의 '종점(endpoint)'이라는 의미적 특징을 지닙니다 (Kittilä, Västi and Ylikoski 2011). 위의 예문에서 목표점과 수령자는 가거나, 보내거나, 주는 행위로 인해 발생하는 이동의 종점을 나타냅니다. 영어는 이런 이동 행위의 '종점'이라는 공통점을 부각시켜 목표점과 수령자를 하나의 범주에 포함시킨 것입니다.

한국어는 목표점과 수령자의 차이점을 부각시켜 다른 범주로 나누어 부호화한 경우입니다. 그렇다면 목표점과 수령자는 어떤 점에서 서로 다를까요? 목표점과 수령자는 소유(possession)관계의 변화 및 사건에 참여하는 참여자의 적극성에서 차이를 보입니다(Kittilä and Ylikoski 2011; Kittilä, Västi and Ylikoski 2011). (7, 8)에서 수령자의 경우는 소유관계의 변화가 암시되지만 목표점의 경우는 소유관계의 변화와는 무관합니다. 그리고 수령자는 소유관계의 변화가 발생할 때, 즉 소유의 이전이 이루어질 때 (행위자보다는 덜 적극적이지만) 적극적으로 참여하는데 반해 목표점은 이동(transfer)이 발생할 때 방향의 참조점으로만 제시될 뿐 적극적인 참여는 전혀 암시되지 않습니다. 그런데 수령자와 목표점이 갖는 이런 소유관계의 변화 및 적극성에서 차이를 보이는 근본적인 이유는 결국 수령자가 사람이고 목표점이 무생물이라는 사실에 기인됩니다. 결국 한국어에서 수령자와 목표점의 격표지가 서로 다른 것은 유생성(animacy)의 차이에 초점을 두어 다르게 범주화하여 부호화한 것이라 볼 수 있습니다.

공동격과 도구격의 격표지 그리고 수령자와 목표점의 격표지에서 보이는 한국어와 영어의 차이가 외견상 서로 관련이 없는 것처럼 보이지만 범주화의 관점에서 보면 매우 일관성이 있는 현상입니다. 한국어에서는 사람과 무생물의 차이점을 부각시켜 공동격과 도구격을, 그리고 수령자와 목표점을 각각 서로 다른 범주로 분류하여 부호화한 것입니다. 반면 영어에서는 사람과 무생물의 차이점을 보지 않고 공동격과 도구격은 동반성이라는 공통점을, 그리고 수령자와 목표점은 종점이라는 공통점을 부각시켜 각각 하나의 범주로 생각하여 부호화한 것입니다. 외견상 관련이 없어 보이는 문법현상—즉, 공동격/도구격 격표지와 수령자와 목표점 격표지—이 체계적으로 이루어져 있다는 것을 알 수 있습니다.

참여자의 잠재적인 능력과 실제 사건에서의 역할은 서로 다를 수 있습니다. 사람이 무생물과 다른 점은 잠재적인 능력에서 차이가 있습니다. 사람은 머릿속으로 계획할 수 있는 정신적인 능력과 그 계획을 실행할 수 있는 육체적인 능력을 타고 났지만, 무생물의 경우는 그런 정신적 및 육체적 능력이 없습니다. 사람과 무생물은 잠재적인 능력에서 이미 차이가 있습니다. 하지만 같은 사람이라도 실제 사건에서의 역할은 서로 다를 수 있습니다. 아래의 예에서 밑줄 친 표현을 살펴봅시다.

(9)   a. <u>The boy</u> kicked the ball.
       b. The girl kicked <u>the boy</u>.

(9a)와 (9b)의 'the boy'는 잠재적 능력 면에서는 사람으로서 둘 다

동등하다고 할 수 있습니다. 하지만 이 문장들이 묘사하는 상황에서 'the boy'의 실제적인 역할은 매우 다릅니다. 'the boy'가 (9a)에서는 사건을 일으키는 행위자로서의 역할을 하지만, (9b)에서는 행위자가 하는 행위의 대상이 됩니다. 주어진 사건에서의 실제적인 역할이라는 측면에서 보면, (9b)의 'the boy'는 (9a)의 'the ball'의 역할과 같다고 볼 수 있습니다. 이처럼 잠재적인 능력과 주어진 사건에서의 실제적인 역할을 구분할 수 있습니다. 아래에서 이런 구분이 한국어와 영어의 차이점을 설명하는데 중요한 역할을 한다는 것을 살펴볼 것입니다.

5.1.1.2. 무생물(도구 및 자연) 주어

한국어와 영어 문법의 차이점 중의 하나는 아래의 예에서 보듯이 타동사구문(transitive construction)에서 '도구(instrument)'와 같은 무생물이 주어자리에 사용될 수 있는지 여부입니다. 타동사구문에서 '무생물주어(inanimate subject)'가 한국어에서는 허용이 되지 않는 반면 영어에서는 허용됩니다.

(10)　　a. *이 열쇠가 문을 열었다.
　　　　b. *그 막대기가 말을 때렸다.

(11)　　a. This key opened the door.
　　　　b. The stick hit the horse.

한국어에서는 무생물 주어가 허용되지 않는 이유는 무엇이고, 또 영어에서는 무생물 주어가 허용되는 이유는 무엇인지 알아보도록 합시다. 핵심이 되는 요지를 먼저 말한다면, 한국어는 참여자의 잠재적인 능력—즉, 정신적 및 육체적 능력—을 중요시 하는 언어인 반면 영어는 주어진 사건에서 참여자의 실제 역할을 중요시 하는 언어입니다. 한국어에서 무생물 주어가 허용되지 않는 이유는 열쇠나 막대기 같은 무생물은 문을 열거나 어떤 대상을 때릴 수 있는 정신적 및 육체적—또는 물리적—인 능력이 없다고 생각하기 때문입니다. 반면 영어에서 무생물 주어가 허용이 되는 이유는 다음과 같습니다. 이들 무생물이 주어진 행위를 시작할 능력은 없어서 실제로는 사람 행위자가 열쇠나 막대기를 이용하여 열거나 때리는 행위를 합니다. 하지만 행위자가 시작한 힘이 결국 이들 도구에 전달되어 사건의 마지막 순간에 문을 열거나 말을 때리는데 직접 관여가 되는 것은 열쇠와 막대기라고 할 수 있습니다. 영어에서 무생물 주어가 허용되는 이유는 비록 사람 행위자에 의해 시작된 행위라도 사건의 마지막 순간의 역할을 중요시하기 때문입니다.

☞ (10)의 한국어 예문이 맞는 문장이 되려면, 아래 (12)와 같이 도구를 도구격표지로 표현하여야 합니다.

(12)   a. (철수가) 이 <u>열쇠로</u> 문을 열었다.
        b. (철수가) <u>막대기로</u> 말을 때렸다.

물론 (11)의 영어 예문도 아래 (13)처럼 도구를 도구격표지를 사용하여 표현할 수 있습니다.

(13) a. John opened the door <u>with this key</u>.

    b. John hit the door <u>with the stick</u>.

영어에서 (11)처럼 도구를 주어로 사용하느냐 아니면 (13)처럼 행위자를 주어로 하느냐는 선택은 이야기의 흐름상 도구와 행위자 중에서 누가 더 주인공의 역할을 맡느냐에 달려있습니다. 행위자가 주인공이면 (13)처럼 행위자를 주어자리에, 도구가 주인공이면 도구를 주어자리에 둡니다. 이야기 흐름상 주인공과 관련된 자세한 논의는 다음 5.1.3.1과 5.2.1에서 이루어질 것입니다.

 ☞ 지적 호기심이 강한 독자들을 위해 다음 문장을 살펴보겠습니다. 아래 (14a)의 문장을 도구가 중요한 문맥에서 도구를 주어자리로 옮겨 (14b)처럼 만들었는데 (11, 13)에서 살펴본 것과는 달리 (14b)는 문법적인 문장이 되지 못합니다. (11)의 표현이 문법적인데 반해 (14b)의 표현이 비문법적인 이유는 무엇일까요?

(14) a. John ate spaghetti with a fork.

    b. *The fork ate spaghetti.

(11)과 (14b)에서 행위자가 사용한 도구가 주어로 사용된 것은 같습니다. 하지만 자세히 살펴보면 둘 사이에는 차이가 있습니다. (11)의 경우는 행위자의 행위가 도구에 전달되어 사건의 마지막 단계에서는 열쇠와 막대기가 문을 열거나 말을 때리는 역할을 합니다. 하지만 (14b)에서는 행위자가 포크를 이용하지만 사건의 마지막 단계에서 포크가 스파게티를 먹는 역할을 하는 것은 아닙니다. 스파게티를

먹는 것은 도구가 아니라 행위자입니다. 정리하자면, (11)이 문법적인 문장이 되는 이유는 동사가 묘사하는 그 행위를 하는 실제 역할을 (사건의 마지막 단계에서) 도구가 맡기 때문이며 반면에 (14b)가 비문법적인 문장이 되는 이유는 동사가 묘사하는 그 행위를 하는 실제 역할을 도구가 맡지 않기 때문입니다. Nilsen(1973)은 열쇠나 막대기를 포크와 구분하여 전자를 '연장(tool)'으로, 후자를 '이차연장(secondary tool)'으로 부릅니다.

그런데 아래의 예문에서는 '쇠스랑(pitchfork)'과 '연필(pencil)'은 ('이차연장'이 아닌) '연장'인데도 불구하고 도구 또는 연장이 주어가 되지 못하는 이유는 무엇일까요? (11)과는 어떤 의미적인 차이점이 있을까요?

(15)　　a. John loaded the truck with a pitchfork.
　　　　b. *The pitchfork loaded the truck. (Alexiadou and Schäfer 2006)

(16)　　a. Sheila extracted the square root of 1369 with paper and pencil.
　　　　b. *The pencil extracted the square root of 1369. (Alexiadou and Schäfer 2006)

(11)의 동사―즉, open과 hit―는 행위자의 에너지가 도구에 전달되어 순간적으로 이루어질 수 있는 단순한 사건을 묘사하는 것임에 반해 (15, 16)의 동사―즉, load와 extract―는 행위자의 지속적인 에너지가 필요하거나 정신적인 능력이 필요한 사건을 묘사하는 것입니다. 도구가 주어로 사용되기 위해서는 행위자의 에너지가 도구에 전

달되어 순간적으로 이루어질 수 있어야 합니다.

하지만 도구 자체가 열쇠, 막대기, 쇠스랑, 연필과 같이 단순한 도구가 아니라, 행위자가 약간만 조작하더라도 행위를 완성할 수 있는 자체적인 능력을 지닌(self-autonomous) '기계(machine)'는 지속적인 에너지가 필요하거나 정신적인 능력이 필요한 동사의 주어로 사용될 수 있습니다.

(17) The crane loaded the truck.
(18) The pocket calculator extracted the square root of 1369.

'크레인(crane)'이나 '계산기(calculator)'는 단순한 도구가 아니라 행위자에 의한 단순한 조작만으로 스스로 행위를 완성할 수 있는 자체적인 능력이 있는 '기계'이기 때문에 (17, 18)이 문법적인 문장이 됩니다. 반면에 한국어에서는 '기계'도 여전히 무생물에 불가하기 때문에 아래 (19, 20)은 문법적이지 않은 문장으로 인식됩니다.

(19) *크레인이 트럭에 짐을 실었다.
(20) *계산기가 1369의 근의 값을 구했다.

지금까지 행위자가 어떤 행위를 하기 위해 이용하는 도구를 살펴보았습니다. 아래에서는 도구가 아닌 무생물이 영어에서 주어로 사용될 수 있는 경우를 살펴보겠습니다. 이런 무생물을 '도구'와 구분하기 위해 '자연(nature)'이라고 부르도록 하겠습니다. 아래의 예문을 살펴봅시다.

(21)   The stone broke the window. (Cruse 1973)

(22)   a. *돌이 창문을 깼다.

      b. 돌이 날아와서 창문이 깨졌다.

예문 (21)은 두 가지 해석이 가능합니다. 하나는 사람이 돌을 도구로 사용하여 창문을 깬 경우입니다. 이런 도구의 경우는 앞서 살펴보았습니다. 여기서는 자연으로 해석되는 경우를 살펴보겠습니다. 예를 들어, 어떤 폭발이 일어나서 돌이 날아가 창문을 깨는 경우의 돌은 자연으로 해석할 수 있습니다. 이런 자연의 경우에도 무생물 주어가 가능합니다. 돌은 창문을 깰 내적인 에너지는 없지만 폭발로 인해 에너지가 생겼고 마지막 순간에는 창문에 부딪혀서 창문을 깨는 역할을 한 것이 바로 돌이기 때문에 영어에서는 이런 문장이 가능합니다. 반면 자연의 경우에도 돌 자체가 사건을 야기할 정신적 및 물리적 능력을 갖추지 못했기 때문에 한국어에서는 (22)처럼 비문법적인 문장이 됩니다. (22b)와 같은 표현이 자연스럽습니다.

자연 중에서는 자체적인 에너지가 있는 경우도 있습니다. 예를 들어, '바람(wind)'은 사건을 야기할 충분한 물리적인 에너지를 가지고 있습니다. 아래의 예문에서 바람은 쓰레기통을 뒤집을 충분한 에너지를 가지고 있습니다. 그럼에도 불구하고 영어는 문법적인 문장이 되는 반면 한국어는 비문법적인 문장이 됩니다.

(23) The wind overturned the dustbin. (Cruse 1973)

(24)   a. *바람이 쓰레기통을 뒤집었다.

      b. 바람에 쓰레기통이 뒤집어졌습니다.

영어는 실제 쓰레기통을 뒤집는 역할을 한 것이 바람이기 때문에 바람을 주어로 사용할 수가 있습니다. 반면 바람은 물리적인 에너지는 지녔지만 정신적인 능력은 없기 때문에 한국어에서는 바람과 같은 자연을 주어로 사용할 수 없습니다. 자연스러운 우리말은 (24b)와 같은 표현입니다.

☞ 앞서 Navajo에서 말이 사람을 찰 수 없다는 것을 알아보았습니다. 우리말에서 바람이 쓰레기통을 뒤집을 수 없다는 것과 유사합니다. 단지 차이점은 유생성 위계에서의 위치가 다를 뿐입니다. 즉, Navajo는 동물이 사람에게 어떤 행위를 할 수 없고, 한국어는 무생물이 사람이나 동물 또는 다른 사물에 어떤 행위를 할 수 없다는 것입니다.

☞ '바람'은 정신적인 능력은 없지만 물리적인 능력은 지녔습니다. 물론 사람은 두 능력을 모두 갖추고 있습니다. 돌은 두 가지 능력 모두 없습니다. 앞에서 배운 원형이론에 따르면, 사람은 가장 전형적인 행위자가 되겠고, 그 원형에서 약간 멀어진 것이 바람, 그리고 거기서부터 좀 더 멀어진 것이 돌이라고 할 수 있습니다.

'술(liquor)'의 경우도 바람과 같은 물리적인 에너지는 아니지만 사건을 수행할 에너지 또는 성분을 지닌 것으로 볼 수 있습니다. 술의 경우에도 앞의 다른 자연과 마찬가지로 영어는 주어로 사용할 수 있는데 반해, 한국어는 주어로 사용할 수 없습니다.

(25) Liquor killed him.

(26)   a. *술이 그를 죽였다.

        b. 술 때문에 그가 죽었다.

지금까지 타동사구문에서 무생물이 영어에서는 주어로 사용이 되는데 반해 한국어에서는 주어로 사용이 되지 못하는 현상에 대해 살펴보았습니다. 정리하자면, 한국어는 참여자의 사건을 일으킬 타고난 정신적 및 물리적인 능력을 중요시하는 반면 영어는 사건의 마지막 단계에서 참여자가 수행하는 역할을 중요시하기 때문에 무생물주어의 허용 여부에서 두 언어가 차이를 보이는 것입니다.

☞ 한국어에서 타고난 행위자의 정신적 및 육체적인 능력을 중요시하는 것과 영어에서 사건의 마지막 국면에서 맡은 실제적인 역할을 중요시하는 것은 각각 (앞서 3.3.7에서 살펴본) 과거를 중요하는 한국인의 생각과 현재를 중요시 생각하는 서양의 생각과 일맥상통한다는 점에서 흥미롭지 않나요? 이력서를 적는 방식과 '미녀들의 수다'에서 방송된 미녀들의 얘기를 상기해보세요.

5.1.1.3. 유생성 부호화의 체계성

영어에서는 타고난 유생성의 구분을 중요시하지 않는 반면, 한국어에서는 유생성의 구분이 매우 중요하다는 것을 앞서 살펴보았습니다. 영어는 유생성에 상관없이 동일한 표현을 사용하는데 반해 한국어는 유생성에 따라 다른 표현을 사용하는 것이 매우 체계적이라는 것을 여기서 보여주고자 합니다. 이런 현상은 유생성이 나타날 수 있는 명사뿐만 아니라 명사와 관련된 형용사, 동사, 전치사에도 적용이 됩니다(김은일 1998). 아래에서는 명사를 시작으로 형용사, 동사, 전치사의 순서로 살펴보겠습니다.

A. 명사

"그 영화의 제목이 무엇입니까?"를 영어로 옮기면 "What is the title of the movie?"가 됩니다. 그렇다면 "그의 직함이 무엇입니까?" 를 영어로 어떻게 옮길 수 있을까요? '직함'을 영어로 어떻게 말하는 지 궁금한가요? '직함'도 영어로는 '제목'과 같은 'title'이라고 합니다. 따라서 "What is his title?"이라고 하면 되겠습니다. 이 예를 통해 보여주고자 하는 바는 한국어는 영화는 '제목'이라고 하고 사람은 '직함'이라는 다른 표현을 사용하는데 반해 영어는 영화와 같은 무생물이나 사람이나 같은 표현 'title'을 사용한다는 것입니다. 유생성의 차이를 중요시하는 한국어의 특성과 유생성의 차이를 중요시 여기지 않는 영어의 특성이 명사에도 잘 나타난 것입니다. 이런 한국어와 영어의 특성은 많은 명사에 체계적으로 드러납니다. 아래의 예를 살펴보세요. (아래의 예에서는 논의의 편의상 동물, 식물, 무생물, 추상적인 개념을 구분하지 않고 무생물의 범주에 표시하였습니다.)

(27) 명사	사람	무생물
agent	대행자, 대리인	화학적 등의 변화를 주는 것
effort	노력	작용력 (기계)
egg	난자	달걀, 알
guard	경호인	방호물
master	주인	모장치 (컴퓨터, 기계)
nursery	보육원	양어장, 묘목장

position	지위	위치, 장소
race	인종	독특한 풍미 (술)
remain	유해	유물, 유고
scale	치석 (이빨)	비늘 (물고기)
slave	노예	종속장치 (컴퓨터, 기계)
star	유명인	별
subject	신민	과목

☞ 유생성을 부호화하는데 있어서 영어와 한국어의 차이점을 얼마나 잘 이해했는지 알아보기 위해 간단한 질문을 하나 하겠습니다. '인구'를 'population'이라고 합니다. 그렇다면 '다람쥐의 개체수'를 영어로 어떻게 표현할까요? '개체수'를 영어로 어떻게 하는지 배운 적이 없다고요?! 'the population of squirrels'라고 하면 되겠죠. '소나무의 개체수'도 'the population of pine trees'라고 하면 됩니다. '인구'를 'population'이라고 하는 것을 알면서도 '개체수'를 모르겠다고 하는 실수가 없기를 바랍니다. 다음으로 넘어가기 전에 '인구(人口)'란 말을 잠깐만 살펴볼까요? '인구'란 사람의 입을 뜻하는 한자어입니다. 사람의 입이 사람의 수를 뜻하게 된 것은 눈, 귀, 손, 발은 두 개인데 반해 입은 하나이기 때문입니다. 그리고 '인'이 사람을 뜻하기 때문에 '인구'를 다른 동물이나 식물의 수를 지칭할 때 사용하기는 힘이 들겠죠. 이처럼 우리는 사람을 다른 동물이나 식물 또는 무생물에 비해 특별한 지위를 부여한 셈입니다.

☞ 사람이나 무생물로 구분할 수 있는 명사 자체는 아니지만 행위를 나타내는 동사에서 파생된 파생명사의 경우에도 유생성과 관련된 특성이 그 행위의 대상에 따라 드러납니다. 예를 들어, 'operate'

에서 파생된 'operation'이 한국어로는 사람에게 이루어지는 경우는 '수술'로, 무생물인 경우는 '조작, 작전' 등으로 표현됩니다. 동사와 관련된 논의는 잠시 후에 있을 예정입니다.

위에서 살펴본 (27)의 예 이외에도, 순수 우리말에서는 구분이 되지 않지만 한자어에서는 유생성에 따라 구분되는 경우가 있습니다. 아래 (5)의 예에서, 'bruise'와 'milk'는 순수우리말로는 '멍'과 '젖'으로 동일한 표현이 가능하나 한자어로는 (5)에서 표시된 것처럼 다르게 표현됩니다.

(28) <u>명사</u>   <u>사람</u>   <u>무생물</u>
      bruise   타박상   흠 (과일 따위)
      milk   모유   우유

한국인들이 대개 사람을 지칭하는 명사로 알고 있는 표현이 아래의 예에서처럼 한 무리의 동물 또는 무생물로 확대되어 사용되는 경우가 있습니다. 예를 들어, 'crowd'는 사람의 집단을 지칭하는 '군중'이란 의미뿐만 아니라 '책'과 같은 무생물을 지칭하는데도 사용됩니다.

(29) <u>명사</u>   <u>사람</u>   <u>무생물</u>
      college   대학   떼 (a college of bees)
      company   일행   떼 (a company of birds)
      school   학교   떼 a school of mackerel
      crowd   군중   수많은 (a crowd of books)

영어에서는 사람의 신체부위를 나타내는 표현이 은유적으로 확장
이 되어 무생물의 일부를 지칭하는 경우가 많지만, 한국어에서는 사
람의 신체부위와 무생물의 경우는 전혀 다른 표현을 사용하는 경우
가 많습니다. 신체부위의 경우, 우리말에서도 '(책상)다리, (톱)니'처
럼 무생물의 일부를 지칭하는 경우가 있으나 어휘 수에 있어서 영어
에 훨씬 미치지 못합니다. 다음의 예를 살펴봅시다.

(30)	명사	사람	무생물
	ear	귀	손잡이 (냄비)
	eye	눈	싹, 구멍 (단추, 바늘)
	face	얼굴	표면 (화폐), 겉장 (책), 문자반 (시계)
	hand	손	바늘 (시계)
	leg	다리	다리 (옷, 책상, 컴퍼스)
	tooth	이	아귀 (빗살, 톱, 포크)

☞ 바늘의 '구멍'을 지칭할 때 영어는 'eye'를 사용합니다. 그런데
한국어로 그 구멍을 '귀(ear)'라고도 합니다. 이렇게 표현이 다른 것
은 그 구멍이 영어권 화자에게는 눈을 닮았고, 한국어 화자들에게는
귀를 닮았기 때문입니다. 은유의 관점에서 다시 표현하면, 바늘의
구멍이라는 같은 목표개념을 영어는 '눈'이라는 근원개념을 사용하
는 반면 한국어는 '귀'라는 근원개념을 사용한 것입니다.

명사가 다른 명사와 복합어를 형성할 때도 한국어는 유생성에 민
감한 반면 영어는 유생성에 민감하지 않습니다. 예를 들어, 영어에
서는 사람이나 동물의 머리를 지칭하는 'head'가 다른 무생물 명사

와 잘 결합이 되는 반면 한국어에서는 무생물 명사와 결합하기는 하나 매우 제한적입니다. 아래의 예에서 첫 세 개의 예에서 '두, 수'와 같이 '머리'의 의미를 지닌 한자어와 순수한 우리말 '머리'가 사용된 반면 나머지 예에서는 모두 머리가 아닌 다른 표현이 사용됩니다.

(31)　<u>head의 영어 복합어</u>　　　　　<u>한국어 복합어</u>

headnote	두주
head boy	소석생
headline	표제, <u>머리글</u>
headlight	<u>전</u>조등
head-on collision	<u>정면</u>충돌
head office	본사, 본점
head-pin	<u>1</u>번 핀
head spring	<u>원</u>천
head stock	<u>주축</u>대
head waiter	급사<u>장</u>

'head'가 한국어로는 '앞'을 뜻하는 '전, 정면', '기본'을 의미하는 '본', 처음을 뜻하는 숫자 '1', 근원을 뜻하는 '원', '주된'의 의미가 있는 '주축', 단체의 '우두머리'를 의미하는 '장'으로 표현됩니다. 다시 정리하면, 영어는 사람의 머리를 뜻하는 'head'가 다양한 무생물에게로 확장되어 사용이 되는 반면 한국어는 '머리'를 뜻하는 '두, 수, 머리'가 무생물에도 사용되는 경우가 있기는 하나 매우 제한적이라는 것을 알 수 있습니다.

　☞ 영어로는 하나의 단어 'head'로 표현될 것이 한국어는 사람은

'머리', 동물은 '대가리'로 구분합니다. 사람 머리를 지칭할 때, 간혹 비하하여 '돌대가리'라는 표현을 사용하기도 하는데 이는 사람을 동물에 비유한 것입니다. 사람을 동물의 관점에서 표현한 은유표현이니까 당연히 사람을 비하한 표현이 되겠지요.

　유학하던 시절의 일화입니다. 친구 아기의 백일잔치에 초대를 받았습니다. 백일 선물로 '보행기'를 사주기로 마음을 먹고 백화점을 방문했는데 찾기가 어려웠습니다. 그래서 점원에게 '보행기'가 어디에 있는지 물어보려고 하는데, 아차! '보행기'를 영어로 뭐라고 하지? 생각이 나지 않아 길게 풀어서 "I am looking for a tool which helps a baby walk...."라고 하자 바로 돌아온 대답은 "Oh, walker."였습니다. 중학교 시절에 동사 뒤에 '-er'을 붙이면 '-하는 사람'이란 뜻이 된다고 배워서 'walker'는 '걷는 사람' 또는 '보행자'라고만 알고 있던 필자는 그때서야 'walker'가 '보행기'라는 뜻도 있다는 것을 깨달았습니다. 그 이후 이 문제에 관심을 가지고 분석한 결과, 이 지면을 통해 전달하고자 하는 내용을 밝혀낼 수 있었습니다. 유생성과 관련된 접미사(suffix) '-er'의 쓰임을 아래 예를 통해 살펴봅시다.

(32)	단어	사람	무생물
	fighter	투사	전투기
	hanger	교수형 집행인	양복걸이
	shower	샤워하는 사람	샤워기
	speaker	연설자	스피커
	stroller	산책하는 사람	유모차
	walker	보행자	보행기

영어형태소 '-er'외에도 아래 (33, 34)의 예에 나타난 것처럼 '-(a)n'과 '-ese'도 사람뿐만 아니라 무생물을 지칭하는데 사용됩니다. 물론 우리말에서는 유생성에 따라 구분이 됩니다.

(33)	단어	사람	무생물
	Korean	한국인	한국어
	Italian	이태리인	이태리어
	Hungarian	헝가리인	헝가리어
	Mongolian	몽골인	몽골어
	Ukrainian	우크라이나인	우크라이나어

(34)	단어	사람	무생물
	Japanese	일본인	일본어
	Chinese	중국인	중국어
	Vietnamese	베트남인	베트남어

크게 보면 명사의 일종인 대명사(pronoun)도 지금까지 살펴본 유생성의 특성이 그대로 나타납니다.

(35)	대명사	사람	무생물
	this	이 사람, 이분	이것
	that	저 사람, 저분	저것
	he	그(남자)	수컷
	she	그녀	암컷
	one	(-한) 사람	(-한) 것

한국어에서는 유생성에 따라 구분된 표현이 사용되는 반면, 영어에서는 'he/she'는 "Is it a he or a she?"에서처럼 동물의 암수를 물을 때 사용됩니다. '암캐, 수캐'라고 할 때도 각각 'she-dog, he-dog'이라고 합니다. 'one' 역시 "You mean the tall *one* next to your brother?"와 "He has three rooms: one large *one* and two small *ones*."와 같은 예문에서처럼 유생성에 상관없이 사용됩니다.

☞ 영어를 처음 배울 때의 생각이 납니다. 'This'를 '이것'이라고 배우고 "This is a book."과 같은 표현을 배웠는데, 어느 날 선생님이 옆 사람을 소개할 때 "This is John."이라고 한다고 하셨을 때 친구들과 많이 웃었던 기억이 납니다. "이것은 John이다."라니....?! "Who is that?" "저것이 누구냐?"라니...?!

지금까지 명사에 나타나는 유생성과 관련된 한국어와 영어의 차이점을 살펴보았습니다. 아래에서는 계속해서 형용사(adjective)를 살펴보도록 하겠습니다.

B. 형용사

형용사는 유생성과는 직접적인 관련성은 없습니다. 하지만 형용사가 문장에서 사용될 때는 명사와 관련을 맺기 때문에 결국 그 관련된 명사의 유생성과 간접적으로 관련성이 있다고 할 수 있습니다. 형용사는 명사를 수식하는 수식어(modifier)로 사용되거나 명사의 상태나 성격을 서술하는 서술어(predicate)로 사용됩니다. 아래에서는 유생성이 어떻게 수식어나 서술어로 사용되는 형용사와 관련이 되는지 살펴보도록 하겠습니다.

먼저 수식어로 사용되는 경우를 살펴보겠습니다. 나이가 든 사람을 '<u>늙은</u> 사람'이라고 하는 반면, 신발이나 가방처럼 물건이 오래된 것은 '<u>낡은</u> 신발' 또는 '<u>낡은</u> 가방'이라고 합니다. 이처럼 한국어에서는 수식받는 명사의 유생성에 따라 다른 형용사를 사용합니다. 즉, 명사가 '사람'인 경우는 '늙은'이라고 하고 물건인 경우에는 '낡은'이라고 합니다. 하지만 영어에서는 수식받는 명사의 유생성과 상관없이 'old man', 'old shoes', 'old bag'처럼 'old'를 사용합니다. 명사에서 논의되었던 유생성의 부호화 방식이 형용사에도 그대로 적용됨을 알 수 있습니다. 계속해서 유사한 아래의 예를 살펴보세요. (괄호 속의 표현은 영어 형용사가 같은 줄에 제시된 사람과 무생물을 수식할 때 적합한 한국어 표현입니다.)

(36) | <u>형용사</u> | <u>사람</u> | <u>무생물</u> |
|---|---|---|
| bright | boy | sunlight |
| | (현명한) | (밝은) |
| dear | friend | cigar/shop |
| | (친애하는) | (소중한/비싼) |
| dressed | lady | brick |
| | (차려입은) | (화장 (벽돌)) |
| gentle | people | wind |
| | (점잖은) | (부드러운) |
| healthy | boy | profits |
| | (건강한) | (많은) |
| honest | servant | silk |
| | (정직한) | (본(견)) |

impossible	fellow (참을 수 없는)	situation (불가능한)
late	Dr. A (고(故))	typhoon (요전의)
old	men (늙은)	shoes/bag (낡은)
poor	boy (가난한/가여운)	soil/ore (메마른/함량이 낮은)
rich	man (부유한)	milk (진한)
tall	boy (키가 큰)	building (높은)
young	child (어린/젊은)	nation/college (신생)

이제 서술어로 사용되는 형용사를 살펴보겠습니다. "내 차, 공장에서 출고한—또는 새 차 뽑은—지 3년 되었다."를 영어로 어떻게 할까요? 어렵다고요.... "그는 3살이다."를 영어로 어떻게 할까요? "He is three-years old."라고 하면 되겠지요. 그렇다면 첫 질문에 대답은 무엇일까요? "My car is three-years old."라고 하면 됩니다. 한국어에서는 사람과 물건을 구분하여, 사람은 '-살이다'로 표현하는 반면 물건은 '새것을 구입한 지 -년이다'처럼 완전히 다른 표현을 사용합니다. 영어는 사람에 해당하는 표현을 물건으로까지 은유적으로 쉽게 확장하여 사용한다는 사실을 상기해보세요. 이와 유사한 아래의 표현들을 살펴보세요. 아래의 예에서 a)와 b)에 각각 사람과 무생물의 예를 제시하였습니다.

(37) 형용사   예문

　　cheap   a) *She* is cheap. (돈을 잘 쓰지 않는다)

　　　　　　　　　　　　b) *It* is cheap. (싸다)

　　free   a) *I* am free now. (자유롭다/시간이 난다)

　　　　　　　　　　　　b) *It* is free. (공짜다)

　　full   a) *I* am full. (배가 부르다)

　　　　　　　　　　　　b) *The glass* is full of water. (가득 차다)

　　old   a) *He* is old. (늙었다/나이가 들었다)

　　　　　　　　　　　　b) *The building* is old. (낡았다/오래되었다)

　　year(s) old   a) *She* is 40 years old. ((나이가) -세 이다)

　　　　　　　　　　　　b) *My car* is 3 years old. ((출고한 지) -년
　　　　　　　　　　　　　　 되었다)

　　young   a) He is still young. (어리다)

　　　　　　　　　　　　b) The day is still young. (날이 아직 얼마
　　　　　　　　　　　　　　 지나지 않았다)

☞ "한국 나이로는 몇 살이에요?" 또는 "미국 나이로는 몇 살이에
요?"와 같은 표현을 종종 듣게 됩니다. 한국 나이에 '1'을 빼면 미국
나이가 된다는 얘기를 들었던 어린 시절의 기억도 있습니다. 한국에
서는 '-살' 또는 '-세(歲)'라는 표현을 사용하는데, '세'란 '해(year)'
를 의미합니다. 태어난 해가 첫 번째 해가 때문에 그 해에 '한 살'이
됩니다. 그 다음 해는 두 번째 해가 되어 '두 살'이 됩니다. 12월 1
일에 태어난 아기는 12월에 '한 살'이었다가 다음 해 1월에는 '두
살'이 되어버립니다. 불과 한 달 사이에 한 살을 더 먹게 됩니다. 미
국에서는 'old'란 표현을 사용하는데, 태어난 지 일 년이 지나서 자
기 생일을 맞이하여야 'one year old'가 됩니다. 12월 1일에 태어난

아기가 그 다음에 1월 1일이 되면, 그 아이는 'one month old'가 되겠지요. 하루가 지난 아기는 'one day old'가 되겠고, 한 시간이 지난 아기는 'one hour old'가 되겠지요. 이렇게 나이를 헤아리는 시스템이 서로 달라서 같은 나이의 아기가 한국에서는 '두 살'이 되고, 미국에서는 'one month old'가 될 수도 있답니다.

☞ 우리는 같은 년도에 태어난 아이들은 모두 나이도 같고─다른 말로, '동갑' 또는 같은 '띠'가 되어─학교에도 3월 2일 엄마 손을 붙잡고 함께 입학을 합니다. 사실 1월 1일생과 12월 31일생은 어린 나이에는 많은 차이가 날 수 있습니다만, 우리는 같은 나이라는 하나의 범주로 분류합니다. (나중에 어른이 되었을 때도 동갑은 더 동질감을 느끼기도 합니다.) 하지만 서양 사회에서는 일 년 중의 특별한 날을 정해서 함께 입학하는 것이 아니라, 아이가 생일이 되어 정해진 연령에 달하면 개별적으로 학교에 갑니다. 여기서도 동양의 집단중심의 사고와 서양의 개인중심의 사고가 드러납니다.

☞ 우리는 사람들 중에서도 어른과 아이를 구분합니다. 아이는 일반적인 단어인 '나이(age)'를 사용하지만 어른의 경우는 '연세(age)'라는 다른 단어를 사용합니다. 물론 영어에는 이런 구분이 없습니다.

C. 동사

동사도 형용사처럼 자체가 유생성과 직접적인 관련성이 있는 것은 아닙니다. 동사가 문장에서 사용될 때 명사를 주어나 목적어로 취하기 때문에 그 명사로 인해 간접적으로 유생성과 연관이 된다고 할 수 있습니다. 한국어에서는 동사가 명사를 주어나 목적어로 취할 때 그 명사의 유생성에 따라 동사의 표현이 달라집니다. 반면 영어에서는 동사의 주어나 목적어 역할을 하는 명사의 유생성과 상관없이 같은 표현을 사용합니다.

먼저 목적어(object)의 유생성에 따라 한국어의 동사의 표현이 어떻게 바뀌는지 영어의 표현과의 비교를 통해 알아보도록 하겠습니다. "He answered her call."과 같은 문장에서 'answer'를 우리말로는 '대답하다'란 표현 대신에 '받다'란 표현으로 번역합니다. 왜 영어로는 'answer'라고 하는 것을 우리말로는 대응어인 '대답하다' 대신에 '받다'라고 할까요? 우리는 사람한테는 대답을 할 수 있지만, 기계한테는 대답을 할 수 없다고 생각을 합니다. 따라서 기계한테는 '대답하다'란 표현 대신에 '받다'라는 다른 표현을 사용하는 것입니다. 영어의 관점에서는 사람이 (철수야 하고) 부르든 기계가 (따르릉 따르릉 하고) 부르든 부르는 것은 같다고 생각하기 때문에 부르는 것에 대답(answer)을 하는 것입니다. 이처럼 목적어의 유생성에 따라 한국어 동사의 표현이 달라지는 현상을 아래의 예를 통해 살펴보겠습니다. 아래의 예에서 a)와 b)에 각각 사람과 무생물이 목적어로 사용되는 예를 제시하였습니다. 그리고 괄호 속에는 목적어의 유생성에 따라 달라지는 한국어 동사의 표현을 제시하였습니다.

(38) 동사   목적어
     adopt   a) The couple adopted *a child* as their heir. ((양자로)
                       삼다)
                    b) They adopted *his proposal.* (채택하다)

answer	a) He didn't answer *me*. (대답하다)
	b) I'll answer *the phone*. (받다)
bring	a) Bring *your friend* to the party. (데리고 오다)
	b) Bring *a bottle of wine* to the party. (가지고 오다)
call	a) He called *me* by my first name. (부르다)
	b) The director called *a meeting*. (소집하다)
deliver	a) The doctor delivered *triplets* yesterday. (분만시키다)
	b) The boy delivers *washing machines*. (배달하다)
kill	a) She killed *five birds*. (죽이다)
	b) She killed *five years* on that study. (허송세월하다)
	b) He killed *the pain* with a drug. (없애다)
lay	a) Mary laid *her child* to sleep. (눕히다)
	b) John laid *a carpet* on a corridor. (깔다)
pick up	a) I will pick *you* up. (차로 태워주다)
	b) Harry picked up *the newspaper*. (집어 들다)
read	a) She read *him* like a book. (훑어보다)
	b) She is reading *the Bible*. (읽다)
receive	a) She received *a visitor*. (맞이하다)
	b) She received *a letter* from him. (받다)
take	a) John took *Mary* out for lunch. (데리고 가다)
	b) Take *a raincoat* with you. (가지고 가다)

☞ "Let me give it a try."는 무슨 뜻일까요? '그것(it)'에게 '한 번의 시도 (a try)'를 주다니, 이게 무슨 말일까요? 아래의 영어 문장 (39a)와 (39b)를 비교해보세요.

(39)　　a. He gave <u>her</u> a flower.

　　　　b. He gave <u>the door</u> a hard kick.

유생성과 관계없이 동일한 표현을 사용하는 영어의 특성이 여기서
도 드러납니다. 영어에서는 '사람'에게 무엇을 주듯이 문(door)과 같
은 '무생물'에게도 무엇을 줄 수 있습니다. 상황에 따라 다양한 것을
지칭할 수 있는 'it'을 사용한 아래의 예문도 보세요.

(40)　　a. Give it a try.

　　　　b. Give it a stir.

　　　　c. Give it some thought.

위의 예에서 'it'은 각각 어려운 일, 음식재료, 아이디어가 될 수 있
어서, "어려운 일을 시도해보세요, 재료를 섞어주세요, 아이디어에
생각을 더해보세요"와 같은 의미가 됩니다. (39, 40)에 제시된 예들
은 유생성의 차이를 다른 식으로 부호화하는 한국어에서는 불가능
한 표현들입니다.

☞ "He gave the door a hard kick."이란 표현은 여전히 생각해볼
거리가 있는 흥미로운 표현입니다. "그가 문을 세게 찼다."라는 뜻
이니까 "He kicked the door hard."처럼 표현해도 되지 않을까요? 두
문장 다 문법적인 문장입니다. 하지만 두 문장 사이에는 의미적인
차이점이 있습니다. "He gave the door a hard kick."은 그의 차는 행
위로 인해 문에 어떤 변화가 생겼다는 것을 암시합니다. "He kicked
the door hard."는 세게 찬 것은 사실이지만 변화에 관한 암시는 없

습니다. 이런 의미적인 차이점을 드러내기 위해 두 가지 다른 표현을 사용하는 것입니다. 두 문장 사이의 이런 의미적인 차이점을 염두에 두고, 아래에 제시된 문장은 의미적인 측면에서 어떻게 다른지 말할 수 있겠습니까?

(41)   a. She wiped the table.
         b. She gave the table a wipe.

(42)   a. She pushed the car.
         b. She gave the car a push.

(41b)와 (42b)는 각각 탁자를 닦아서 깨끗해졌거나 차를 밀어서 시동이 걸린 것과 같은 변화가 있음을 암시합니다. (41a)와 (42a)는 그런 암시가 없습니다.

이제 주어(subject)의 유생성에 따른 변화를 살펴보도록 하겠습니다. 영어에서는 도구나 자연과 같은 무생물이 (한국어와는 달리) 타동사의 주어로 사용될 수 있음을 살펴보았습니다. 한국어에서는 무생물이 타동사의 주어로 허용되지 않는 경향이 강하기 때문에 영어의 무생물주어 구문을 한국어로 옮기면 전혀 다른 구문으로 바뀌게 됩니다. 영어의 'like'를 예로 들어보겠습니다. "I like apples."에서처럼 사람이 어떤 대상(음식)을 좋아할 수 있습니다. 하지만 한국어에서는 음식이 사람을 좋아할 수는 없다고 생각합니다. 그런데 영어에서는 "Apples don't like me."와 같은 표현이 가능합니다. 이 영어표현의 의미를 한국어로 옮기면 "사과가 내 몸에 맞지 않는다." 정도가 됩니다. '좋아하다'라는 동사가 전혀 다른 동사로 바뀌어서 번역이 되는 것입니다. 영어는 "I like apples, but they don't like me."에서처럼 주어의 유생성에 관계없이 동일한 동사 'like'를 사용하는데 반해, 한국어는 "사과를 먹고 싶은데, 사과가 내 몸에 맞지 않아요."에서처럼 주어의 유생성이 바뀜에 따라 다른 동사를 사용하게 됩니다. 아래의 예를 통해 유생성에 따라 한국어 표현이 어떻게 바뀌는지를 살펴봅시다. 이런 현상을 잘 익혀두면 여러분들이 어려운 영어 표현도 쉽게 잘 표현할 수 있을 것입니다. 아래의 예에서 영어 동사 아래에 제시된 괄호 속의 표현은 사람이 주어인 경우의 번역이고, 무생물주어 아래에 제시된 표현은 주어진 무생물이 주어로 사용된 경우의 (자연스러운) 번역입니다.

(43) **동사**   **무생물주어**

claim   *The problem* claims our attention.
(요구하다)   (필요하다)

drink   *Plants* drink up water.
(마시다)   (빨아들이다)

eat   *Rust* eats iron.
(먹다)   (부식시키다)

lie   *The book* lies on the table.
(눕다)   (놓여있다)

like   I like oysters, but *they* don't like me.
(좋아하다)   (맞지 않다)

gain   *My watch* gains five minutes a day.
(얻다)   (빨리 간다)

lose   *My watch* loses ten minutes a day.

(잃다)	(늦게 간다)
run	*The machine* <u>runs</u> on gasoline.
(달리다)	(움직인다)
stand	*Tears* <u>stood</u> in her eyes.
(서다)	(고여 있다)
tell	*The clock* <u>told</u> the time.
(말하다)	(알려주다)
touch	*Your skirt* is <u>touching</u> the paint.
(만지다)	(닿다)
want	My shoes <u>want</u> mending.
(원하다)	(내 구두는 수선이 필요합니다.)
wait	*My paper work* will <u>wait</u>.
(기다리다)	(서류작업은 늦어도 될 것입니다.)
work	The negotiations are <u>working</u> for me.
(일하다)	(유리하게 돌아가다)

영어의 무생물주어 구문을 한국어로 옮길 때, 위의 (43)처럼 다른 동사로 바꾸어 번역하는 경우도 있지만 동사는 같은 동사에서 파생된 형태를 이용하여 수동구문이나 자동사구문으로 옮기는 것이 자연스러운 경우도 있습니다. "This ticket admits one person."을 예로 들어보겠습니다. 'this ticket'이 무생물이기 때문에 한국어로는 "*이 표가 한 사람을 입장시킨다."처럼 표현할 수가 없습니다. 대신에 "이 표로는 한 사람만 입장할 수 있습니다."나 "이 표로는 한 사람만 입장됩니다."처럼 표현하는 것이 자연스럽습니다. 'admit'의 한국어 상당어인 '입장시키다'를 사용하지만 동사의 형태는 자동사가 되거나 수동형이 됩니다. 아래 (44)에는 영어 동사의 한국어 상당어에

해당하는 동사를 사용하지만 구문 자체가 달라지는 예들을 제시하였습니다. 무생물주어 아래 괄호 속에 영어 무생물주어 구문의 자연스러운 한국어 표현을 제시하였습니다.

(44) **동사**   **무생물주어**

admit   *This ticket* <u>admits</u> one person.

(입장시키다)   (이 표로는 한 사람만 입장됩니다.)

answer   *His method* has not <u>answered</u>.

(답하다)   (이 방법으로는 답할 수 없었습니다.)

employ   *This work* will <u>employ</u> 50 men.

(고용하다)   (이 직장에 50명이 고용될 것입니다.)

go   *This road* <u>goes</u> to Seoul.

(가다)   (이 길을 따라가면 서울로 갑니다.)

영어 무생물주어 구문을 한국어로 자연스럽게 번역할 때 경우에 따라서는 동사와 구문 전체를 바꾸어야하는 경우도 있습니다. 아래의 예를 살펴보기 바랍니다.

(45) **동사**   **무생물주어**

finish   *My answer* <u>finished</u> her.

(끝내다)   (내 대답에 그는 두 손을 들었습니다.)

know   *Necessity* <u>knows</u> no law.

(알다)   (필요 앞에는 법이 필요 없다.)

sit   *The pie* <u>sat</u> heavily on his stomach.

(앉다)   (파이를 먹고 그의 속이 거북하였습니다.)

take   *This street* will <u>take</u> you to the station.

(데려가다)	(이 길을 따라가면 역이 나옵니다.)
promise	*The clouds* <u>promise</u> *rain.*
(약속하다)	(구름을 보아 비가 곧 올 것 같습니다.)
teach	*The accident* has <u>taught</u> *him be careful.*
(가르치다)	(그 사고로 그는 조심해야한다는 것을 배
	웠습니다.)

☞ "그 표지판에는 '위험!'이라고 적혀있습니다."를 영어로 어떻게 옮길까요? 어린 시절 선생님으로부터 "The sign says, 'danger!'"라는 표현을 배웠습니다. "어떻게 표지판이 말을 하지? 영어는 참 이상해!"라고 생각했던 적이 있었습니다. 왜 "'Danger!' is written on the sign."이라고 하면 될 텐데...? 물론 이 표현도 문법적으로 틀린 부분은 없습니다. 하지만 영어 원어민은 어린 시절 선생님이 가르쳐주신 그 표현을 일반적으로 자주 사용합니다. 영어는 유생성을 구분하여 부호화하지 않기 때문에 사람이 위험해라고 말하듯이 표지판도 위험해라고 말할 수 있는 것이죠. 그리고 이런 원리는 이 문장에만 적용되는 것이 아니라 문법 전반에 걸쳐 체계적으로 적용되는 것입니다.

D. 전치사

영어는 전치사 'with'의 목적어로 사람뿐만 아니라 무생물도 올 수도 있음을 앞에서 살펴보았습니다. 여기서 간단한 예를 들어보면, "He unlocked the door with his brother."와 "He unlocked the door with the key."에서처럼 'with'의 목적어로 'brother'와 'key'를 가질 수 있습니다. 하지만 한국어는 사람은 '와/과'라는 조사를, 사물은 '(으)로'라는 조사를 사용하여야 합니다. 이것과 관련된 자세한 논의는 앞서 5.1.1.1에서 다루었던 공동격과 도구격의 격표지와 관련된 부분을 참고하기 바랍니다. 영어는 소위 구동사(phrasal verb)라 불리는 표현에서 사용되는 불변화사(particle)—혹은 전치사—역시 유생성과 상관없이 목적어를 취할 수 있음을 살펴보겠습니다. 아래의 예는 구동사—또는 구동사의 불변화사—의 목적어로 사람과 사물이 모두 올 수 있음을 보여줍니다. 하지만 한국어는 목적어의 유생성에 따라 표현이 달라집니다.

(46) 구동사   전치사(혹은 구동사)의 목적어

     come across   a) I came across *him*.

                             (우연히 만나다)

                          b) I came across *an old photograph of my mother*.

                             (우연히 발견하다)

     agree with   a) I cannot agree with *you* on that matter.

                             (동의하다)

                          b) The predicate verb must agree with *its subject* in person and number.

                             (일치시키다)

지금까지 한국어와 영어가 유생성을 부호화하는 방식에서 보이는 차이를 살펴보았습니다. 지금까지의 논의를 정리해봅시다. 사람은 타고난 정신적 및 육체적—또는 물리적—능력에서 동물, 식물, 무생물과 차이를 보입니다. 한국어는 이런 타고난 능력을 중요시하기 때문에 그 타고난 능력에 따라 표현이 달라지는 특성을 보입니다. 하지만 영어는 그 타고난 능력보다는 주어진 상황에서의 역할을 중요시합니다. 따라서 유생성과는 관계없이 역할이 같다면 동일한 표현

을 사용하는 특성을 보입니다. 이런 한국어와 영어의 차이점은 유생성을 드러내는 명사뿐만 아니라 명사와 관련된 형용사, 동사, 전치사에도 체계적으로 적용이 됩니다. 범주화의 관점에서 보면, 한국어는 유생성에 따라 다른 범주로 구분하는 반면 영어는 유생성과 관계없이 (사건에서의 역할만 같다면) 하나의 범주로 간주하는 뚜렷한 경향을 보입니다.

5.1.1.4. 의도성

어떤 사건이 발생할 때는 행위자가 가진 의도대로 일이 발생할 수도 있지만, 행위자의 의도와는 전혀 상관없이 일이 발생할 수도 있습니다. 아래의 예 (47a)는 나무를 베는 행위가 나무꾼의 의도에서 비롯된 것입니다. 이런 경우는 (48a)에서 보듯이 '의도적으로'라는 부사(adverb)와 어울립니다. 반면 (47b)는 손가락을 베인 사건이 행위자의 의도와는 전혀 상관이 없습니다. 이런 경우는 (48b)에서 보듯이 '의도적으로'라는 부사와는 어울리지 않고, '실수로'와 같은 부사와 어울립니다. 김은일(2014)을 따라, 여기서는 (47b)처럼 행위자의 의도와는 관계없이 사건이 일어나는 것을 '비의도태(non-volitional)'라고 부르도록 하겠습니다.

(47) a. 나무꾼이 나무를 베었습니다.
      b. 나는 (연필을 깎다가) 손가락이 베였습니다.

(48) a. 나무꾼이 나무를 의도적으로 베었습니다.
      b. 나는 손가락이 *의도적으로/실수로 베였습니다.

한국어에서는 사건의 발생이 행위자의 의도에 의한 것인지 아니면 의도와 관계없이 실수나 저절로 된 것인지가 매우 중요하여 두 개의 구분된 구문으로 나타납니다. 의도적인 행위는 일반적으로 (47a)처럼 '능동태(active voice)'로 나타납니다. 반면 비의도태는 일반적으로 동사 어근(root)의 발음에 따라 '이, 히, 리, 기'와 같은 접미사가 붙거나 또는 보조동사 '지다'나 '되다'가 붙어 형성됩니다. 그런데 영어에서는 이런 의도성(volitionality)의 차이는 한국어처럼 문법적으로 구분되어 나타나지 않습니다. 비의도적인 행위도 일반적인 능동문으로 나타납니다. 아래의 예를 보세요. 비의도적인 행위임을 나타내는 (49a)와, 의도적인 행위임을 나타내는 (49b)를 영어로 옮기면 모두 (49c)처럼 일반적인 능동문이 됩니다.

(49)　a. 나는 손가락이/을 베였어요.
　　　 b. 그가 (군대를 가지 않으려고) 손가락을 잘랐어요.
　　　 c. I <u>cut</u> my finger.

거꾸로 (49c)를 한국어로 번역할 때는 상황에 따라—즉, 행위자의 의도성 유무에 따라—두 가지 다른 문법형식 중에서 선택을 하여야합니다.

☞ 간혹 (49a)를 "My finger <u>was cut</u>."처럼 수동태로 옮기는 것을 본 적이 있습니다. 하지만 영어의 수동문은 한국어가 의미하는 비의도적인 행위를 결코 나타내지 못합니다. 앞으로 5.1.3.1에서 살펴보겠지만, 영어에서 능동과 수동의 선택은 이야기의 전개상 화제의 주인공이 누구이냐에 따라 달라집니다. 화제의 주인공이 '나'인 경우

는 "I cut my finger."를, 주인공이 '손가락'인 경우는 "My finger was cut."을 선택합니다. 한국어의 비의도태는 행위의 비의도성을 나타내려는 장치임에 반해 영어의 수동태는 화제의 주인공을 나타내려는 장치입니다.

☞ 오래 전 방송된 적이 있는 '두 권의 일기'라는 드라마에 나오는 대화내용이 생각납니다. 여자 주인공과 남자 주인공이 사소한 말다툼 끝에 잠시 이별을 한 후, 남자 주인공이 여자 주인공을 잊지 못하고 계속 주변을 맴도는데 하루는 여자 주인공이 무슨 잘못을 했는지 다른 남자에게 뺨을 맞게 됩니다. 뺨을 때린 남자는 자리를 떠나고 여자 주인공이 어쩔 줄 모르고 있는데 그 장면을 뒤에서 몰래 보고 있던 남자 주인공이 등장합니다. 여자 주인공은 당황스러워 다음과 같은 말을 던지고, 이어 남자 주인공이 대답을 합니다.

(50)　　여자: 나 맞는 것 봤지?
　　　　남자: 본게 아니라 보였지.

남자가 '보였지'라는 비의도태를 사용하는 것은 보는 행위가 의도적인 것이 아님을 나타내기 위한 것입니다. 그런데 남자의 대답을 영어로 어떻게 옮길 수 있을까요?

(51)　　a. I didn't see it but it was seen by me.
　　　　b. I didn't see it on purpose.

(51a)와 같은 영어의 수동태로는 비의도적인 행위임을 결코 나타낼

수 없습니다. (비의도적인 것임을 꼭 나타내어야 한다면) (51b)처럼 능동문으로 표현하되, 'not ... on purpose'를 이용하여 길게 풀어서 나타내는 것이 좋겠습니다.

한국어는 행위의 의도성에 따라 다른 문법형식을 취하지만 영어는 일반적으로 의도성에 관계없이 동일한 문법형식을 취합니다. 아래의 예에서 밑줄 친 표현을 눈여겨보세요.

(52)　　a. During the fight, I <u>broke</u> his leg.
　　　　b. 싸움 도중에 나는 그의 다리를 <u>부러뜨렸다</u>.
　　　　c. He fell off the tree and <u>broke</u> his leg.
　　　　d. 그는 나무에서 떨어져 다리가 <u>부러졌습니다</u>.

(53)　　a. He <u>cut</u> the tree for a reason.
　　　　b. 그는 이유가 있어서 나무를 <u>벴습니다</u>.
　　　　c. He <u>cut</u> his finger on a knife.
　　　　d. 그는 칼에 손가락을 <u>베였습니다</u>.

(54)　　a. He <u>skinned</u> the bear for a rug.
　　　　b. 그는 양탄자로 사용하려고 곰의 표피를 <u>벗겼습니다</u>.
　　　　c. He <u>skinned</u> his knee when he fell down.
　　　　d. 그는 넘어지는 바람에 무릎의 피부가 <u>벗겨졌습니다</u>.

한국어는 의도적인 행위는 각각 '부러뜨리다, 베다, 벗기다'를 사용하고 비의도적인 행위는 '부러지다, 베이다, 벗겨지다'와 같은 표현을 사용합니다. 반면에 영어는 이런 의도성에 따른 구분을 하지 않기 때문에 의도적, 비의도적인 행위 모두 'break, cut, skin'으로 표현하였습니다.

지금까지 유생성과 의도성 측면에서는 한국어가 영어에 비해 더 세분화된 문법장치를 가진다는 것을 살펴보았습니다. 아래에서는 영어가 한국어에 비해 더 세분화된 문법장치를 가지는 현상에 대해 살펴보겠습니다.

5.1.2. 영어의 범주가 세분화된 경우

영어가 한국어에 비해 세분화되는 문법현상들 중에서 여기서는 상태성(stativity), 책임성(responsibility) 그리고 변화(change)와 관련된 현상을 살펴보도록 하겠습니다.

5.1.2.1. 상태성

중학교에서 영어를 처음 배울 때, '입다'를 영어로 표현하면 입은 상태는 'wear'라고 하고, 입는 동작을 말할 때는 'put on'이라고 한다는 것을 배웠습니다. 우리말로는 한 가지 표현인데 영어로는 구분하여 표현하니 어렵기도하고 신기하기도 하였습니다. 그 당시에는 이렇게 상태와 동작을 구분하는 것이 'wear'와 'put on'에만 한정되어 있는 줄 알았습니다. 하지만 사실은 동작과 상태를 구분하는 것이 영어의 일반적인 현상입니다. "언제 결혼했습니까?"를 영어로 옮기면 "When did you marry?"가 되겠죠. 그렇다면 "결혼했습니까?"를 영어로 옮기면 어떻게 될까요?

(55) 결혼했습니까?

    a. Did you marry?

    b. <u>Are</u> you married?

영어로는 (55a)와 (55b) 둘 다 맞는 문장입니다. (55a)는 결혼한 사건을, (55b)는 현재의 결혼 상태를 묻는 말입니다. 이 둘의 차이를 대답을 통해 알아보도록 하겠습니다. 만약 과거에 결혼을 했으나 지금은 이혼한 상태로 혼자 살고 있다고 가정해봅시다. (55a)에 대한 대답은 'Yes'가 되겠지요. 하지만 (55b)에 대한 대답은 'No, I am single.'이 됩니다. 이처럼 영어는 과거와 현재의 상태를 구분합니다.

  ☞ 앞서 '미녀들의 수다'의 일화를 기억하나요? 헤어진 남녀 친구에 관해 한국인들이 과거와 현재를 구분하지 않는 반면 서양인들은 과거와 현재를 구분한다는 미녀들의 수다를…. 이런 생각의 차이가 언어에도 나타난 것입니다.

  영어에서는 동작―예, Did you marry?―과 상태―예, Are you married?―를 구분하는 것이 일반적이지만, 한국어에서는 그 구분을 하지 않고 동작동사―예, 결혼했습니까?―만 사용하기 때문에 한국 사람들은 영어의 상태표현을 잘 이해하지 못하는 경우가 발생할 수 있습니다. 여러분은 아래 두 문장의 의미를 구분할 수 있겠습니까?

(56)   a. I focused on it.

       b. I <u>was focused</u> on it.

(56a)는 집중하는 행위에 초점을 둔 표현이라면, (56b)는 "I was focused on it when he came in."에서처럼 "그가 들어왔을 때에는 나는 집중된 상태였습니다."와 같이 상태에 초점을 둔 표현입니다. 위 (55)와 (56)에서 알 수 있듯이, 영어의 'be' 동사는 '상태'를 나타내는 가장 대표적인 동사입니다.

☞ 독자 여러분들 중에는 (56b)가 수동태라고 생각하는 분들도 있을 것 같습니다. (56b)를 넓은 의미에서 수동태의 범주에 포함할 수 —사실은, 학자들이 유사수동(pseudo-passives)이라고 부름—있지만, 전형적인 수동태는 아닙니다. 전형적인 수동과 유사 수동의 차이는 'very'의 사용으로 쉽게 드러납니다. 부사 'very'는 동사는 수식을 하지 못하고, 형용사만 수식하는 특성이 있습니다.

(57)   a. John kicked the ball.
       b. The ball was kicked by John.
       c. *The ball was <u>very</u> kicked by John.

(56)   c. I was <u>very</u> focused on it.

위 (57c)의 수동문에서 'kicked'는 동사이기 때문에 'very'가 수식을 할 수 없습니다. 반면 위 (56c)의 경우는 'focused'가 형용사로 사용된 것이기 때문에 'very'가 수식할 수 있습니다. (56c)는 수동문이 아니라 마치 'I was happy.'와 같이 과거의 상태를 말하는 표현과 유사합니다.

상태를 나타내는 'be'가 사용된 아래의 (b) 문장이 (a) 문장과 어떤 의미적인 차이점이 있는지 말할 수 있겠습니까?

(58)   a. I got up at 7.
          b. I was up at 7.

(58a)는 내가 자다가 깬 시각이 7시라는 뜻이고, (58b)는 자다가 몇 시에 깼는지는 모르지만 7시 당시에는 깬 상태로 있었다는 뜻입니다.

한국 학생들은 '사랑에 빠졌다'라는 표현에 익숙한 것 같습니다. 그래서 "그는 사랑에 빠졌다."라는 말을 (59a)처럼 쉽게 잘 옮기는 것 같습니다. 하지만 여기서도 동작과 상태는 구분이 됩니다. 아래의 두 문장의 의미적인 차이점은 무엇일까요?

(59)   a. He fell in love with her.
          b. He is in love with her.

(59a)는 과거에 사랑을 시작했다는 말입니다. 현재도 사랑하는지 여부에 대한 암시는 없습니다. 현재에 사랑한다면 (59b)로 표현하는 것이 맞습니다. 영어는 이렇게 동작과 상태를 구분하여 표현하지만 한국어로는 "그는 사랑에 빠졌습니다."라는 하나의 표현을 사용하는 것이 일반적입니다. 한국어가 이런 구분을 하지 않은 이유는 과거의 사건이 큰 변화 없이 현재까지 유지되는 것이 일반적인 정적인 한국 사회의 특징이 반영된 결과일 것으로 생각해볼 수 있습니다.

영어에는 상태를 나타내는 대표적인 동사 'be' 외에도 'keep'과 'stay'와 같은 동사가 발달되어 있습니다. 이런 상태 동사의 발달로 인해 한국어로는 부정으로 표현되는 것이 영어로는 긍정으로 표현되는 경우가 발생합니다(김은일 2016). 아래는 한국어는 동작을 부정하는 것으로 표현한 반면 영어는 상태가 계속 지속되는 것으로 표현한 예문들입니다.

(60)　　a. 자지 <u>마세요</u>.
　　　　b. <u>Stay</u> awake. (or <u>Stay</u> up.)

(61)　　a. 가구를 만지지 <u>마세요</u>.
　　　　b. <u>Keep</u> your hands off the furniture.

(62)　　a. 들어오지 <u>마세요</u>.
　　　　b. <u>Keep</u> (yourself) out (of the office).

(63)　　a. 그는 바지가 내려가지 <u>않도록</u> 허리띠를 찼다.
　　　　b. He wears a belt to <u>keep</u> his trousers up.

지금까지 영어는 한국어에 비해 상태성을 나타내는데 있어서 더 세분화하는 특성이 있음을 알아보았습니다. 아래에서는 상태성의 경우와 유사하게 책임성도 영어가 한국어에 비해 더 세분화하는 특성이 있음을 살펴보도록 하겠습니다.

5.1.2.2. 책임성

영어에는 한국어에는 없는 '중동태(middle voice)'라는 것이 있습니다. 아래의 영어 문장 (64a)와 (64b)를 한국어로 번역하면 모두 (64c)와 같은 문장이 됩니다.

(64)   a. This book is sold well.   (수동태)
           b. This book sells well.   (중동태)
           c. 이 책은 잘 팔린다.   (수동태)

(64c)와 같은 문장을 영어로 번역할 경우 여러분들은 어떤 문장으로 옮길 것 같습니까? 한국 학생들은 한국어에 중동태가 없기 때문에 한국어의 수동태는 거의 영어의 수동태로 옮길 가능성이 높습니다. 한국어에는 수동태라는 한 가지 문법장치를 사용하지만 영어에서는 사건의 책임—또는 이유—이 누구에게 있느냐에 따라 수동태를 사용할지 중동태를 사용할지가 결정됩니다. 위의 예에서 책이 잘 팔리는 이유가 직접 표현은 되지 않았지만 암시되는 행위자—예를 들자면, 'by the salesman'으로 표현될 수 있는 판매원—에게 있다면 (64a)와 같은 수동표현으로 옮기고, 그 이유가 책의 내용이 좋거나, 디자인이 예쁘거나 값이 싸거나 등의 이유로 책이 잘 팔린다면 (64b)와 같은 중동표현으로 옮기면 됩니다. 이처럼 영어에서는 책임의 소재에 따라 세분화하여 다른 구문을 사용하는데 반해 한국어에서는 한 가지 표현을 사용합니다.

☞ 중동태의 문법적인 특성을 잠깐만 살펴보겠습니다. 첫째, 위의

예 (64)에서, 'this book'이 능동태(active voice)에서는 "He sells this book well."에서처럼 목적어 자리에 오지만 중동태에서는 수동태에서와 마찬가지로 주어 자리에 옵니다. 이런 점에서는 중동태가 수동태를 닮았습니다. 둘째, 동사의 형태를 살펴봅시다. 중동태의 동사는 수동태보다는 능동태의 모습과 닮았습니다. 즉, 동사의 형태 측면에서는 중동태가 능동태를 닮았습니다. 중동태는 능동태도 닮고 수동태도 닮았기 때문에 그 이름도 중간(middle)을 의미하는 중동태라 부르는 것입니다. 마지막으로, 수동태에는 "This book is sold well by the salesman."에서처럼 행위자를 표현할 수 있는데 반해 중동태는 "*This book sells well by the salesman."에서 볼 수 있듯이 행위자를 절대 표현할 수가 없습니다.

☞ 앞서 살펴본 개인중심의 서양문화와 집단중심의 동양문화의 특성을 기억하십니까? 책임의 소재를 찾는 것에 익숙한 영어권 문화와 잘잘못을 잘 따지지 않는 한국문화의 특성이 위의 (64)와 같은 태의 구분에 잘 반영된 것으로 볼 수 있습니다.

"이 카펫은 (누구라도) 쉽게 청소할 수 있습니다."와 "이 새로운 칼로는 (누구라도) 송아지고기를 쉽게 자를 수 있습니다."와 같은 표현을 영어로 어떻게 번역하면 좋을까요?

(65) This carpet cleans easily.
(66) This new knife cuts veal easily.

각각 위 (65)와 (66)처럼 각 사건의 책임이 있는 'this carpet'과 'this

new knife'를 주어로 하는 중동태를 사용하여 표현하면 되겠습니다.

다음 절로 넘어가기 전에 중동태와 관련된 한 가지 제약 (constraint)을 알아보겠습니다. "그 잔디 깎는 기계는 (누구라도) 쉽게 조작할 수 있습니다."를 영어로 옮기면 아래 (67)처럼 옮기면 되겠죠. 그런데 "그 사장은 (누구라도) 쉽게 다룰(조작할) 수 있습니다."는 (68)처럼 옮길 수가 없습니다.

(67) The lawn mower handles easily.
(68) *The boss handles easily.

중동태는 (68)과 같이 사람 행위자가 주어가 되는 것을 허용하지 않습니다. 왜냐하면 (68)은 마치 사장이 (목적어 자리에 생략된) 다른 누군가를 쉽게 다룰 수 있다는 의미로도 해석될 수 있기 때문에 이런 문장을 사용하지 않습니다. "그 사장은 (누구라도) 쉽게 다룰 수 있습니다."를 (68)과 같은 중동태로 표현할 수 없다면 영어로 어떻게 표현하면 될까요?

(69) The boss is easy to handle.

위 (69)와 같은 문장을 사용하면 됩니다. 참고로 (69)는 "It is easy to handle the boss."와 같은 문장을 'the boss'가 이야기의 흐름에서 중요할 때 'the boss'를 주어 자리로 옮겨 표현한 것입니다.

지금까지 책임성을 나타내는 데에 있어서 영어가 한국어에 비해 더 세분화된 문법장치를 가지고 있음을 살펴보았습니다. 아래에서는 변화와 관련된 문법현상을 살펴보겠습니다.

5.1.2.3. 상태의 변화

한국어에는 '상태의 변화(change of state)'를 나타내는 문법장치로 보조동사 '-지다'를 사용할 수 있습니다(cf. 우인혜 1993). 아래의 예문에서 (70a)는 그냥 상태를 나타내는데 반해 (70b)는 형용사에 '-지다'를 붙여 사용함으로써 도로가 좁은 상태에서 넓은 상태로 바뀌었음을 나타냅니다.

(70) a. 도로가 넓다.
　　　 b. 도로가 최근 넓어졌다.

그런데 상태의 변화에는 점진적인 변화도 있을 수 있고, 겉모습에 변화가 있을 수도 있고, 바람직하지 않은 변화도 있을 수 있습니다. 한국어에서는 이런 구분을 하지 않지만 영어에서는 이런 차이를 세분화하여 다른 문법장치를 사용합니다. 아래에서는 실제 한국 소설을 영어로 번역한 작품을 분석한 김은일(2007)에서 상태의 변화와 관련된 자료를 소개하겠습니다. 한국어 '-지다' 구문이 영어에서는 'become, grow, turn, go, get, be'와 같은 다양한 (계사)동사—즉, 한국에서는 2형식(주어-동사-보어) 동사로 알려진 동사—로 번역이 됩니다.

첫째, 'grow'는 점진적인 변화를 나타내는데 사용되는 계사동사입니다(Biber *et al.* 1999: 445).

(71) a. 한동안은 제법 생생했던 석대의 기억은 <u>차차</u> 희미해<u>지고</u>,...
      (이문열 1987: 345)

   b. ...the memory of Sokdae, which had remained vivid for some
      time, <u>gradually grew dim</u>,... (O'Rourke (역) 1988: 112)

위의 예에서 부사 '차차'가 점진적인 변화임을 나타냅니다. 이렇게
점진적인 변화를 암시하는 경우는 'grow' 계사구문으로 번역합니다.

둘째, 계사동사 'turn'은 외양(appearance)의 변화, 특히 색깔(color)
의 변화를 나타내는데 사용됩니다(Biber *et al.* 1999: 445).

(72) a. ...연푸름이 짙어<u>지고</u>,... (신경숙 1993: 28)

   b. ...the pale green had <u>turned</u> darker... (Tennant (역) 1998)

여기에서 짙어지는 것은 결국 연푸른 색깔의 변화를 나타내므로
'turn'으로 번역한 것입니다.

셋째, 계사동사 'go'는 전형적으로 바람직스럽지 않은 변화를 나
타내는데 사용됩니다(Biber *et al.* 1999: 444).

(73) a. ...화장이 얼룩덜룩해<u>졌</u>으니. (신경숙 1993: 12)

   b. ...my make-up <u>went</u> all <u>smudged</u>. (Tennant (역) 1998)

여기서 화장이 얼룩덜룩해진 것은 바람직스럽지 못한 것이므로 'go'로 번역하였습니다.

넷째, 'become'은 결과에 이르는데 관련된 과정(process)에 초점을 둘 때 사용하는 계사동사입니다. 주어가 사람일 때는 대개 aware나 clear와 같이 사람의 의식 혹은 깨달음(awareness)을 나타내는 형용사와 어울립니다(Biber *et al.* 1999: 443-4).

(74) a. …있다는 것이 점점 명백해지자,… (이문열 1987: 331)
      b. When it gradually <u>became clear</u> that… (O'Rourke (역) 1988: 87)

위의 예에서도 의식이 명백하다는 의미이므로 계사동사 'become'으로 번역하였습니다.

다섯째, 계사동사 'get'은 주로 사람이 새로운 상태로 변화하는 것을 나타내기 위해 사용됩니다. 대부분의 경우 약간의 정서적인 혹은 개인적인 의견에 바탕을 둔 입장(affective or attitudinal stance)을 나타냅니다(Biber *et al.* 1999: 444).

(75) a. 병조의 목소리가 갑자기 높아졌다. 고개까지 세차게 흔드는 게 여간 강경하지 않았다. (이문열 1987: 300)
      b. Pyongjo's voice suddenly <u>got loud</u>. He shook his head firmly showing that he was absolutely determined. (O'Rourke (역) 1988: 37)

위의 예에서 목소리가 높다고 판단한 것은 객관적인 판단이라기보다는 다소 개인적인 의견에 바탕을 둔 판단으로 볼 수 있기 때문에 계사동사 'get'으로 번역한 것입니다.

☞ 동적인 문화에 속한 영어에서 정적인 문화에 속한 한국어보다 상태의 변화를 더 세분화하여 표현하는 것도 문화와 언어의 밀접한 관련성을 보여주는 한 단면이라고 할 수 있습니다.

지금까지 상태의 변화를 나타내는 '지다' 표현을 영어로 번역할 때는 영어의 세분화된 문법장치를 변화의 양상에 따라 잘 선택하여야 한다는 것을 살펴보았습니다. 아래에서는 진행상(progressive aspect)과 관련된 문제를 살펴보겠습니다.

5.1.2.4. 진행과 결과 후 상태지속

앞서 4.4.1에서 영어에서 상태를 나타내는 동사는 아래의 예에서와 같이 진행형을 사용할 수 없다는 것을 살펴보았습니다. 상태를 나타내는 동사는 진행을 만들지 못하는 이유를 기억할 수 있습니까? 동사는 전형적으로 순간적인 사건을 나타내는데 사건이 지속적으로 이어지는 것을 표현하기 위해서 사용하는 문법장치가 진행형입니다. 그런데 상태를 나타내는 동사는 이미 그 자체가 지속적으로 이어지는 의미를 포함하기 때문에 진행형으로 나타낼 필요가 없는 것이지요.

(76)　　a. I know the answer.

　　　　b. *I <u>am knowing</u> the answer.

그런데 문제는 상태를 나타내는 동사 'know'의 한국어 대응표현인 '알다'는 아래의 예에서와 같이 진행형을 만들 수 있습니다. 그렇다면 그 이유는 무엇일까요?

(77)　a. 나는 답을 안다.
　　　b. 나는 답을 <u>알고 있다</u>.

진행형을 나타내는 문법표지로 영어에서는 'be -ing'이 사용되고, 한국어에서는 '-고 있다'가 사용됩니다. 그런데 문법표지 '-고 있다'가 나타내는 의미는 크게 두 가지입니다. 아래 (78)의 의미를 잘 생각해보세요.

(78)　문을 닫고 있습니다.
　　　a. 열려있는 문을 지금 닫는 중입니다.　(진행)
　　　b. 한 시간째 문을 닫아둔 상태로 있습니다. (결과 후 상태지속)

(78)은 (78a)와 (78b)에 제시된 두 가지 의미해석이 가능합니다. (78a)와 같은 해석을 '진행(progress)'의 의미라고 부르고, (78b)와 같은 해석을 '결과 후 상태지속(resultative continuousness)'의 의미라고 부릅니다. '진행'은 사건이 (현재) 진행 중인 것을 나타내는데, '-하는 중이다'란 표현으로 바꾸어 쓸 수 있습니다. '결과 후 상태지속'은 사건이 이미 발생하였고 그 결과가 지속된다—즉, 문을 이미 닫았고 그 닫은 결과가 변화 없이 지속된다—는 것을 나타냅니다.

한국어는 '진행'과 '결과 후 상태지속'을 구분하지 않고 '-고 있다'로 나타내는데 반해 영어는 '진행'과 '결과 후 상태지속'을 구분하여 나타냅니다. '진행'은 'be ¬ing'로, '결과 후 상태지속'은 현재나 과거와 같은 단순 시제로 나타냅니다. '진행'의 의미로 사용되는 경우는 '-하는 중이다'로 교체가 가능하다는 사실을 염두에 두고 다음 한국어 표현을 영어로 어떻게 번역할지 생각해보세요.

(79) 나는 식사를 하고 있습니다.
(80) 이 표는 다음과 같은 내용을 포함하고 있습니다.

(79)부터 먼저 살펴보겠습니다. (79)는 "나는 식사 중입니다."로 교체할 수 있는 것으로 보아 '진행'의 의미가 있다는 것을 알 수 있습니다. 따라서 영어로 옮기면 진행형을 사용하여 "I am eating."처럼 표현하면 되겠습니다. 반면 (80)은 "*이 표는 다음과 같은 내용을 포함하는 중입니다."와 같은 표현이 불가능한 것으로 보아 '진행'의 의미가 아닌 '결과 후 상태지속'의 의미라는 것을 알 수 있습니다. 따라서 단순 시제를 사용하여 "This table includes the following contents."처럼 표현하면 되겠습니다.

☞ 영문법에 대한 지식이 깊거나 영어로 된 글을 많이 읽는 독자들은 마음속으로 가졌을는지 모르는 질문에 대해 생각해보겠습니다. 영어에는 상태를 나타내는 동사인데도 불구하고 진행형을 사용하는 경우가 있습니다. 'live'와 같은 동사는 상태를 나타내는 전형적인 동사입니다. 그래서 일반적으로 'live'는 진행형을 사용하지 않습니다. 하지만 행위가 일시적이라는 것을 나타내기 위해서 아래의 예와 같이 진행형으로 사용하기도 합니다.

(81)　　a. I live in New York.

　　　　b. I am living in New York.

(81a)는 New York에 산다는 일반적인 의미인 반면, (81b)는 New York에 일시적으로 산다―예를 들자면, 방학 때 잠시 머문다―는 것을 의미합니다. 즉, 행위의 일시성을 나타내기 위해 상태를 나타내는 동사도 진행형으로 표현할 수 있습니다.

　이제 다소 복잡하다는 생각이 들 수 있는 문제를 살펴보겠습니다. 아래의 두 예문은 실제 한국 소설을 영어로 번역한 글입니다. 아래의 예에서 '끼고 있다'와 '쓰고 있다'를 각각 영어로 단순 시제인 'have on'―'wear'로 바꾸어 사용할 수 있음―과 진행형인 'be wearing'으로 번역한 이유에 대해 살펴봅시다. 아래 (82)는 늘 결혼반지를 끼고 있는 장면을 묘사한 것이고, (83)은 그 당시에 일시적으로 밤색 모자를 쓰고 있는 장면을 묘사한 것입니다. (아래의 예문은 김은일 외 (2013)에서 인용한 것입니다. 그리고 예문에서 [...]는 독자의 편의를 위해 불필요한 내용을 생략하거나 독자의 이해를 돕기 위해 추가한 것입니다.)

(82)　　a. 당신 손엔 늘 반지가 끼어 있었어요. 그걸 볼 때마다 쓰라림이 제 가슴을 훑고 지나갔지만, 당신 자신이 결혼반지를 **끼고 있는지**조차 모르시는 듯 했어요. (신경숙 1993: 38)

　　　　b. You wore your wedding ring always. Each time my eyes caught it a pain darted through my heart but you didn't seem to be aware that you **had it on**. (Tennant (역) 1998)

(83)　　a. 저는 의아한 마음으로 창을 통해 아버지를 따라 가보았습니다.
　　　　　[...] 아버진 털이 보숭보숭하고 각이 진 밤색 모자를 **쓰고 계셨**
　　　　　는데, [...] 그 모습이 꼭 사냥꾼 같았습니다. (신경숙 1993: 35)

　　　　b. I happened to see him passing the window. [...] He **was**
　　　　　wearing a chestnut brown angular cap of fluffy wollen
　　　　　material, [...] I thought, he looked like a hunter. (Tennant
　　　　　(역) 1998)

한국어에서는 두 문장 다 '결과 후 상태지속'의 의미를 나타내기 위
해 '-고 있다'를 사용하였는데, 영어에서는 다르게 번역되었습니다.
(82b)는 '결과 후 상태지속'은 단순 시제로 나타내는 일반적인 규칙
에 따라 단순 시제인 'had it on'으로 번역하였습니다. (83b)는 상태
가 일시적인 것임을 나타내기 위해 'was wearing'으로 번역한 것입
니다. 겉으로 드러난 현상만 바라본다면 (83a)의 '결과 후 상태지속'
도 (83b)처럼 진행형으로 나타낼 수 있는 것처럼 보일 수도 있겠습
니다. 하지만 '결과 후 상태지속'의 의미를 나타내는 한국어 '-고 있
다'를 그대로 영어의 'be -ing'로 번역한 것이 아니라 일시적인 상태
임을 나타내기 위해 진행형으로 옮긴 것입니다.

　이제 상태를 나타내는 'think'나 'hope'과 같은 인지 동사(cognition
verb)가 진행형으로 사용되는 경우를 살펴보겠습니다. 'think'와 같
은 동사도 'live'나 'wear'와 마찬가지로 일반적으로는 진행형을 사용
하지 않습니다. 그러나 경우에 따라서는 진행형을 사용하기도 합니
다. 아래의 실제 번역문을 살펴봅시다.

(84) a. 내가 꺼졌다고 **생각하고 있던** '학'에 다시 불이 붙고 있는 것
      을 보았다. (김승옥 2008: 101)

   b. I noticed the HAIR had caught on again after I **thought** it was
      out. (Pihl (역) 2008: 100)

(85) a. 우리는 다시 침묵 속으로 떨어져서 술잔만 만지작거리고 있었
      다. '개새끼, 그게 꿈틀거리는 게 아니라고 해도 괜찮다.'하고
      나는 **생각하고 있었다**. 그런데 잠시 후에 그가 말했다. (김승옥
      2008: 25)

   b. We fell into another silence and were just fingering our wine
      bowls. "Son of bitch. If he doesn't think that's wriggling, it's
      O.K. by me!" I **was thinking**. But then, a moment later, he
      spoke. (Pihl (역) 2008: 27)

한국어에서는 두 문장 모두 '생각하고 있다'라는 동일한 표현을 사
용하였습니다. 하지만 생각하는 두 심리상태는 통제가능성에서 서로
다릅니다. (84a)의 생각은 문득 생각이 드는 것으로 통제가 불가능
한 생각인 반면, (85a)의 생각은 행위자가 능동적으로 생각하는 것
으로 통제가 가능한 생각입니다. Biber *et al.*(1999)에 의하면 행위자
주어가 제한된 기간 동안에 그 심리상태를 통제할 수 있을 때나, 능
동적인 지각 작용이 이루어지고 있음을 나타낼 때는 진행형을 사용
할 수 있습니다. 영어에서 상태를 나타내는 동사라도 통제가 가능한
능동적인 지각 작용이 이루어지는 경우에는 진행형을 사용할 수 있
습니다.

☞ 영어를 배우던 학창 시절에 궁금했던 점이 있습니다. 한국어로는 "(나는) …라고 생각하다"란 표현과 더불어 "…는 생각이 들다" 혹은 "…는 생각이 나다"와 같은 표현을 자주 사용하는데 영어로는 왜 "I think…."라고 할까라는 의문이었습니다. 물론 영어에도 "The thought came to my mind."와 같은 표현도 사용합니다. 하지만 일상대화에서는 주로 "I think…."와 같은 표현을 사용하는 것이 일반적입니다. "I think…."와 같은 표현을 자주 사용하는 이유는 사람을 중심으로 표현하는 것이 영어에서 일반적인 현상—예, "<u>여기</u>가 어디에요?" vs. "Where am <u>I</u>?"; "<u>네 말</u>이 맞아." vs. "<u>You</u> are right."—이기 때문입니다.

☞ 명상(meditation) 훈련은 생각을 없애는 훈련이라고 할 수 있습니다. 이 때 생각이란 내가 조절할 수 있는 생각이 아니라, 문득 문득 떠오르는 생각, 즉 통제 불가능한 생각조차도 생각나지 않는 상태로 가는 것을 의미하겠지요. 문득 떠오르는 생각조차도 없는 상태, 그야말로 무아지경이겠지요.

지금까지 '진행'과 '결과 후 상태지속'의 의미를 한국어에서는 하나의 문법장치로 표현하나 영어에서는 두 개의 다른 문법장치로 구분하여 나타낸다는 것을 살펴보았습니다. 더불어 상태를 나타내는 동사는 영어에서 일반적으로 단순시제로 나타내지만, 사건의 일시성이나 행위자의 통제가능성을 나타내기 위해서는 진행형을 사용하는 것도 살펴보았습니다.

5.1.3. 한국어와 영어의 범주가 복잡하게 얽혀있는 경우

5.1.1과 5.1.2에서 우리는 한국어와 영어를 비교했을 때 의미영역에 따라 어느 한 언어가 다른 언어에 비해 더 세분화된 문법장치로 나타내는 것을 살펴보았습니다. 여기서는 한국어와 영어의 범주가 더 복잡하게 얽혀있는 경우를 살펴보겠습니다. 아래에서는 능동태, 수동태, 중동태와 같은 태의 문법체계 및 'win'과 '이기다', 그리고 'open'과 '열다'의 의미를 비교하도록 하겠습니다.

5.1.3.1. 태(voice)의 문법체계

한국어의 수동태와 영어의 수동태는 같은 의미나 기능을 지니고 있을까요? 비슷한 점도 있지만 다른 점이 더 많습니다. 한국어의 수동태와 영어의 수동태가 다른 점은 두 언어 간에 번역이 될 때 잘 나타납니다. 예를 들어, 영어의 수동태가 한국어로는 능동태로 번역되기도 하고, 반대로 한국어의 수동태가 영어로는 능동태로 번역되기도 합니다. 실제 번역문의 분석을 통하여 서영환(2013)은 영어의 수동문이 한국어로 번역될 때 아래 (86)과 같이 능동문으로 번역된 경우(66%)가 수동문으로 번역된 경우(34%)보다 오히려 더 많음을 보여주고, 김은일(2005)도 한국어 수동문이 영어로 번역될 때 아래 (87)과 같이 능동문으로 번역된 경우(52%)가 수동문으로 번역된 경우(48%)보다 더 많음을 보여줍니다.

(86) a. Econometrics may <u>be defined</u> as the social science in which the tools of economic theory, mathematics, and statistical inference are applied to the analysis of economic phenomena.

b. 계량경제학은 경제이론, 수학, 그리고 통계적 추론 등의 분석 도구를 실제현상을 분석하는데 응용하는 사회과학으로 <u>정의할</u> 수 있다. (조인정 2005: 130)

(87) a. 그렇게까지는 안 돼도 가방이 예리한 칼에 <u>찢기</u>거나 [...] (이문열 1987: 343)

b. If he didn't go that far, he <u>cut</u> their bags with a sharp knife or [...] (O'Rourke (역) 1988: 108)

영한 번역과 한영 번역에서 위의 예와 같이 다른 태로 바꾸어 번역하는 것이 더 일반적이란 사실을 통해 영어와 한국어의 태의 문법체계가 매우 다르다는 것을 알 수 있습니다.

능동태와 수동태의 선택은 주로 담화화용적인 요인에 의해 결정됩니다(Givón 1990, 1993, 2001). 좀 더 구체적으로 말하자면, 태의 선택은 담화문맥에서 사건의 등장인물들(participants)—주로, 행위를 주도적으로 이끌어가는 '행위자(agent)'와 행위자의 행위로 인해 변화를 겪는 '피동작주(patient)'—중에서 이야기의 흐름에서 누가 더 주인공의 위치를 차지하느냐, 또는 앞선 문맥에서 누가 더 자주 등장하느냐에 의해 결정됩니다. 이야기의 흐름에서 주인공처럼 자주 언급되는 등장인물을 주제적(topical)이라고 합니다. 한 주인공을 중심으로 이야기를 이끌어가기 위해서는 주제적인 등장인물을 주어 자리에 나타내는 것이 효율적입니다. 그런데 이야기의 흐름에 따라 행위자가 주제적일 수도 있고, 또 피동작주가 주제적일 수도 있습니다. 행위자가 주제적인 경우에는 행위자를 주어 자리에 두기 위해 능동태를 선택하는 반면, 피동작주가 주제적인 경우에는 피동자주를 주어 자리에 두기 위해 수동태를 선택합니다.

영어와 한국어에서 피동작주가 행위자보다 더 주제적이어서 수동 태가 선택되는 아래의 예를 살펴봅시다.

(88) "What a lovely scarf!" "Thank you. It <u>was given</u> to me by Pam."
(Celce-Murcia and Larsen-Freeman 1983: 228)
(89) 나는 그제서야 눈을 뜨고 석대쪽을 바라보았다. 그사이 수갑을 받은 석대는 두 손으로 피문은 입가를 씻으며 비척비척 <u>끌**려**가고</u> 있었다.
(이문열 1987: 349)

위 영어의 예 (88)에서 행위자인 'Pam'보다 피동자주인 'scarf'가 앞 선 문맥에서 언급되어 더 주제적이라 할 수 있습니다. 따라서 피동 작주가 주어 자리를 차지하여 수동태가 되었습니다. 한국어의 예 (89)에서도 행위자인 '형사'보다 피동작주인 '석대'가 앞선 문맥에서 언급되어 더 주제적입니다. 따라서 피동작주가 주어 자리를 차지하 여 수동태가 되었습니다. 더 주제적인 피동작주를 주어 자리로 옮기 면 덜 주제적인 행위자는 그 주어 자리에서 물러나야 합니다. 이렇 게 행위자가 주제성(topicality) 때문에 주어 자리에서 물러나는 것을 '주제성 비초점화(topicality defocusing)'라 부릅니다(김은일 2005). 주제성 비초점화에 따르는 문법의 변화는 피동작주가 주어 자리로 이동하는 것, 행위자가 주어 자리에서 물러나는 것, 그리고 동사의 형태적인 변형—즉, 영어는 'be -ed'와 한국어는 '어근(root)-이/히/리 /기'—을 포함합니다.

그런데 수동태는 위에서 살펴본 것처럼 주제성과 같은 담화적인 이유 때문에 선택되기도 하지만, 담화문맥과는 상관없이 다양한 의미적인 동기 때문에 선택되기도 합니다. 아래에서 살펴보게 되겠지만, 능동태와 수동태가 서로 바뀌어 번역되기도 하지만 이들은 다른 중동태(middle voice)나 비의도태(non-volitional voice)로도 바뀌어 번역되기도 합니다. 아래에서 다루게 될 수동태, 중동태, 비의도태는 모두 행위자가 비초점화 된다는 점에서 주제성 비초점화와 유사하지만, 그 동기가 의미적이라는 점에서 주제성 비초점화와는 구분됩니다. (그리고 아래에서 살펴보겠지만 중동태와 비의도태는 문법장치에서도 수동태와는 다른 점이 있습니다.) 먼저 수동태의 의미적 기능부터 살펴보도록 하겠습니다.

수동태의 의미적 기능 중의 하나는 아래 예에서 볼 수 있듯이 화자(청자)의 감정이입(empathy)이 행위자가 아닌 피동작주에게로 향하게 하는 것입니다(김은일 2005).

(90) 학교 밖에서 우리를 괴롭힌 것은 대담하고 잔혹하기 이를 데 없는 석대의 보복이었다. 석대가 떠난 뒤로 한 달 가까이 우리 교실은 매일같이 어딘가 한 모퉁이는 자리가 비었다. 석대가 길목을 막고 있는 동네의 아이들이 결석하기 때문이었는데, 그때 그 아이들이 입게 되는 피해는 하루 결석 정도로 그치지 않았다. 어딘가 후미진 곳으로 **끌려**가 한나절 배신의 대가를 치르었고 그렇게까지는 안 돼도 가방이 예리한 칼에 **찢기**거나 책과 도시락이 든 채 수채구덩이에 던져졌다. (이문열 1987: 343)

위의 예에서 밑줄 친 동사가 포함된 절 모두에서 행위자인 '석대'는 이야기 전체의 주인공으로서 이 문맥에서도 피동작주인 '아이들'과 '가방'보다 더 주제적이라고 할 수 있습니다. 행위자가 더 주제적임에도 불구하고 능동태 대신 수동태가 선택한 것은 화자(청자)의 감정이입이 행위자에서 행위자인 석대의 행위로 인해 피해를 입은 피동작주인 아이들과 물건—또는 물건의 소유주—으로 옮겨졌기 때문입니다. 이와 같이 감정이입이 행위자로부터 피동작주로 옮겨가는 것을 '감정이입 비초점화(empathy defocusing)'라 부릅니다(김은일 2005). 위의 예에서 주제성의 관점에서만 보면 행위자가 더 주제적이므로 능동태를 선택하여야하지만 수동태를 선택한 것은 감정이입이 행위자에서 피동작주로 넘어간 것을 나타내기 위한 것입니다.

수동태의 또 다른 의미기능은 대화 장면에서 나타나는데 행위자인 화자가 갖는 책임(responsibility)을 회피하기 위한 것입니다(Myhill 1997).

(91) By this you shall be put to the test.

"I will put you to the test."란 능동태 대신에 (91)과 같은 수동태를 사용하는 이유는 불필요한 갈등(conflict)이나 대립(confrontation)을 피하기 위한 것입니다. 수동태를 사용하여 사건의 책임이 있는 행위자를 표현하지 않음으로써 그 목적을 달성할 수 있습니다. 이처럼 행위자의 책임에서 비켜나기 위한 동기로 이루어지는 비초점화를 '책임 비초점화(responsibility defocusing)'라고 부릅니다(김은일 2014).

앞선 단락에서 수동태가 나타내는 '감정이입 비초점화'와 '책임 비초점화'에 대해 살펴보았습니다. 이제 중동태가 부호화하는 의미 기능을 아래의 예를 통해 살펴보도록 하겠습니다.

(92) a. Someone broke the glass.   (능동태)
　　　b. The glass <u>was broken</u> (by someone). (수동태)
　　　c. The glass <u>broke</u>.   (중동태)

(92b)의 수동태는 행위자가 비록 담화문맥에 따라 생략할 수는 있지만 의미적으로는 행위자가 존재하는 것을 암시합니다. 하지만 (92c)의 중동태는 사건에 대해 책임을 질 식별가능한 행위자 자체가 없다는 것을 암시합니다(Givón 1993). 이렇게 중동태는 행위자 자체의 부재(absence)를 암시합니다. 이런 중동태의 기능을 '존재 비초점화(presence defocusing)'라 부릅니다(김은일 2014). 수동태와 중동태 모두 피동작주가 (행위자에 비해) 더 주제적인 담화문맥에서 사용되고 피동작주가 주어 자리를 차지한다는 점에서 같지만 동사 형태를 달리함으로써 다른 의미기능을 나타냅니다. 즉, 수동 동사형—즉, 'was broken'—은 행위자의 존재를 암시하는 반면, 능동 동사형—즉, 'broke'-은 행위자의 부재를 암시합니다.

마지막으로 비의도태가 나타내는 의미기능을 살펴보도록 합시다. 비의도태의 기능은 행위가 행위자의 의도와는 상관없이 이루어지는 것임을 나타내는 것입니다. 따라서 (93d)가 보여주듯이 비의도태는 '의도적으로'와 같은 부사와는 함께 사용할 수 없습니다.

(93)　　a. 나는 목소리를 떨었다.　　　　　　　　　(능동태)

　　　　b. 나는 목소리가 <u>떨**렸**</u>다.　　　　　　　　(비의도태)

　　　　c. 나는 의도적으로 목소리를 떨었다.　　　　(능동태)

　　　　d. *나는 의도적으로 목소리가 <u>떨**렸**</u>다.　　(비의도태)

위 (93b)처럼 행위자의 의도성을 비초점화하는 것을 '의도성 비초점화(volitionality defocusing)'라 부릅니다(김은일 2005). '의도성 비초점화'를 나타내는 문법장치는 수동태와는 다소 다릅니다. 동사가 수동 동사형을 취한다는 점은 수동태와 같지만, 행위자가 주어 자리에서 물러나지 않는다는 점에서 수동태와 구분됩니다. 예를 들어, (93a)의 능동태 문장의 주어인 '나는'이 (93b)의 비의도태 문장에서도 그대로 주어 자리를 유지합니다.

　담화화용 기능인 '주제성 비초점화'는 영어와 한국어의 공통적인 기능인 반면, 의미 기능은 언어마다 다릅니다. 영어는 '책임 비초점화'와 '존재 비초점화'의 기능을, 그리고 한국어는 '감정이입 비초점화'와 '의도성 비초점화'의 기능을 갖습니다. 따라서 아래에서 살펴보겠지만 한국어에는 있지만 영어에는 없거나, 반대로 영어에는 있지만 한국어에는 없는 기능을 상대의 언어로 번역할 때는 그 기능을 무시할 수밖에 없고 따라서 담화화용 기능에 따라 문법장치를 선택하게 됩니다. 역으로 영어에는 없지만 한국어에는 있거나, 반대로 한국어에는 없지만 영어에는 있는 의미기능은 번역과정에서 해당 언어의 의미적 특성을 잘 고려하여 그 의미 기능을 드러낼 수 있는 문법장치로 번역하여야 합니다.

아래에서는 태와 관련된 번역 유형을 실제 한영 번역문의 예들을 통해 살펴보도록 하겠습니다. 김은일(2014)에 의하면, 한영 번역문에서 발견되는 번역 유형은 크게 여덟 개로 분류할 수 있습니다. [유형I]은 '주제성 비초점화'의 기능을 가진 한국어의 수동문을 영어의 수동문으로 번역한 경우입니다.

[유형 I]

태의 변화	수동태 ⇒ 수동태
주제성	행위자 < 피동작주
한국어 의미기능	없음
영어 의미기능	없음

(94)   a. 6학년으로 올라가면서 우리는 본격적인 중학 입시 준비에 들어가고 담임선생도 거기에 맞춰 바뀌었다. (이문열 1987: 329)

       b. Moving up to sixth grade, we began in earnest to prepare for the middle school entrance examination. In line with this our teacher <u>was changed</u>. (O'Rourke (역) 1988: 85)

이 경우는 고려해야할 특별한 의미기능이 없기 때문에 (번역과정에서 태를 바꿀 필요 없이) 주제성에 따라—즉, 피동작주 '담임선생'이 이야기 속에서 전혀 언급이 되지 않는 행위자보다 더 주제적임—수동태로 번역한 것입니다.

[유형II]는 '주제성 비초점화'를 나타내는 한국어의 수동태를 영어의 중동태로 번역한 경우입니다. 이 경우 행위자가 비초점화된다는

점은 [유형I]과 같지만 행위자의 존재 여부에서 차이가 납니다.

[유형 II]

태의 변화	수동태 ⇒ 중동태
주제성	행위자 < 피동작주
한국어 의미기능	없음
영어 의미기능	존재 비초점화

(95) a. 내뱉고 말면 어쩌면 당신은 저를 증오할지도 모르겠습니다. 사
랑이 증오로 바뀌는 건 순식간의 일이지요. (신경숙 1993: 23)

b. Once I have it out, you may hate me. For love to <u>change</u> to
hatred takes but a moment. (Tennant (역) 1998)

위 (94)와 (95)를 비교해 보면, 행위자의 존재 여부에서 차이가 분명
히 드러납니다. 위 (94)의 경우는 담임선생을 교체하는 행위자가 표
현은 되지 않았지만 교장과 같은 외부의 행위자가 따로 존재한다는
것이 암시되지만, (95)의 경우는 사랑이 증오로 바뀌는 것은 행위자
의 개입 없이 저절로 발생하는 것을 나타냅니다. 한국어에서는 행위
자의 존재 여부에 따른 문법적인 차이가 없어서 (95a)처럼 수동태로
표현한 문장을 영어로 옮길 때는 (외부) 행위자의 존재가 없음을 확
인하여 수동태가 아닌 '존재 비초점화'의 기능을 가진 (95b)와 같은
중동태로 번역한 것입니다.

[유형III]은 '감정이입 비초점화'를 나타내는 한국어의 수동태를
영어의 능동태로 번역한 경우입니다.

태의 변화	수동태 ⇒ 능동태
주제성	행위자 > 피동작주
한국어 의미기능	감정이입 비초점화
영어 의미기능	없음

(96) a. 학교 밖에서 우리를 괴롭힌 것은 대담하고 잔혹하기 이를 데 없는 석대의 보복이었다. 석대가 떠난 뒤로 한 달 가까이 우리 교실은 매일같이 어딘가 한 모퉁이는 자리가 비었다. 석대가 길목을 막고 있는 동네의 아이들이 결석하기 때문이었는데, 그 때 그 아이들이 입게 되는 피해는 하루 결석 정도로 그치지 않았다. [아이들이] 어딘가 후미진 곳으로 **끌려**가 한나절 배신의 대가를 치르었고 그렇게까지는 안 돼도 가방이 예리한 칼에 **찢기**거나 책과 도시락이 든 채 수채구덩이에 던져졌다. (이문열 1987: 343)

b. Outside school what bothered us most was Sokdae's revenge which was indescribably audacious and cruel. Every day, for nearly a month after Sokdae left, one corner of the classroom was empty. Sokdae would block some vantage point and the boys in that area would not be able to get to school. The injury the boys suffered was not confined to a day's absence from school. He would <u>drag them off</u> to some secluded place and for half the day exact the price of betrayal. If he didn't go that far, he <u>cut</u> their bags with a sharp knife or threw them, books and lunch-box included, into a sewage pit. (O'Rourke (역) 1988: 108)

위 (96)에서 행위자 '석대'가 밑줄 친 표현을 포함하고 있는 두 문장의 피동작주 '아이들'과 '가방'보다 훨씬 더 주제적입니다. 앞서 살펴보았듯이, 한국어의 수동태는 화자(청자)의 감정이입이 행위자로부터 피해자인 피동작주나 그 소유주에게로 옮겨간 것을 나타내기 위해 사용하기도 합니다. 하지만 영어의 수동태는 '감정이입 비초점화'의 기능을 갖지 않기 때문에 이 의미적인 기능은 번역과정에서 무시하고 담화기능만 고려하여 능동태로 번역한 것입니다.

[유형IV]는 '의도성 비초점화'의 기능을 가진 한국어의 비의도태를 영어의 능동태로 번역한 경우입니다.

[유형 IV]

태의 변화	비의도태 ⇒ 능동태
주제성	행위자 > 피동작주
한국어 의미기능	의도성 비초점화
영어 의미기능	없음

(97) a. 나는 드넓은 호수의 푸른 물을 바라보았다. [...] 그러나 유감스럽게도 하얀 새와 하얀 배는 아무데도 <u>보이지</u> 않았다. (윤후명 1995: 60)

b. I looked out over the vast, blue waters. [...] I regret to say, however, that I <u>saw</u> no white bird and no white ship. (Shaffer (역) 1997)

위의 예에서 밑줄 친 표현을 포함하고 있는 문장의 행위자는 '나'로 피동작주인 '하얀 새와 하얀 배'보다 더 주제적입니다. 하지만 (97a)에서 능동태 대신에 수동 동사형을 활용하여 비의도태로 표현한 것은 행위자의 의도성을 비초점화하기 위한 것입니다. 그런데 영어는 의도성 비초점화를 부호화하지 않기 때문에 영어로 번역할 때는 주제성에 따라 능동문으로 번역한 것입니다.

[유형V]는 특별한 의미기능을 부호화하지 않고, 행위자가 피동작주보다 더 주제적인 담화기능을 나타내는 한국어의 능동문을 영어의 능동문으로 번역한 경우입니다.

[유형 V]

태의 변화	능동태 ⇒ 능동태
주제성	행위자 > 피동작주
한국어 의미기능	없음
영어 의미기능	없음

(98) a. 나는 그 또한 매몰차게 거절했다. 이미 약이 오를 대로 오른 내 눈에는 엄석대조차 보이지 않았다. 그러자 엄석대는 거칠게 도시락 뚜껑을 <u>닫고는</u> 험한 얼굴로 내게 다가왔다. (이문열 1987: 291)

b. I greeted Sokdae with a stony refusal, too. I was so angry I didn't even see him. He <u>slammed</u> the lid roughly on his lunch box and walked over toward me, his face set in anger. (O'Rourke (역) 1988: 23)

한국어와 영어에서 특별히 고려하여할 의미기능이 없기 때문에 그냥 주제성에 따라 행위자를 주어로 하는 능동태로 옮긴 것입니다.

[유형VI]은 특별한 의미기능을 부호화하지 않고, 행위자가 피동작주보다 더 주제적인 담화기능을 나타내는 한국어의 능동태를 영어의 수동태로 번역한 경우입니다.

[유형 VI]

태의 변화	능동태 ⇒ 수동태
주제성	행위자 > 피동작주
한국어 의미기능	없음
영어 의미기능	책임 비초점화

(99)　a. '[나는] 시험지를 바꿔준 것 자체는 <u>용서할</u> 수 있었다....' (이문열 1987: 335)

　　　b. 'The actual changing of the exam papers could have <u>been excused</u>.' (O'Rourke (역) 1988: 95)

위의 예에서 대화상황에서 피동작주는 시험지를 바꾸는 행위 자체로 전혀 주제적이지 않고, 일인칭 화자인 행위자가 더 주제적입니다. 주제성에 따라 한국어에서는 능동태로 표현하였지만, 영어에서는 청자와의 갈등을 회피하기 위해 '책임 비초점화'의 기능을 가진 수동태로 번역한 것입니다.

☞ 여기서 한국어 문법장치인 행위자 생략에 대해 잠깐 언급하겠

습니다. 한국어에서 생략은 일반적인 현상으로(서정수 1996a) 담화문맥에서 (99)에서처럼 생략해도 쉽게 알 수 있는 매우 주제적인 참여자를 생략하기도 하고, 아래 (100)에서처럼 전혀 알려지지 않고 전혀 주제적이지 않은 참여자를 생략하기도 합니다. 한국어에서도 생략이 책임을 비초점화하는 기능이 있는 것처럼 보이기도 하지만, 생략이 아주 일반적인 현상이라서 생략이 책임 비초점화의 기능을 가진다고 단정하기는 힘듭니다.

[유형VII]은 특별한 의미기능을 부호화하지 않고, 담화문맥에서 행위자가 피동작주에 비해 주제적이지 않은 담화기능을 (행위자 생략 책략을 통해) 나타내는 한국어 능동태를 영어의 수동태로 번역한 경우입니다.

[유형 VII]

태의 변화	능동태 ⇒ 수동태
주제성	행위자 < 피동작주
한국어 의미기능	없음
영어 의미기능	없음

(100)　　a. [∅=행위자] 여기 이름 쓴 데 지우개 자국이 보이지? (이문열 1987: 332)

　　　　b. you see the mark of the eraser where your name is written? (O'Rourke (역) 1988: 90)

위의 예문에서, 행위자는 알려지지 않은 불특정한 인물로 담화문맥에서 전혀 중요하지 않습니다. 이런 주제적이지 않은 행위자를 한국어에서는 태의 변화 없이 생략이라는 책략을 통해 나타내는 반면, 영어에서는 능동태에서 행위자를 생략할 수 없으므로, '주제성 비초점화'의 기능을 가진 수동태로 번역한 것입니다.

다음 유형으로 건너가기 전에, 짚고넘어가야할 점은 [유형VII]과 [유형I]은 기능적인 측면에서 서로 맞닿아 있다는 것입니다. 두 유형 모두 특별한 의미기능이 없으며, 행위자가 피동작주에 비해 주제적이지 않다는 특징이 있습니다. 동일한 기능을 공유함에도 불구하고 다른 유형으로 나뉘는 것은 '주제성 비초점화'를 부호화하는 한국어 문법장치의 차이점 때문입니다. '주제성 비초점화'를 [유형I]은 수동태로 나타내는 반면, [유형VII]은 태의 변화 없이 행위자의 생략으로 나타냅니다.

[유형VIII]은 한국어의 동사보다 결합가(valency)가 더 큰 영어의 동사로 교체하여 번역한다는 점에서 지금까지 살펴본 유형들과는 다릅니다. 즉, 한국어의 자동사는 영어의 타동사로, 한국어의 타동사는 영어의 이중타동사로 교체하여 번역하는 경우입니다. 결합가가 늘어남으로써 한국어에서는 암시되지 않는 다른 외부의 행위자가 영어에는 추가됩니다. (아래의 [유형 VIII]의 주제성 설명에서 영어에서 결합가가 하나 늘어나기 때문에 한국어 '행위자'와 영어의 '피동작주'는 동일 인물이 됩니다.) 그런데 그 추가된 행위자는 주제적이지 않기 때문에 '주제성 비초점화'의 기능을 가진 수동태로 번역하는 것입니다. 동사가 교체된다는 점을 제외하면 한국어와 영어 모두 주제성에 따라 태를 선택한 것이라 할 수 있습니다.

[유형 VIII]

태의 변화	능동태 ⇒ 수동태
주제성(한국어)	행위자 i > 피동작주
주제성(영어)	새로 추가된 행위자 < 피동작주i
한국어 의미기능	없음
영어 의미기능	없음

(101)   a. 아버지는 감옥에서 <u>나와</u> [...] (윤후명 1995: 50)

b. My father had <u>been released</u> from jail [...] (Shaffer (역) 1997)

(102)   a. 우리는 [...] 각자가 청소해야 할 몫을 <u>받았다</u>. (이문열 1987: 316)

b. [...] each of us <u>was given</u> clean-up chores. (O'Rourke (역) 1988: 63)

위의 두 예에서 자동사 '나오다'와 타동사 '받다'는 각각 타동사 'release'와 이중타동사 'give'로 바꾸어 번역하였습니다. Ikegami (1991)에 따르면, 언어에는 인간 행위자를 억제(suppress)하는 유형이 있고, 또 인간 행위자를 부각(focus)시키는 유형이 있습니다. 한국어는 인간 행위자를 억제하는 유형에 속하고 영어는 인간 행위자를 부각시키는 유형에 속합니다. 인간 행위자를 억제하는 특성을 지닌 한국어 문장을 영어로 번역할 때 인간 행위자를 부각시켜 나타내기 위해서 자동사는 타동사로, 타동사는 이중타동사로 바꾸어 번역합니다. 한국어 예에서는 다른 외부의 행위자가 암시되지 않는─즉, '감옥에서 나오다'와 '몫을 받다'─표현을 사용하지만, 영어의 예에서는 알려지지 않은 행위자가 있음을 암시하는 표현을 사용합니다. 즉, (101b)에서는 암시된 행위자인 누군가가 아버지를 풀어주었기 때문에 아버지가 나올 수 있었으므로 '나왔다'라는 표현보다는 '(아버지가) 풀려났다'와 같은 표현으로 번역하였고, (102b)에서는 암시된 행위자인 누군가가 우리에게 몫을 주었기 때문에 우리가 몫을 받을 수 있으므로 '몫이 주어졌다'와 같은 표현으로 번역하였습니다. 물론 번역과정에서 추가된 행위자는 주제적이지 않으므로 '주제성 비초점화'의 기능을 가진 수동태로 번역한 것입니다.

지금까지 태와 관련하여 한영 번역에서 발견되는 예문들을 문법장치와 문법장치가 나타내는 기능의 관점에서 여덟 가지 유형으로 나누어 살펴보았습니다. 우리가 가지고 있는 생각을 다른 언어로 정확하게 전달하기 위해서는 이렇게 서로 다른 문법체계를 이해할 필요가 있습니다. 아래에서는 간단한 것처럼 보이는 단어에서도 한국어와 영어의 의미를 나타내는 체계가 복잡하게 얽혀있다는 것을 살펴보겠습니다.

☞ 여기서 하나 지적하고 싶은 점은 한국어와 영어의 태는 복잡하게 얽혀있지만 체계적이라는 것입니다. 우주의 무질서 속에서 질서를 찾으려는 것이 '카오스(Chaos) 이론'입니다. 불규칙한 것처럼 보이지만 그 속에 규칙성을 찾으려고 노력하는 것은 어떤 학문분야에서나 마찬가지입니다. 'regularity in irregularity'를 찾으려는 것이죠! 아래 단어의 예도 피상적으로 보면 규칙이 없고 무질서한 것처럼 보이지만 그 속에 규칙이 있습니다.

5.1.3.2. WIN의 의미지도

여러분들에게 'win'의 의미가 무엇이냐고 질문을 하면, 아마 대부분은 '이기다'라고 대답을 할 것 같습니다. 그렇다면 'win'과 '이기다'의 의미는 같을까요? 아니면 다를까요? 아래의 예문을 잘 관찰해 봅시다.

(103)　a. 그는 싸움을 <u>이겼다</u>.
　　　　b. He <u>won</u> the fight.

(104)　a. He <u>won</u> the first prize.
　　　　b. *그는 일등상을 <u>이겼다</u>.
　　　　c. 그는 일등상을 <u>탔다</u>.

(105)　a. 그는 역경을 <u>이겼다</u>.
　　　　b. *He <u>won</u> the adversity.
　　　　c. He <u>overcame</u> the adversity.

먼저 (103)을 살펴보면, 한국어와 영어의 두 동사—즉, '이기다'와 'win'—는 모두 '싸움'이라는 목적어를 취한다는 점에서 차이가 없다고 할 수 있습니다. 하지만 (104)와 (105)를 보면 두 동사의 차이가 드러납니다. 영어에서는 '상(prize)'을 'win'할 수 있지만, 한국어에서는 '상'을 '이길' 수 없습니다. 대신에 한국어에서는 '상'을 '탈' 수 있습니다. 그리고 한국어에서 '역경(adversity)'을 '이길' 수 있지만, 영어에서는 '역경'을 'win'할 수 없습니다. 영어에서는 '역경'을 'overcome'할 수 있습니다.

영어 'win'과 한국어 '이기다'가 취할 수 있는 목적어에서도 차이를 보이지만, 아래의 예에서와 같이 비록 같은 목적어를 취하더라도 그 의미는 완전히 달라지는 경우도 있습니다.

(106) a. 그는 카드 게임에서 그의 아내를 <u>이겼다</u>.
       b. He <u>won</u> his wife in a card game.

(107) a. 그는 2점을 <u>이겼다</u>.
       b. He <u>won</u> two points.

위 (106a)는 카드게임에서 그가 아내를 물리쳤다는 의미인 반면, (106b)는 그가 카드게임을 통해서—즉, 노름을 해서—아내를 얻었다는 의미입니다. (107a)는 그가 상대방을 이긴 점수 차이가 2점이라는 뜻인 반면, (107b)는 그가 게임에서 이겨서 받은 승점(game point)이 2점이라는 뜻입니다.

아래에서는 François(2008)가 주장한 어휘유형론(Lexical Typology)의 입장에서 분석한 김은일(2017a)의 연구결과를 소개하도록 하겠습니다. 여기서 개별 언어의 언어형태는 '이기다'와 'win'처럼 괄호 속에 넣어 표시하고 어휘가 갖는 개념 자체는 (언어에 상관없이) WIN으로 표시하겠습니다. 먼저 개별 언어에 대해 알아보기 전에 WIN의 개념부터 알아볼 필요가 있습니다. WIN의 개념 밑바탕에는 '경쟁(competition)'이 자리 잡고 있습니다. 경쟁과 관련된 중요한 요소로 다섯 가지를 들 수 있습니다. 첫째, '경쟁'이 이루어지기 위해서는 '경쟁 상대(opponent)'가 있어야 합니다. 둘째, '경쟁'을 하는 이유는 경쟁을 통해 승리했을 경우에 얻게 될 '전리품(spoils)' 때문이겠지요. 셋째, '경쟁'이 이루어지는 '경쟁분야(competing field)'가 있습니다. 넷째, 경쟁하는 분야가 스포츠와 같은 경우는 경쟁상대와의 경쟁에서 생긴 '점수 차이(margin)'도 있을 수 있습니다. 다섯째, 경쟁을 통해 승리한 '횟수(iteration)'도 있을 수 있습니다. 그런데 이런 요소들을 해당 동사의 목적어로 사용할 수 있는지의 여부는 개별 언어에 따라 달라집니다. 아래에서는 한국어 '이기다'와 영어 'win'이 이런 요소들을 목적어로 사용하는데 있어서 어떤 차이점을 보이는지 살펴보도록 하겠습니다.

A. 전리품

'전리품'과 관련된 표현들은 영어와 한국어에서 서로 차이를 보입니다. 영어에서는 전리품과 관련된 표현들을 'win'의 목적어로 사용할 수 있지만, 한국어에서는 전리품과 관련된 표현을 목적어로 사용할 수 없습니다. 한국어에서는 '전리품'을 표현하기 위해서는 '이기다'가 아닌 다른 '얻다, 따다, 확보하다'와 같은 동사를 사용하여야 합니다.

(108)   a. He <u>won</u> the title/freedom/victory.
        b. *그는 작위/자유/승리를 <u>이겼다</u>.
        c. 그는 작위/자유/승리를 <u>얻었다</u>.

(109)   a. He <u>won</u> the licence/points/prize money/medal.
        b. *그는 면허증/승점/상금/메달을 <u>이겼다</u>.
        c. 그는 면허증/승점/상금/메달을 <u>땄다</u>.

(110)   a. He <u>won</u> the seashore/delegates.

           b. *그는 해안/대의원을 <u>이겼다</u>.

           c. 그는 해안/대의원을 <u>확보했다</u>.

위의 예에서 'win'의 목적어로 사용된 '작위, 자유, 승리, 면허증, 승점, 상금, 메달, 해안, 대위원'은 모두 경쟁을 통해 얻거나, 따거나, 확보한 '전리품'들입니다.

이기동(2015: 1562)은 'win'의 개념바탕에 '경쟁이나 장애물을 치르고 원하는 것을 얻는 과정이 있다'라고 표현하였는데, 여기서 '원하는 것'은 바로 전리품을 지칭하는 것으로 'win'의 주된 대상이 됨을 밝히고 있습니다. 영어에서는 '전리품'이 가장 자주 사용되고 가장 중요한 요소로 '인지적 참조점(reference point)'으로서 역할을 합니다. 원형이론의 입장에서 말하자면, '전리품'이 'win'의 원형 목적어라고 할 수 있습니다.

☞ 김은일(2017a)의 연구에 의하면, 'win'의 목적어 중에서 전리품이 약 64%, 경쟁분야가 31%, 횟수가 5%로 전리품이 가장 빈번하게 사용됩니다. 그리고 아래에서 자세히 살펴보겠지만, 위의 (106b)의 예문 'He won his wife in a card game.'에서 왜 his wife가 한국어와 달리 전리품으로 해석되는지, 그리고 '선수권대회, 백일장, 경매'가 왜 한국어와는 달리 'win'의 목적어로 사용되는지를 설명하는데 '인지적 참조점'으로서의 역할이 매우 중요합니다.

B. 경쟁상대

'경쟁상대'와 관련된 표현들은 흥미롭게도 '전리품'과 관련된 표현들과는 정반대의 양상을 보입니다. 즉, '경쟁상대'와 관련된 표현들은 한국어에서는 모두 '이기다'의 목적어로 사용할 수 있지만, 영어에서는 아래의 예에서와 같이 'win'이 아닌 'defeat, endure, suppress, overcome, control' 등의 목적어로 사용됩니다.

(111) a. 한국이 아시안컵에서 일본을 <u>이겼다</u>.
  b. *Korea <u>won</u> Japan in the Asian Cup.
  c. Korea <u>defeated</u> Japan in the Asian Cup.

(112) a. 그는 역경/질병을 <u>이겼다</u>.
  b. *He <u>won</u> the adversity/illness.
  c. He <u>endured/overcame</u> the adversity/illness.

(113) a. 그는 화/슬픔을 <u>이겼다</u>.
  b. *He <u>won</u> the anger/sorrow.
  c. He <u>suppressed/overcame</u> the anger/sorrow.

(114) a. 그는 몸을 <u>이기지</u> 못했다.
  b. *He can't <u>win</u> his body.
  c. He can't <u>control</u> his body.

위의 예에서 '이기다'의 목적어로 사용된 '일본'뿐만 아니라 '역경, 질병, 화, 슬픔, 몸'은 모두 '경쟁상대'입니다. 예를 들어서, '역경'이나 '질병'을 이긴다는 것은 사람이 '역경'이나 '질병'과 같은 경쟁상대와 싸워 그 경쟁상대를 물리친다는 의미입니다.

국립국어원의 『표준국어대사전』에서는 '이기다'를 '내기나 시합, 싸움 따위에서 재주나 힘을 겨루어 우위를 차지하다'라고 정의하고 있습니다. 여기서 경쟁우위란 경쟁상대와의 비교를 나타내는 것으로 경쟁상대가 핵심요소임을 암시하고 있습니다. 영어에서 전리품이 가장 중요한 '인지적 참조점'의 역할을 하듯이 한국어에서는 경쟁상대가 그 역할을 합니다.

☞ 김은일(2017a)의 연구에 의하면, '이기다'의 목적어 중 경쟁상대가 약 90%, 경쟁분야가 5%, 횟수가 3%, 점수 차이가 2%로 경쟁상대가 절대 다수를 차지합니다. 그리고 아래에서 곧 살펴보겠지만, (106a)의 예문 "그는 카드게임에서 그의 아내를 이겼다."에서 왜 아내가 영어에서와는 달리 경쟁상대로 해석이 되는지, 그리고 '선수권대회, 백일장, 경매'가 왜 영어와는 달리 '이기다'의 목적어로 사용될 수 없는지를 설명하는데 '인지적 참조점'으로서의 역할이 매우 중요합니다.

전리품 및 경쟁상대와 관련된 표현들이 'win'과 '이기다'의 목적어로 사용되는지의 여부에서 보이는 이런 차이점들로 인해 아래의 한국어와 영어의 문장에서도 차이가 나타나게 됩니다.

(115)   a. 그는 역경을 <u>이겼다</u>.
         b. *He <u>won</u> the adversity.

(116)   a. He <u>won</u> the first prize.

　　　　b. *그는 일등상을 <u>이겼다</u>.

(115)를 먼저 살펴봅시다. '경쟁상대'를 가장 중요한 '인지적 참조점'으로 삼는 한국어의 입장에서는 '경쟁상대'인 '역경'을 억누르거나 극복한다는 의미로 (115a)를 자연스럽게 사용할 수 있는데 반해, '전리품'을 가장 중요한 '인지적 참조점'으로 삼는 영어의 입장에서는 '역경'이 '경쟁상대'가 아닌 '전리품'으로 해석이 되기 때문에 세상지식(world knowledge)으로 보았을 때 '역경'이 '전리품'이 될 수 없는 상황에서 (115b)는 자연스러운 표현이 될 수 없습니다. (116)의 경우, 영어의 입장에서는 '일등상'이 '전리'품으로서 'win'의 자연스러운 목적어가 될 수 있음에 반해, 한국어의 입장에서는 (116b)처럼 '이기다'로 표현하면 '일등상'이 '전리품'이 아닌 '경쟁상대'로 해석되기 때문에 어색한 문장이 되고 마는 것입니다.

　영어의 'win'과 한국어의 '이기다'가 목적어로 '전리품' 및 '경쟁상대'와 관련된 표현들을 상호 배타적으로 취하기 때문에 위의 (115, 116)처럼 문법성에도 영향을 미치지만 아래 (117)처럼 영어와 한국어 두 문장 다 문법적이지만 해석에서 차이를 초래하기도 합니다.

(117)   a. He <u>won</u> his wife in a card game.

　　　　b. 그는 카드 게임에서 그의 아내를 <u>이겼다</u>.

영어와 한국어에서 (117)처럼 사람이 목적어로 사용될 때 그 해석은 매우 달라집니다. 아내가 (117a)에서는 '전리품'으로 해석되는 반면,

(117b)에서는 '경쟁상대'로 해석이 됩니다. 따라서 (117a)와 (117b)는 서로의 올바른 번역이 아니며, 올바른 번역은 각각 '그는 카드 게임으로 아내를 얻었다.'와 'He defeated his wife in a card game.'가 되어야 합니다.

C. 점수 차이

'점수 차이'의 경우도 위에서 살펴본 '전리품'과 '경쟁상대'처럼 'win'과 '이기다'는 상반된 양상을 보입니다. '점수 차이'는 한국어 '이기다'의 목적어로 사용되지만, 영어 'win'의 목적어로는 사용되지 않습니다. 아래 (118)의 두 문장은 유사한 것처럼 보이나 (118a)는 '점수 차이'를, 그리고 (118b)는 '점수 차이'가 아닌 '승점'이라는 '전리품'으로 해석됩니다.

(118)   a. 그는 2점을 <u>이겼다</u>.
           b. He <u>won</u> two points.

따라서 (118a)와 (118b)는 서로의 올바른 번역이 될 수 없으며, 올바른 번역은 각각 'He won by two points.'와 '그는 승점 2점을 얻었다.'가 되어야 합니다.

D. 횟수

'횟수'의 경우는 위에서 살펴본 '전리품', '경쟁상대', '점수 차이'와는 달리 'win'과 '이기다' 두 동사의 목적어로 사용되는 특징을 보입니다.

(119)   a. He <u>won</u> three times in a row.

        b. 그는 연속해서 세 번을 <u>이겼다</u>.

'횟수'와 관련해서는 'win'과 '이기다'가 문법성이나 해석에서도 동일한 양상을 보입니다. 즉, '횟수'는 'win'과 '이기다'의 목적어로 잘 사용되고 또 (119a)와 (119b)는 서로의 올바른 번역이 됩니다.

E. 경쟁분야

'경쟁분야'와 관련된 표현들 중에서 다수의 표현들은 'win'과 '이기다' 두 동사의 목적어로 사용되는 반면, 일부 표현들은 'win'의 목적어로는 사용되지만 '이기다'의 목적어로는 사용되지 않는 특징을 보입니다. 다르게 표현하면, 영어는 '경쟁분야'와 관련된 모든 표현들을 'win'의 목적어로 취할 수 있습니다. 하지만 한국어는 아래 (120, 121)에서 볼 수 있듯이 '소송, 선거, 전쟁, 경기, 싸움'은 '이기다'의 목적어로 사용할 수 있는 반면 '선수권대회, 백일장, 경매'는 '이기다'의 목적어로 사용할 수 없습니다.

(120)   a. He <u>won</u> the lawsuit/election/war/match/fight.

        b. 그는 소송/선거/전쟁/경기/싸움을 <u>이겼다</u>.

(121)   a. He <u>won</u> the championships/writing contest/auction.

        b. *그는 선수권대회/백일장/경매를 <u>이겼다</u>.

그런데 한국어에서 '소송, 선거, 전쟁, 경기, 싸움'은 '이기다'의 목적어로 사용하는데, '선수권대회, 백일장, 경매'는 어떤 차이점 때문에 '이기다'의 목적어로 사용하지 못할까요? 먼저 '이기다'의 목적어로 사용되는 표현들의 특징을 살펴봅시다. '소송, 선거, 전쟁, 경기, 싸움'은 명시적으로 드러나지는 않더라도 특정한 '경쟁상대'의 존재가 암시됩니다. '소송, 선거, 전쟁, 경기, 싸움'을 이긴다는 것은 곧 그 '경쟁분야'에서 암시된 특정한 '경쟁상대'를 이긴다는 것의 환유적인(metonymic) 표현입니다. '경쟁상대'가 '인지적 참조점'인 '이기다'의 특성을 고려하면 특정한 '경쟁상대'가 암시되는 '경쟁분야'의 경우는 '이기다'의 목적어로 사용하는 것이 자연스러운 현상이라고 할 수 있습니다.

'경쟁분야' 중에서 '이기다'의 목적어로 사용할 수 없는 표현들—즉, '선수권대회, 백일장, 경매'—은 어떤 특성을 지니고 있을까요? 이 표현들은 모두 '경쟁분야'의 특성상 특정한 '경쟁상대'가 암시될 수 없는 특징이 있습니다. 각 표현들을 순서대로 살펴보기로 합시다. 첫째, '선수권대회, 올림픽' 등은 하나의 경기나 시합이 아닌 여러 번의 시합으로 구성된 대회를 의미한다. '선수권대회'나 '올림픽'은 다수의 경기로 이루어지므로 특정한 '경쟁상대'가 암시될 수 없습니다. 둘째, '백일장, 장기자랑대회, 미인대회' 등과 같은 경우는 '경쟁상대'와 경쟁을 통해 우열을 가리기보다는 참여자가 가진 기량을 뽐내는 대회로 인식이 됩니다. 즉, 이런 대회에 참가한 사람들은 '경쟁상대'라기보다는 같은 참여자로 인식이 된다고 할 수 있습니다. 셋째, '경매'와 같은 경우는 경매의 목적이 '경쟁상대'를 이기는 것보다는 경매에 붙은 물건을 싼 가격으로 얻는 것이므로 관심의 초점이 '경쟁상대'보다는 물건에 있는 것으로 여겨집니다. '경쟁상대'가 '인지적 참조점'인 '이기다'의 특성을 고려하면 이 표현들처럼 특정한 '경쟁상대'가 암시되지 않는 경쟁분야의 경우는 '이기다'의 목적어로 사용하지 않는 것이 자연스럽습니다.

그렇다면 왜 영어의 'win'은 '선수권대회, 백일장, 경매'를 포함하여 '경쟁분야'와 관련된 모든 표현들을 목적어로 취할 수 있는 것일까요? 이 질문에 대한 답을 얻기 위해서는 'win'은 '이기다'와 달리 '경쟁상대'가 아닌 '전리품'이 '인지적 참조점'이라는 사실을 상기할 필요가 있습니다. '선수권대회, 백일장, 경매'도 특정한 '경쟁상대'의 암시여부와 상관없이 '소송, 선거, 전쟁, 경기, 싸움'과 마찬가지로 경쟁을 통해 얻을 수 있는 '전리품'은 상정할 수 있습니다. 이 표현들이 지시하는 각종 '경쟁(분야)'을 이긴다는 것은 결국 그 경쟁을 통해서 얻을 수 있는 '전리품'을 얻는다는 것을 환유적으로 표현한 것입니다. 이렇게 '전리품'이 '인지적 참조점'인 'win'의 특성을 고려하면, 'win'은 '이기다'와 달리 왜 '경쟁분야'와 관련된 모든 표현들을 목적어로 가질 수 있는지 이해할 수 있습니다.

지금까지 논의한 '이기다'와 'win'의 의미지도로 시각화하면 다음 그림과 같습니다. (아래의 그림에서 음영으로 처리된 부분이 '이기다'의 의미영역이고, 점선으로 표시된 부분이 'win'의 의미영역입니다.)

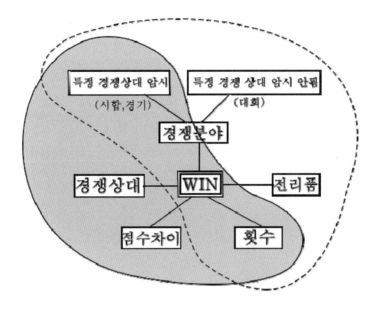

<그림 5> '이기다'와 'win'의 의미지도

한국어의 '이기다'는 '경쟁상대', '점수 차이', '횟수'를, 그리고 '경쟁분야' 중에서는 특정 경쟁상대가 암시되는 경우만을 목적어로 취할 수 있습니다. 반면 영어의 'win'은 '전리품', '횟수' 그리고 모든 '경쟁분야'를 목적어로 취할 수 있습니다. 그리고 두 동사의 '인지적 참조점'이 서로 다르다는 것을 꼭 기억할 필요가 있습니다. '이기다'의 '인지적 참조점'은 '경쟁상대'인 반면, 'win'의 '인지적 참조점'은 '전리품'입니다.

☞ 한국문화가 집단중심의 문화라는 점을 고려하면, 경쟁해야하는 경우가 발생하면 주변의 '경쟁상대'가 가장 중요한 요소가 되지 않을까요? 반면에 개인이 중심이 되는 서양문화―예를 들어, 목축사

회의 문화—를 생각해 보세요. '경쟁상대'보다는 개인이 노력해서 얻는 '전리품'이 가장 중요한 요소가 되지 않을까요? 이런 전통 때문일까요? 우리 사회를 보면, 내가 노력해서 얻을 수 있는 '전리품'에 관심을 갖기보다는 우선 '경쟁상대'를 깔아뭉개는 일에 몰두한다는 생각이 들지 않습니까? 정치 분야에서는 더욱더....

5.1.3.3. OPEN의 의미지도

영어의 'open'과 한국어의 '열다'는 같은 의미를 지녔을까요? 'open'과 '열다'는 아래의 예에서 보듯이 유사점과 상이점을 동시에 지닙니다.

(122)　　a. He <u>opened</u> the window.
　　　　　b. 그는 창문을 <u>열었다</u>.

(123)　　a. He <u>opened</u> the can.
　　　　　b. *그는 캔을 <u>열었다</u>.
　　　　　c. 그는 캔을 <u>땄다</u>.

(124)　　a. He <u>opened</u> the discussion.
　　　　　b. *그는 토의를 <u>열었다</u>.
　　　　　c. 그는 토의를 <u>시작했다</u>.

영어는 '창문, 캔, 토의' 모두 'open'의 목적어로 사용하지만, 한국어는 '창문'만 '열다'의 목적어로 사용합니다. 오히려 '캔'과 '토의'는 각각 동사 '따다'와 '시작하다'와 어울립니다.

사전편찬자들(예, Longman 2003)이나 언어학자들(예, 이기동 2015)이 타동사 'open'의 기본 의미로 문이나 창문을 움직여 사람이나 물건 또는 공기가 지나가거나 들어가도록 하는 행위라는 데에 대체로 동의를 하는 것 같습니다. 공간의 개념을 이용하여 표현하자면, 방과 같이 내외부로 나뉘는 공간을 문과 같은 장치를 움직여서 밖에서 안으로 또는 안에서 밖으로 사람이나 사물의 이동이 가능하도록 하는 행위라고도 할 수 있겠습니다. OPEN 행위의 대상이 되는 것은 크게 세 개―즉, 내외부로 나눌 수 있는 방과 같은 '공간 (자체)', 문과 같은 '여닫는 장치', 그리고 자물쇠와 같은 '잠금장치'―로 나누어 볼 수 있습니다. 이들이 모두 OPEN의 목적어로 사용될 수 있는 것은 환유(metonymy) 때문입니다. 아래에서는 김은일(2017b)의 연구결과를 따라 OPEN이라는 행위의 대상이 되는 '공간 자체'와 '여닫는 장치'의 순서로 살펴보겠습니다. ('잠금장치'와 관련된 표현은 한국어와 영어에서 차이를 보이지 않기 때문에 여기서는 다루지 않기로 하겠습니다.)

A. 공간 자체

'공간 자체'는 크게 네 가지로 나누어 생각할 수 있습니다. 첫째, '가게'와 '도서관'처럼 특정 목적을 가지고 사람들이 출입하는 공간부터 살펴봅시다. 특정 목적을 위해 공간을 여는 행위는 곧 특정 활동을 시작하는 의미가 됩니다.

(125) They <u>opened</u> the room at 9.

(126) They <u>opened</u> the store at 9.   ('시작하다')

위의 (125)에서 일반적인 공간인 방을 열 때는 없던 '시작하다'의 의미가 (126)에서 가게를 열 때에 생기게 됩니다. 이런 '시작하다'의 의미는 구체적인 공간이 아닌 더 추상적인 개념의 공간으로도 확대됩니다. 그런데 영어의 'open'은 모든 확대된 개념의 표현을 목적어로 취할 수 있지만, 한국어의 '열다'는 확대된 개념에 따라 목적어로 취할 수도 그렇지 못할 수도 있습니다. '회의', '왕조', '하루'와 같은 표현은 '열다'의 목적어로 사용할 수 있지만, '사격'과 '토의'는 '열다'의 목적어로 사용할 수 없습니다.

(127)　a. They opened fire.
　　　　b. *그들은 사격을 열었다.
　　　　c. 그들은 사격을 시작했다.

(128)　a. He opened the discussion.
　　　　b. *그는 토의를 열었다.
　　　　c. 그는 논의를 시작했다.

'열다'의 목적어로 사용하지 않는 '사격'과 '토의'가 '회의'와 다른 점은 '회의'는 비록 구체적인 공간은 아니지만 여러 사람들이 함께 하는 '모임'으로서 사람들의 출입이 가능한 것으로 여겨지는 반면 '사격'과 '토의'는 사람들의 출입이 불가능한 것으로 이해됩니다. '왕조'와 '하루'는 '열다'의 목적어로 사용하는데 시간 선상에서 존재하는 추상적인 개념이긴 하지만 '왕조'나 '하루'를 열면 사람들이 그 속으로 들어가 활동하는 것으로 여겨지는 특징을 보입니다. 결국, 한국어는 영어와는 달리 '시작하다'의 의미가 있더라도 사람의 출입이 가능한 것으로 여겨지는 경우에만 '열다'의 목적어로 사용할 수 있습니다.

둘째, '상자'나 '그릇'처럼 물건이나 액체를 담는 '용기'와 같은 공간을 살펴봅시다. 'open'은 여기서 논의되는 모든 용기를 목적어로 취할 수 있습니다. 하지만 한국어 '열다'는 '텀블러', '가방', '지갑', '서류봉투', '은행 구좌', '(컴퓨터) 파일'은 '열다'의 목적어로 사용하지만, '맥주병', '캔', '편지봉투', '보자기', '포장지'는 '열다'의 목적어로 사용하지 못합니다.

(129)   a. *그는 맥주병/캔을 <u>열었다</u>.
          b. 그는 맥주병/캔을 <u>땄다</u>.

(130)   a. *그는 편지봉투를 <u>열었다</u>.
          b. 그는 편지봉투를 <u>뜯었다</u>.

(131)   a. *그는 보자기/포장지를 <u>열었다</u>.
          b. 그는 보자기/포장지를 <u>풀었다</u>.

'열다'의 목적어로 사용되지 않는 공간들의 특성을 살펴보면, '맥주병'과 '캔'이 '텀블러'와 다른 점은 뚜껑을 반복적으로 여닫을 수 없다는 것입니다. '편지봉투'가 '서류봉투'와 다른 점도 반복적으로 여닫으며 사용하지 않고 주로 일회적으로 사용한다는 점입니다. 그리고 '보자기'와 '포장지'는 물건을 감싸는 용기나 그릇으로 활용할 수는 있지만 원래부터 물건을 담을 수 있는 (내부) 공간이 있는 것은 아닙니다. 반면 '열다'의 목적어로 사용할 수 있는 '지갑'은 비록 뚜껑은 없고, '은행구좌'와 '파일'은 구체적인 용기는 아니더라도 반복적으로 내용물의 출입이 가능한 특징을 지니고 있습니다. 정리하자면, 한국어는 영어와 달리 내재적인—즉, 원래부터 타고난—(내부)

공간이 있고 반복적으로 여닫는 행위가 가능한 경우만 '열다'의 목적어로 사용할 수 있습니다.

☞ '선물'과 같이 내용물은 (앞서 살펴본 바와 같이) 그것을 담고 있는 용기에 따라 '열다'의 목적어로 사용되기도 하고 그렇지 않기도 합니다. 즉, 선물 자체가 아니라 그것을 담고 있는 용기에 따라 목적어로서의 사용 여부가 결정됩니다. 예를 들어, 용기가 상자인 경우는 '열다', 보자기인 경우는 '풀다', 포장지인 경우는 '뜯다'라고 할 수 있습니다.

(132)   그는 선물을 <u>열었다/풀었다/뜯었다</u>.

(133)   a. *영화를 <u>열었다</u>.
         b. 영화를 <u>개봉했다</u>.

(134)   a. *그는 계획을 <u>열었다</u>.
         b. 그는 계획을 <u>공개했다</u>.

'영화'와 '계획'은 '열다'의 목적어로 사용하지 않는데, 상자 속에 담긴 '선물'과 달리 '영화'나 '계획'을 담는 용기를 딱히 상정할 수 없기 때문인 것 같습니다.

셋째, '입'과 같이 내부 공간이 존재하는 신체부위와 관련된 공간을 살펴보겠습니다. 'open'은 여기서 논의되는 신체부위와 관련된 모든—바로 아래에서 논의될 '손'과 '손'처럼 접고 펼 수 있는 '우산', '책'을 포함하여—표현을 목적어로 취할 수 있습니다. 하지만 한국어는 '입', '땀구멍', '귀', '가슴'은 '열다'의 목적어로 사용하지만, '손'과 '손'처럼 접고 펴고 하는 '우산', '책', '팔', '어깨'는 '열다'의 목적어로 사용하지 않습니다.

(135) a. *그는 손/우산/책/팔/어깨를 <u>열었다</u>.
　　　 b. 그는 손/우산/책/팔/어깨를 <u>폈다</u>.

☞ '어깨를 열다'라는 표현도 골프나 테니스와 같은 스포츠에서 사용을 합니다. 이때의 의미는 어깨를 '펴다'와는 다른 의미입니다. 이와 관련된 논의는 잠시 후에 있습니다.

'열다'의 목적어로 사용되지 않는 '손', '우산', '책', '팔', '어깨'는 모두 내재적인 내부 공간이 존재하지 않는다는 공통점이 있습니다. 반면 '열다'의 목적어로 사용되는 '입', '땀구멍', '귀', '가슴'은 내재적인 내부 공간이 존재합니다.

☞ 하나 흥미로운 사실은 '입', '귀', '가슴'이 '열다'의 목적어로 사용되는 경우는 모두 추상적인 의미를 지니는데, 각각 '비밀이나 마음속의 얘기를 하다', '열린 마음으로 경청하다', 그리고 '열린 마음으로 받아들이다'와 같은 의미가 됩니다. '입'이 구체적인 의미로 사용될 때―예를 들어, 음식물을 넣거나 치아를 뽑을 때―는 동사 '벌리다'를 사용합니다. 국립국어원의 『표준국어대사전』에 의하면, '벌리다'는 '둘 사이를 넓히거나 멀게 하다'란 뜻인데, '입을 벌리다'란 표현은 두 입술 사이를 멀게 한다는 의미를 반영한 것입니다. '입을 열다'란 표현은 비유적인 표현으로 일종의 마음의 문을 여는 것

으로 생각할 수 있습니다.

(136)　　a. He <u>opened</u> his mouth.
　　　　　b. 그는 입을 <u>열었다/벌렸다</u>.

정리하자면, 한국어는 영어와 달리 내재적 내부 공간이 있어야 하고 (추상적이지만) 여닫는 행위가 반복적으로 일어날 수 있어야 '열다'의 목적어로 사용할 수 있습니다.

마지막으로 '참호'를 살펴보겠습니다. '참호'는 'open'의 목적어로는 사용되지만, '열다'의 목적어로는 사용되지 않습니다. 그런데 '참호'는 새로운 공간을 만들어 출입한다는 특징이 있습니다.

(137)　　a. *그들은 참호를 <u>열었다</u>.
　　　　　b. 그들은 참호를 <u>팠다</u>.

한국어는 영어와는 달리 사람들이 출입할 수 있도록 새로운 공간을 만드는 경우는 '열다'의 목적어로 사용하지 않습니다.

B. 여닫는 장치

'여닫는 장치'들 중에서 잠시 후 살펴볼 '커튼'을 제외한 나머지를 먼저 살펴보도록 하겠습니다. 'open'은 여기서 논의되는 모든 '여닫는 장치'를 목적어로 취할 수 있습니다. 반면 '열다'는 '창문', '텀블러 뚜껑', '국경'은 '열다'의 목적어로 사용하는 반면 '맥주병 뚜껑'은 '열다'의 목적어로 사용하지 않습니다. '창문', '텀블러 뚜껑',

'국경'은 각각 '방', '텀블러', '국가'라는 (구체성에서는 다소 차이를 보이지만) 내재적인 내부 공간을 모두 가지고 반복적으로 여닫을 수 있는 특징을 지닙니다. '맥주병 뚜껑'은 '열다'의 목적어로 사용하지 않는데 앞서 살펴보았듯이 맥주병의 경우 반복적인 여닫기가 이루어지지 않는 특징이 있습니다.

이제 '커튼'과 '어깨'를 살펴보도록 하겠습니다. 두 표현 모두 '열다'의 목적어로 사용합니다.

(138) 그는 커튼/어깨를 <u>열었다</u>.

앞서 살펴보았듯이 '방'과 같은 공간을 여는 행위로 사람이나 물건의 출입이 가능할 뿐만 아니라 내외부를 볼 수 있게도 합니다. 바로 위의 단락에서 살펴본 표현들은 출입기능과 관련된 것들인 반면 '커튼'은 시야 확보의 기능과 주로 관련됩니다. '커튼'을 열게 되면 안에서 밖으로 혹은 밖에서 안으로 들여다 볼 수 있게 됩니다. '어깨'도 '커튼'과 같이 보여주는 의미로 사용될 때 '열다'의 목적어로 사용할 수 있습니다. 골프나 테니스와 같은 스포츠에서 '어깨를 열다'라는 것은 마치 커튼을 열어 방의 내부를 보이게 하는 것처럼 어깨를 열어 감추어진 가슴과 같은 신체의 앞부분을 보이게 한다는 것을 의미합니다. 반면 위 (135)에서 살펴본 '어깨를 펴다'라는 것은 움츠리거나 굽은 것을 벌리거나 곧게 한다는 의미입니다.

☞ 여기서 지적하고자 하는 한 가지 흥미로운 점은 '어깨'라는 동일한 대상을 접고 펴는 대상으로 보느냐, 아니면 시야 확보와 관련된

대상으로 보느냐에 따라 '열다'의 목적어로 사용할 수 있는지의 여부
가 결정된다는 것입니다. '어깨'를 여닫는 장치로, 등 쪽을 외부로 그
리고 가슴이나 배 부위를 내부로 간주한다면, '어깨'의 경우도 덜 전
형적이기는 하지만 내부 공간이 내재적으로 존재하고 반복적으로 여
닫는 행위가 가능한 것으로 볼 수 있습니다. 따라서 이런 시야 확보의
의미로 사용될 때는 '어깨를 열다'와 같은 표현이 가능한 것입니다.

지금까지의 논의한 'open'과 '열다'의 의미적인 차이점을 시각화
하여 나타내면 다음 그림의 의미지도와 같습니다. (아래 의미지도에
서 음영으로 처리된 부분이 '열다'의 영역이고, 'open'은 아래의 표
시된 모든 영역을 포함하기 때문에 따로 표시하지 않았습니다.)

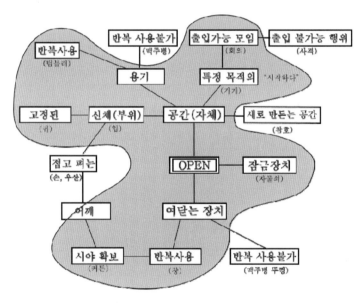

<그림 6> 'open'과 '열다'의 의미지도

영어 'open'은 여기서 논의된 모든 표현을 목적어로 사용할 수 있습니다. 하지만 한국어는 다수의 표현은 '열다'의 목적어로 사용할 수 있지만 일부 표현들은 '열다'의 목적어로 사용할 수 없습니다. 한국어는 구체성에서는 다소 차이를 보이지만 일반적으로 내부 공간이 내재적으로 존재하고 반복적으로 여닫는 행위가 가능한 경우에만 '열다'의 목적어로 사용할 수 있는 특징을 보입니다. 반면 내부 공간이 내재적으로 존재하지 않는 '사격', '토의'; '보자기', '포장지'; '영화', '계획'; '손', '팔', '우산', '책' 및 내재적인 내부 공간은 있지만 반복적인 여닫기가 이루어지지 않는 '맥주병 뚜껑', '캔', '편지봉투'는 '열다'의 목적어로 사용할 수 없습니다.

☞ 내부공간이 내재적으로 존재하고 지속적으로 여닫는 행위가 가능하도록 설계된 경우에만 '열다'의 목적어로 사용하는 한국어의 특성은 앞서 5.1.1.1과 5.1.1.2에서 살펴본 유생성에서 보여준 한국어의 특성과도 밀접하게 관련이 되어있습니다. 영어는 사건의 마지막 국면에서의 역할을 중요시 하지만, 한국어는 유생성과 같이 타고난 자질을 중요시한다는 것을 상기해보세요. 그리고 '보자기'를 예로 들어봅시다. 주어진 상황에서의 역할을 중요시하는 영어의 입장에서 보면, 보자기를 물건을 담는 용기로 사용하는 상황에서 보자기를 일종의 용기로 보고 '보자기'를 'open'의 대상으로 생각할 수 있습니다. 반면 내재적인 특성을 중요시하는 한국어의 입장에서는, 주어진 상황에서 용기의 역할을 하더라도 보자기가 내재적인 내부 공간이 있다고 보기 어렵기 때문에 '보자기'를 '열다'의 대상으로 사용할 수 없습니다. 이처럼 개별적인 단어에도 화자들의 사고와 문화가 담겨있다고 할 수 있습니다.

5.2. 다른 지시표현의 선택

동일한 등장인물을 나타내는 지시표현(referential expression)의 선택에서 영어와 한국어는 많은 차이점을 보여줍니다. 아래에서는 지시표현을 선택하는 영어와 한국어의 원리가 서로 어떻게 다른지 알아보도록 하겠습니다.

5.2.1. 영어: 효과적인 의사전달과 주제성

개인들 간의 공유된 지식이 적은 저맥락 문화에서 개인의 생각을 잘 전달하기 위해서는 상대방이 잘 이해할 수 있도록 단락(paragraph)과 같은 담화(discourse)를 잘 구성하여합니다. 담화란 여러 문장들의 집합이라고 할 수 있습니다. 우리가 말을 할 때 한 문장으로 끝내는 경우는 없습니다. 대화 시에도 대화 참여자들끼리 말을 주고받으면서 문장을 이어갑니다. 의사소통의 문제가 생기면 화자의 책임으로 생각하는 저맥락 문화에서 화자의 생각을 효과적으로 전달하기 위한 방법으로 발달한 것이 바로 주제성(topicality)을 고려하여 구문이나 지시표현을 선택하는 것입니다.

먼저 앞서 5.1.3.1에서 살펴보았던 수동태를 다시 살펴봅시다. 청자가 혼동하지 않고 화자의 말을 잘 알아듣게 하는 방법 중의 하나는 하나의 주제에 대해서 이야기하는 것입니다. 이런 저런 주제를 바꾸어가면서 이야기를 하면 청자가 알아듣기 힘이 들겠지요. 주인공이 한 번 정해지면 계속해서 다음 문장에서도 그 주인공을 주어 자리에 나타내면 청자가 쉽게 이해할 수 있습니다. 영어에서 수동태가 사용되는 가장 중요한 이유가 바로 주인공을 주어 자리에 두어 주인공 중심의 일관된 이야기를 전달하기 위한 것입니다. 위에서 살펴본 예문 (88)을 여기서 다시 살펴보겠습니다.

(88) "What a lovely scarf!" "Thank you. It *was given* to me by Pam."
(Celce-Murcia and Larsen-Freeman 1983: 228)

위의 예에서 첫 번째 문장에서 처음으로 'scarf'를 언급함으로써 주제가 정해지고, 그 말에 대한 대답으로 'scarf'가 주어 자리에 오는 수동태를 사용함으로써 주인공 중심의 일관된 이야기가 진행됩니다. 만약 "Pam gave it to me."처럼 능동태를 선택한다면 주어가 바뀌어 담화의 일관성이 떨어지게 됩니다. 이처럼 영어는 효과적인 의사소통을 위해—즉, 주제의 연속성을 위해—문법장치를 선택합니다.

지시표현의 선택도 효과적인 의사소통을 위한 것입니다. 동일한 등장인물을 지칭하는데 다른 지시표현이 사용된 아래의 문장을 살펴봅시다.

(139) Anna Maria Giordano—everyone called her Anna—loved animals for as long as she could remember. Her first memory, indeed, is of a toad hopping in the grass [...] (Reader's Digest 100: 102)

위의 예문에서 밑줄 친 등장인물—즉, Anna Maria Giordano, she, her—은 모두 동일인입니다. 동일한 등장인물을 담화에서 계속해서 주어 자리에 오게 함으로써 일관성이 있는 담화를 구성하여 효과적인 의사소통을 할 수 있습니다. 그런데 왜 등장인물이 담화에 처음 등장할 때는 'Anna Maria Giordano'와 같은 성명을 사용한 반면, 그 다음 절부터는 동일한 등장인물을 지시하기 위해 'she'와 'her'와 같이 대명사를 사용할까요?

지시표현의 (단어) 길이—혹은 음운론적 크기(phonological size)—를 생각해보면, 'Anna Maria Giordano'와 같은 성명을 발음하는 데는 시간이 더 걸리는데 반해 'she'와 'her'와 같은 대명사는 시간이 짧게 걸리겠지요. 한 등장인물을 주인공으로 설정하여 이야기를 전개하는데 계속해서 같은 등장인물을 강조해서 긴 표현을 굳이 사용할 필요는 없습니다. 따라서 등장인물이 담화에 처음 등장할 때는 성명과 같은 긴 표현을 사용하지만 이어지는 후속 문장에서는 대명사와 같이 짧은 표현을 사용합니다. 주인공을 바꾸어 새로운 이야기를 하고 싶거나 아니면 대명사를 사용함으로써 누구를 지시하는지 알기 어려울 때 성명과 같은 긴 표현을 사용합니다. (예문에서 'i'와 'j'는 등장인물을 구분하여 표시하기 위한 것으로 동일한 표시는 동일한 등장인물을 의미합니다.)

(140) Something of a practical joker, Coutarel encouraged Dmytruk to serve German soldiers who came in as customers. One officer$_j$ took a liking to <u>him</u>$_i$ and once asked <u>Dmytruk</u>$_i$ to join him$_j$ in an aperitif.

위 예에서 두 번째 문장은 두 명의 다른 등장인물—즉, 'Dmytruk'과 '독일군 장교'—이 나타납니다. 만약 밑줄 친 'Dmytruk'을 대명사 'him'으로 바꾼다면 그 'him'이 두 등장인물 중에서 누구를 지시하는지 혼동이 됩니다. 따라서 이런 경우에는 청자가 혼동되지 않도록 이름을 사용한 것입니다.

☞ Givón(1983)에 의하면, 등장인물이 주제적일수록─다른 말로 하면, 선행 문맥에서 자주 언급되었을수록─더 짧은 지시표현을 사용합니다. 지시표현이 짧은 것에서 긴 것으로 정리를 하면 다음과 같습니다. 왼쪽에 오는 것일수록 주제성이 높은 문맥에서 사용이 됩니다. 오른쪽에 오는 것일수록 주제가 단절적인(discontinuous) 문맥에서 사용됩니다.

(141) 생략 > 대명사 > 완전한 명사구

지금까지 영어에서 지시표현을 어떻게 선택하는지를 살펴보았습니다. 영어에서는 개인들 간의 공유된 지식이 적은 저맥락 문화에서 효과적인 의사소통을 위해 일관성이 있는 담화를 만드는 문법장치를 발달시켰습니다. 이런 문법장치들 중의 하나가 바로 주제적인 문맥에서는 짧은 지시표현을 사용하는 것입니다. 다음 절에서는 한국어에서 지시표현을 어떻게 선택하는지 알아보도록 하겠습니다.

5.2.2. 한국어: 의미전달의 효율성 및 역할의 강조

개인들 간의 공유된 지식이 많은 고맥락 문화에서는 화자가 어떤 이야기를 하더라도 청자가 쉽게 알아들 수 있기 때문에 일관성이 있는 담화의 구성이나 주제의 연속성이 저맥락 문화에서만큼 중요하지 않습니다. 따라서 한국어에서는 '대명사'를 영어만큼 자주 사용하지 않습니다. 대신에 '이름'이나 '보통 명사'를 반복적으로 사용하거나 등장인물의 역할을 강조하는 지시표현을 즐겨 사용합니다.

5.2.2.1. 지시표현의 반복

이제 주제성에 따라 다른 언어형태의 지시표현이 선택되는 영어와는 달리 지시표현의 선택에서 다른 모습을 보이는 한국어의 특성을 살펴보겠습니다. 언어에 따라 일반적으로 선호되는 지시유형이 존재한다는 Baker(1992)의 주장처럼, 한국어에서도 영어와는 다른 지시유형이 선호됩니다. 서정수(1996b: 772-3)에 따르면, 한국어는 문법적인 형식보다는 의미 전달의 효율성을 위주로 발달한 언어로서, 같은 언어형태의 지시표현이 반복되어 사용되는 것이 자연스럽습니다.

(142)　　a. 할아버지는 경로당에서 할아버지가 좋아하는 친구들과 담소하신다.
　　　　b. 어머니는 아버지 뒷바라지를 하신다. 그것이 어머니의 일과이다. (서정수 1996a: 1371)

위의 예는 한국어에서 '할아버지'와 '어머니'가 반복되어 사용됨을 보여줍니다. 처음 언급된 등장인물이 바로 다음 절에서 언급되어 주제성이 매우 높은 환경이어서 영어라면 대명사가 선택되었을 문맥임에도 불구하고, 동일한 언어형태가 반복적으로 사용됩니다.

지시적 표현을 선택하는데 있어서 보이는 이러한 영어와 한국어의 차이점이 번역문에서도 드러납니다. 영어의 지시표현들을 한국어

로 번역할 때 어떤 지시표현으로 바뀌는지 아래의 밑줄 친 표현을
살펴봅시다.

(143) a. Anna Maria Giordano—everyone called her Anna—loved
          animals for as long as she could remember. <u>Her</u> first
          memory, indeed, is of a toad hopping in the grass: the
          three-year-old was chasing it, and Anna's mother was
          chasing <u>her</u>. [...] She was 14, <u>she</u> saw a pair of peregrine
          calcons in a shop.
       b. 사람들이 안나라고 부르는 안나 마리아 조르다노는 어린 시
          절부터 동물들을 사랑했다. 사실 <u>안나</u>의 첫 번째 기억은 풀
          밭에서 팔딱팔딱 뛰는 두꺼비를 본 것이었다. 3살짜리 안나
          는 그 두꺼비를 좇아갔고 어머니는 <u>안나</u>를 좇아갔다. [...]
          14살 때 <u>안나</u>는 가게에서 송골매 한 쌍을 보았다. (Reader's
          Digest 100: 102-105)

영어의 예문에서는 등장인물이 처음 등장할 때는 성명으로 소개되
고 그 다음 절부터는 동일 등장인물을 지시할 때는 '대명사'를 사용
합니다. 하지만 한국어 번역문에서는 '안나'라는 이름을 이어지는
문맥에서도 반복적으로 사용하는 한국어의 특성을 드러냅니다.

   문체론적 특성을 보여주는 아래의 영어 문장과 그 번역문을 살펴
봅시다. 아래의 영어 예에서 밑줄 친 'her visitor's'는 'Jeremy Martin'
과 동일한 인물입니다. 그런데 바로 앞선 문맥에서 'Jeremy Martin'
이 소개되어 주제적인 상황인데 왜 대명사 'his'를 사용하지 않았을
까요?

(144)   a. As Jeremy Martin$_i$ walked through the facility, Noble picked
             up an orphaned youngster$_j$ and put him$_j$ in <u>her visitor$_i$</u>'s
             arms.
          b. 제레미 마틴이 고아원을 돌아보는 도중 노블은 고아가 된
             아기를 안아 올려 <u>마틴</u>의 팔에 안겨주었다. (Reader's Digest
             100: 52)

만약 대명사 'his'를 사용한다면, 'Noble picked up an orphaned
youngster and put <u>him</u> in <u>his</u> arms.'가 되어 바로 앞에 나오는 'him'
과 'his'가 각각 누구를 지시하는지 혼동을 야기할 수 있습니다. 따라
서 'an orphaned youngster'와 명확하게 구분하기 위해 'her visitor's'
를 사용하였습니다. 한국어 번역문을 보면, 'her visitor's'를 '마틴'으
로 번역하였는데, 이 경우에도 명확한 지시가 이루어져 혼동의 여지
가 없습니다. 그런데 여기서 언급하고자 하는 것은 한국어에서는 동
일한 이름을 반복적으로 사용하는데 반해, 영어에서는 문체론적인
변화를 주기 위해 동치(equation) 대신에 대치(substitution)를 선택하
여 표현한 것입니다. 즉, 동일한 이름을 반복하기 보다는 동일 인물
을 지시하는 다른 종류의 언어장치를 사용하여 문체론적인 다양성
을 확보한 것입니다(Malone 1988: 22). 하지만 한국어에서는 문체론
적인 다양성보다는 의미전달의 효율성을 위해 앞서 사용된 대명사
를 반복(즉, 동치)하여 사용한 것입니다.

5.2.2.2. 등장인물의 역할을 강조

여기서는 주제 연속성과 같은 담화적인 요소를 고려하는 영어와
는 달리 문맥과는 상관없이 개인의 역할을 나타내는 표현을 지시표

현으로 사용하는 한국어의 특성을 살펴보겠습니다. Nisbett(2003: 5-6)에 의하면, 서양에서는 한 개인(individual)이 사회적인 환경이 바뀌어도 유일한 정체성(unique identity)이 유지되지만, 동양에서는 한 개인은 크고 복잡한 사회적 조직체의 일부임을 느끼고 살아갑니다. 따라서 동양에서는 독립된 존재로서의 개인은 없고 개인은 타인들과의 관계 속에서 살아가는 역할(role)의 총체로 인식됩니다. 즉, 황제와 백성, 부모와 자녀, 남편과 아내, 형과 동생, 친구와 친구 사이에 존재하는 역할로서 살아가는 것입니다. 예를 들어, 한 개인은 가족 내에서 부모, 자녀, 남편, 아내, 형 또는 동생의 역할로 살아가는 것입니다. 한 개인은 규모가 큰 사회라는 집단에서도 나이와 성별에 따라 다른 역할이 주어집니다. 예를 들어, 사회에서 어른과 아이의 역할이 다릅니다. 어른들은 사회를 이끌고, 아이들은 어른들의 가르침과 보호 속에서 성장합니다. 나이와 성뿐만 아니라 사회속의 지위나 직업 등도 한 사회집단 속에서의 역할로 볼 수 있습니다. 예를 들어, 학교라는 집단 내에서 한 개인은 선생님 혹은 학생의 역할로서 살아가는 것입니다. 한국어에서는 집단 중심의 문화적 특성이 반영되어 개인의 역할을 나타내는 표현을 자주 사용한다고 할 수 있습니다.

영어의 대명사를 한국어 번역문에서는 개인의 역할로 번역한 아래의 예를 살펴보세요.

(145)　　a. Stuart reached down to his wife. She was quiet now.
　　　　　b. 스튜어트는 아내에게 손을 뻗쳤다. 아내는 이제 조용했다.
　　　　　(Reader's Digest 100: 12)

(146)　　a. They decided Heather had an unusual virus [...]

　　　　　b. 의사들은 헤더가 이상한 바이러스에 감염되었다고 생각하
　　　　　　　고 [...] (Reader's Digest 101: 82)

(147)　　a. When Anderson and Peever spotted Keely$_i$, she$_i$ was about
　　　　　　　200 feet away. They saw her$_i$ stumbling to her feet.

　　　　　b. 앤더슨과 피버가 킬리$_i$를 발견했을 때 아이$_i$와 열차의 거리
　　　　　　　는 200피트(약 60m)였다. 아이$_i$가 기적소리를 듣고 비틀거
　　　　　　　리며 일어서는 것을 보았다. (Reader's Digest 101: 50)

위 (145)에서는 'she'를 '남편과 아내'라는 인간관계 속에서 '아내'의
역할로 번역하였습니다. (146)에서는 'they'를 사회집단 속에서의 역
할—즉, 직업—인 '의사들'로 번역하였습니다. 그리고 (147)에서는
'she'를 '어른과 아이'라는 사회 조직적 관계 속에서 보호받아야할
역할인 '아이'로 번역하였습니다.

　사회집단 속에서의 역할, 특히 직업은 아래의 예에서와 같이 '이
름'에도 붙여 사용을 합니다.

(148)　　a. Goodyear racked his brains.

　　　　　b. 굿이어 시장은 골똘히 생각에 잠겼다. (Reader's Digest 101:
　　　　　　　104)

영어 문장에서는 'Goodyear'를 한 개인으로 묘사한데 반해, 한국어
번역문에서는 한 개인이 맡고 있는 역할을 '이름' 뒤에 붙여 '굿이
어 시장'으로 표현하였습니다.

지금까지 지시표현의 선택과 관련하여 영어와 한국어의 차이점을 살펴보았습니다. 영어는 저맥락 문화에서 화자의 생각을 효과적으로 전달하기 위해 주제의 연속성과 같은 일관된 담화를 구성하는 방식으로 발달하여 대명사, 이름과 같은 다른 종류의 지시표현을 문맥에 맞게 선택하여 사용하는 특징을 보여줍니다. 반면 한국어는 고맥락 문화에서 주제의 연속성과 같은 담화보다는 의미의 전달에 초점을 두고 동일한 단어를 반복하여 사용하거나, 또 집단 사회 속에서의 개인의 역할을 나타내는 지시표현을 자주 사용하는 특징을 보여줍니다.

제 6 장

다른 문화 간의
의사소통

'지피지기(知彼知己)면 백전백승(百戰百勝)'이란 말이 있습니다. 전쟁을 승리로 이끌기 위해서는 남을 알고 자신을 아는 것이라는 중국의 고전 '손자'에 나오는 말입니다. 서로 다른 문화 간의 의사소통에서 성공하기 위해서는 이와 유사한 전략을 사용하여야 한다는 David Pinto의 주장이 있습니다.

서로 다른 문화 간의 성공적인 의사소통을 위한 Pinto의 세 단계는 다음과 같습니다. 첫 번째 단계는 자신의 가치관—즉, 가치관은 자신이 속한 문화에 의해 영향을 받을 가능성 높다—을 먼저 배워서 아는 단계입니다. 어떤 규범들이 나 자신의 사고나 행동 그리고 의사소통 양식에 영향을 미치는지를 알아야합니다. 쉬운 단계로 생각하기 쉬우나 실제로 우리는 자신의 가치관이나 규범에 대해 잘 모르는 경우가 많습니다. (여러분들도 아마 이 책을 통해 우리들 자신의 문화인 한국문화를 새롭게 이해하는 부분이 있을 것으로 생각합니다. 한국에 산다고 한국문화를 잘 이해할 수 있는 것은 아닙니다. 오히려 다른 문화를 알고 자신의 문화와 비교함으로써 자신의 문화를 더 잘 알 수 있습니다.) 두 번째 단계는 상대방의 가치관과 행동 규범에 대해 배워서 아는 단계입니다. 상대방에 대한 선입견이나 고정관념에서 벗어나 사실만을 아는 것이 중요합니다. 그리고 상대방에 대한 이해를 바탕으로 상대방의 낯설게 보이는 행동이나 말의 배경이나 이유를 살펴야합니다. 세 번째 주어진 상황에서 발견되는 문화적인 차이점을 다루는 단계입니다. 상대방의 가치와 행동양식을 어느 정도로 수용하거나 거기에 맞추어야할지 결정하여야 합니다. 그리고 상대방에게 애매하지 않게, 분명하게 그 결정을 전달되도록 하여야 합니다.

여기서는 Pinto의 아이디어를 다룬 Blom과 Meier(2004)와 윤용선(2006)에 소개된 일화를 살펴봅시다. 네덜란드의 한 출판사에 근무하는 Nuna라는 여사원이 일본의 기업을 사업차 방문하였습니다. 통역사의 도움으로 상담은 성공적으로 끝나는 듯했습니다. 그런데 상담이 끝날 무렵 일본 측 파트너가 Nuna의 상사와 더 깊이 있는 대화를 갖고 싶다는 의향을 Nuna에게 전달하였습니다. 이에 Nuna는 자신이 협상권을 갖고 있다고 말을 했지만, 일본 측 파트너는 미소지어며 거듭 Nuna의 상사와 상담하겠다는 의사를 밝혔습니다. 여러분이 Nuna의 입장이 된다면 어떻게 하시겠습니까?

계약을 파기하고 돌아서야할까요? 다음은 Pinto의 세 단계에 따른 Nuna의 행동입니다. 첫째, 네덜란드 문화에서는 나이 어린 여성이지만 충분한 능력을 지녔고 계약서에 서명할 권한도 위임을 받았기 때문에 Nuna는 상사 없이도 계약을 할 수 있다는 판단을 합니다. 둘째, Nuna는 상대방의 문화적 관습에 대한 정보를 수집합니다.

Nuna는 통역사를 통해 일본의 사업가는 보수적이어서 여성이 대외 업무를 맡는 것을 신뢰하지 않는다는 사실을 알게 됩니다. 그리고 이러한 여성에 대한 인식이 여성이 남성에 비해 열등하다는 편견은 아니라는 것도 알게 됩니다. Nuna는 비로서 자신이 겪은 황당한 경험이 문화적인 차이에서 비롯된 것임을 깨닫습니다. 셋째, Nuna는 이제 상대방의 행동양식을 어디까지 수용할지 결정해야합니다. Nuna는 본국의 사장에게 전화를 해 상황을 설명한 후 일본 측 파트너에게 계약에 관한 모든 업무를 자기와 상의하라는 취지의 메시지를 전달해줄 것을 부탁합니다. 사장은 Nuna가 알려준 대로 팩스를 보내 일본 측에 직접 방문하지 못해서 미안하다는 말과 함께 Nuna와 모든 협상을 해달라는 부탁을 하였습니다. 그리고 계약은 성공적으로 끝났습니다.

미국에서 유학하던 시절, 어떤 미국 할머니의 저녁식사에 초대를 받아 한국인 친구부부와 함께 식사를 한 적이 있었습니다. 할머니는 필자가 다니던 학교의 퇴직하신 교수님의 부인이셨는데 사별하고 혼자 사시던 분이였습니다. 필자와 같은 유학생들에게 가끔 저녁식사에 초대하는 것을 낙으로 생각하시는 참 착하고 고마운 분이셨습니다. 맛있는 요리를 먹으면서 이런저런 얘기들을 나누었습니다. 그러다가 요리가 맛있다고 하니까 할머니는 신이 나서 요리방법(recipe)을 알려주겠다고 하셨습니다. 요리방법을 메모해서 주기까지 하셨습니다. 그리고 시간이 어느 정도 흘렀습니다. 친구부부랑 고마운 마음에 한국음식을 할머니에게 대접하고자 저녁식사에 초대를 했습니다. 이런저런 얘기를 나누다가 할머니가 자기가 가르쳐준 요리방법대로 요리를 하니까 잘 되었는지를 물어보셨습니다. 나의 아내와 친구의 부인은 할머니에게 칭찬의 말씀을 드리고 싶어서 한국 문화의 관습—즉, 우리 문화에서는 같은 재료와 방법을 사용하여도 요리하는 사람의 손에 따라 달라질 수 있다는 생각을 합니다. 소위 '손맛'이라고 하는 것이 있죠.—대로 할머니가 가르쳐준 요리방법대로 요리를 했는데 잘 안되더라고 대답하였습니다. 그 순간 저는 할머니의 얼굴이 실망하는 표정으로 바뀌는 것을 알아차렸습니다. 할머니의 문화에서는 같은 재료와 요리법으로 요리를 하면 같은 맛이 난다는 생각을 합니다. (다른 참석자들은 아마 할머니의 실망한 표정을 느끼지 못했을 수도 있었습니다. 당연히 할머니를 칭찬한 말이었기 때문에...) 당황스러운 상황에서 나도 어쩔 줄 몰랐습니다. 한동안 침묵이 흐른 후 다른 화제로 넘어갔던 기억이 있습니다. 할머니의 머릿속에 불유쾌한 기억으로 남아있지 않았을까, 죄송스런 마음만 남아있습니다. 그런데 만약 여러분이 이런 상황에 처한 할머니라면 어떻게 할까요? 혹은 여러분이 초대받은 유학생이라면 어떻게 대처하겠습니까?

서로 다른 문화 간의 의사소통에서 예기치 않은 갈등 상황에 처하게 될 경우, 우리 문화와 상대방의 문화를 이해로 바탕으로 상대방에게 우리의 문화를 얘기해주고 상대방 문화의 입장에서는 어떤지 솔직하게 대화를 통해 풀어가는 것이 가장 현명한 방법입니다. 이런 방법은 문화 간의 차이뿐만 아니라 남녀의 차이에도, 세대의 차이에도, 사고의 차이로 갈등을 겪는 모든 경우에도 적용할 수 있을 것입니다.

참고문헌

김은일. 1998. 영어구사력 향상을 위한 한영구조에 나타난 유생성 차이에 관한 비교 연구. 『영어교육연구』9, 145-164.

김은일. 2000. 유생성의 문법. 『현대문법연구』20, 71-96.

김은일. 2005. 수동구문의 기능과 부호화차이: 한영 병렬언어자료의 분석. 『현대문법연구』41, 89-110.

김은일. 2007. '지다' 구문의 영어번역문에 대한 기능문법적 분석. 『언어과학』14(2), 23-42.

김은일. 2014. 사역사건 유발에 대한 다른 세계관: 유생성과 행위자성. 『언어과학』21(1), 1-19.

김은일. 2016. 사건의 국면에 나타난 영어와 한국어의 부호화 체계 비교. 『언어과학』23(2), 21-39.

김은일. 2017a. He Won his Wife in a Card Garm: WIN의 의미지도. 『새한영어영문학』59(4), 173-196.

김은일. 2017b. 다의어 동사 'open'과 '열다'에 대한 어휘유형론적 접근. 『현대문법연구』91, 167-187.

김은일, 김규리, 정연창. 2013. 진행상표지 '-고 있다'의 영어번역 유형과 기능문법적 설명. 『새한영어영문학』55(2), 187-206.

김익환. 1987. 의사소통 형태에 미치는 문화의 영향: 한국과 미국을 중심으로. 『동서문화』19, 309-330.

김형인. 2008. 미국과 한국의 문화적 갈등의 근원: 문화코드의 비교연구. 『국제지역연구』12, 83-106.

박종호. 1989. 한국인과 미국인의 의사소통 차이: 언어와 문화를 중심으로. 『언어연구』6, 193-207.

범기수, 박하민. 2014. 상사-부하 간 애매한 표현과 직설적 비판이 공손성과 커뮤니케이션 능력에 대한 인식에 미치는 영향. 『홍보학연구』18(1), 7-39.

서영환. 2013. 영한 번역문에 나타난 능동-수동문 대응. 『현대영미어문학』31(1), 41-61.

서정수. 1996a. 『국어문법』(수정증보판). 서울: 한양대학교 출판원.

서정수. 1996b. 『현대국어문법론』. 서울: 한양대학교 출판원.

우인혜. 1993. 용언 '지다'의 의미와 기본 기능. 『말』17, 39-67.

윤용선. 2006. 이문화간 의사소통 이론에 관한 연구. 『국제지역연구』10(2), 161-192.

이기동. 2015. 『인지문법에서 본 영어동사사전』. 서울: 한국문화사.

조인정. 2005. 영한 번역의 문제점: 수동태를 중심으로. 『번역학연구』6(1), 121-142.

천소영. 2000. 『우리말의 속살』. 서울: 창해.

최인철. 2007. 『프레임』. 서울: 21세기북스.

EBS 제작팀과 김명진. 2012. 『EBS 다큐멘터리 동과 서』. 서울: 지식채널.

Alexiadou, A. and F. Schäfer. 2006. Instrument Subject are Agents or Causers. *Proceedings of the 25th West Coast Conference on Formal Linguistics (WCCFL 25)*, 40-48.

Baker, M. 1992. *In Other Words: A Coursebook on Translation*. London: Routledge.

Bello, R. 2005. Situational Formality, Personality, and Avoidance-Avoidance Conflict as Causes of Interpersonal Equivocation. *Southern Communication Journal 70*(4), 285-300.

Biber, D., S. Johansson, G. Leech, S. Conrad, and E. Finegan. 1999. *Longman Grammar of Spoken and Written English*. Harlow, Essex: Longman.

Billington, R. A. 1973. *Frederick Jackson Turner: Historian, Scholar, Teacher*. Oxford: Oxford University Press.

Blom, H. and H. Meier. 2004. *Interkulturelles Management: Interkulturelle Kommunikation*. Herne: Neue Wirtschafts-Briefe.

Celce-Murcia, M. and D. Larsen-Freeman. 1983. *The Grammar Book: An ESL/EFL Teacher's Course*. Boston, Mass.: Heinle & Heinle Publishers.

Cruse, D. A. 1973. Some Thoughts on Agentivity. *Journal of Linguistics 9*(1), 11-23.

Edwards, R. and R. Bello. 2001. Interpretations of Messages: The Influence of Equivocation, Face Concern, and Ego-involvement. *Human Communication Research 27*(4), 598-631.

Fernald, A. and H. Morikawa. 1993. Common Themes and Cultural Variations in Japanese and American Mothers' Speech to Infants. *Child Development*

64, 637-656.

Fillmore, C. J. 1985. Frames and the Semantics of Understanding. *Quaderni di Semantica* 6(2), 222-254.

François, A. 2008. Semantic Maps and the Typology of Colexification. In Vanhove, M. (ed.), *From Polysemy to Semantic Change*, 163-215. Amsterdam: John Benjamins Publishing Company.

Givón, T. 1990. *Syntax: A Functional Typological Introduction*, Vol. II. Amsterdam: John Benjamins Publishing Company.

Givón, T. 1993. *English Grammar: A Function-Based Introduction*, Vol. I & II. Amsterdam: John Benjamins Publishing Company.

Givón, T. 2001. *Syntax: An Introduction*, Vol. I & II. Amsterdam: John Benjamins Publishing Company.

Grady, J. 1997. Theories are Buildings Revisited. *Cognitive Linguistics 8*, 267-290.

Grady, J. 1999. A Typology of Motivation for Conceptual Metaphor: Correlation vs. Resemblance. In Gibbs, R. and G. Steen (eds.), *Metaphor in cognitive linguistics*, 79-100. Amsterdam: John Benjamins Publishing Company.

Hall, E. T. 1989. *Beyond Culture*. New York, NY: Anchor Books.

Ikegami, Y. 1991. 'DO-language' and 'BECOME-language': Two Constrasting Types of Linguistic Representation. In Ikegami, Y. (ed.), *The Empire of Signs: Semiotic Essays on Japanese Culture,* 285-326. Amsterdam: John Benjamins Publishing Company.

Iyengar, S. S. and M. R. Lepper. 1999. Rethinking the Value of Choice: A Cultural Perspective on Intrinsic Motivation. *Journal of Personality and Social Psychology 76*(3), 349-366.

Ji, L. J., Z. Zhang and R. E. Nisbett. 2004. Is it Culture, or is it Language? Examination of Language Effects in Cross-cultural Research on Categorization. *Journal of Personality and Social Psychology 87*(1), 57-65.

Kalton, M. C. 1979. *Korean Ideas and Values*. Elkins Park, PA: Philip Jaisohn Memorial Foundation.

Kim, H. 2002. We Talk, therefore We Think? A Cultural Analysis of the Effect of Talking on Thinking. *Journal of Personality and Social Psychology*

83(4), 828-842.

Kittilä, S. and J. Ylikoski. 2011. Remarks on the Coding of Goal, Recipient and Vicinal Goal in European Uralic. In Kittilä, S., K. Västi and J. Ylikoski (eds.), *Case, Animacy and Semantics Roles,* 29-64. Amsterdam: John Benjamins Publishing Company.

Kittilä, S., K. Västi and J. Ylikoski. 2011. Introduction to Case, Animacy and Semantic Roles. In Kittilä, S., K. Västi and J. Ylikoski (eds.), *Case, Animacy and Semantics Roles,* 1-26. Amsterdam: John Benjamins Publishing Company.

Lakoff, G. 2006. *Don't Think of an Elephant! Know Your Values and Frame the Debate.* Chelsea Green: White River Junction. (나익주. (역) 2007. 『프레임전쟁』. 파주: 창비.)

Lakoff, G. and M. Johnson. 1980. *Metaphors We Live By.* Chicago, IL: The University of Chicago Press.

Longman Dictionary of Contemporary English (New Edition). 2003. Essex: Pearson Education Limited.

Malone, J. L. 1988. *The Science of Linguistics in the Art of Translation.* Albany: State University of New York Press.

Masuda, T. and R. E. Nisbett. 2001. Attending Holistically versus Analytically: Comparing the Context Sensitivity of Japanese and Americans. *Journal of Personality and Social Psychology 81*(5), 922-934.

Masuda, T., P. C. Ellsworth, B. Mesquita, J. Leu, S. Tanida and E. Van de Veerdonk. 2008. Placing the Face in Context: Cultural Differences in the Perception of Facial Emotion. *Journal of Personality and Social Psychology 94*, 365-381.

Masuda, T., R. Gonzalez, L. Kwan and R. E. Nisbett. 2008. Culture and Aesthetic Preference: Comparing the Attention to Context of East Asians and Americans. *Personality and Social Psychology Bulletin 34*(9), 1260-1275.

Mead, G. H. 1934. *Mind, Self, and Society from the Standpoint of a Social Behaviorist.* Chicago, Il.: The University of Chicago Press.

Mehrabian, A. 1981. *Silent Messages: Implicit Communication of Emotions and Attitudes.* Belmont: Wadsworth.

Myhill, J. 1997. Toward a Functional Typology of Agent Defocusing. *Linguistics* 35, 799-844.

Nilsen, D. L. F. 1973. *The Instrumental Case in English: Syntactic and Semantic Considerations*. The Hague: Mouton.

Nisbett, R. E. 2003. *The Geography of Thought: How Asians and Westerners Think Differently ... and Why*. New York: The Free Press.

Panther, K. and G. Radden. 1999. *Metonymy in Language and Thought*. Amsterdam: John Benjamins Publishing Company.

Rosch, E. 1973. Natural Categories. *Cognitive Psychology* 4(3), 328-50.

Rosch, E. 1977. Human Categorization. In Warren, N. (ed.), *Advances in Cross-Cultural Psychology 1*, 1-72. New York: Academic Press.

Rosch, E. 1983. Prototype Classification and Logical Classification: The Two Systems. In Scholnick, E. (ed.), *New Trends in Cognitive Representation: Challenges to Piaget's Theory*, 73-86. Hillsdale, NJ: Lawrence Erlbaum Associates.

Tajfel, H., M. G. Billig, R. P. Bundy and C. Flament. 1971. Social Categorization and Intergroup Behaviour. *European Journal of Social Psychology* 1(2), 149-178.

Witherspoon, G. 1977. *Language and Art in the Navajo Universe*. Ann Arbor: The University of Michigan Press.

한영 및 영한 번역자료 인용문헌

김승옥. 2008. 『서울, 1964년 겨울』. 서울: 한림출판사.

신경숙. 1993. 풍금이 있던 자리. 『풍금이 있던 자리』, 11-43. 서울: 문학과 지성사.

윤후명. 1995. 하얀배. 『이상 문학상 수상작품집』 19, 19-64. 서울: 문학과 지성사.

이문열. 1987. 우리들의 일그러진 영웅. 『이문열 중단편집』 4, 281-349. 서울: 도서출판 둥지.

O'Rourke, K. 1988. *Our Twisted Hero*. Seoul: Minumsa Publishing Company.

Pihl, M. R. 2008. *Seoul-1964-Winter*. Seoul: Hollym.

『Reader's Digest 영한 대역』 100. 2009. 서울: 두산매거진.

『Reader's Digest 영한 대역』 101. 2009 서울: 두산매거진.

Shaffer, D. E. 1997. White Ship. <http://www.sogang.ac.kr/~anthony/klt/97
  fall/yunhumyong.htm>.

Tennant, A. M. 1998. Where the Harmonium Was. <http://www. sogang.ac.kr/~
  anthony/klt/98wint/shinkyongsuk.htm>.

찾아보기

(A)

번역용어 찾기

(C)

김은일

University of Colorado at Boulder (Ph. D.)
부경대학교 영어영문학부 교수 (현)
부경대학교 외국어교육원 원장 (역임)
새한영어영문학회 회장 (역임)
외무고시 등 각종 공무원시험 출제위원 (역임)

문화 간 의사소통과 언어

초판인쇄 2018년 3월 5일
초판발행 2018년 3월 5일

지은이 김은일
펴낸이 채종준
펴낸곳 한국학술정보㈜
주소 경기도 파주시 회동길 230(문발동)
전화 031) 908-3181(대표)
팩스 031) 908-3189
홈페이지 http://ebook.kstudy.com
전자우편 출판사업부 publish@kstudy.com
등록 제일산-115호(2000. 6. 19)

ISBN 978-89-268-8352-5 93330